괴테아눔 발행
루돌프 슈타이너 전집 제10권 완역본

고차 세계의 인식으로 가는 길

옮긴이 | 김경식

연세 대학교 독어 독문학과에서 박사 학위 취득. 현재 연세 대학교 강사.

저서로 『게오르크 루카치－과거와 미래를 잇는 다리』(한울, 2000)가 있으며, 『게오르크 루카치－맑스로 가는 길』(솔, 1994), 『미적 현대와 그 이후－루소에서 칼비노까지』(문학동네, 1999)를 번역했다. 최근에 쓴 글로는 『맑스주의 미학의 아포리아?』, 『'리얼리즘의 승리론'을 통해 본 루카치의 문학 이론』, 『독일 통일과 민족 문제를 보는 몇 가지 시각』, 『동서독의 통합 과정에서 본 민중과 지식인 문제』 등이 있다.

고차 세계의 인식으로 가는 길

1판 1쇄 발행일 | 2003년 10월 6일

개정판 1쇄 발행일 | 2013년 9월 10일

지은이 | 루돌프 슈타이너

옮긴이 | 김경식

펴낸이 | 이미자

펴낸곳 | 도서출판 밝은누리

주소 | 서울시 금천구 가산동 550-1 롯데IT캐슬 2동 1105호

전화 | 02) 884-8459   팩스 | 02) 884-8462

값 20,000원

잘못된 책은 구입한 곳에서 바꾸어 드립니다.

ISBN 978-89-8100-131-5 03370

고차 세계의 인식으로 가는 길

루돌프 슈타이너 | 김경식 옮김

밝은누리

옮긴이의 말

이 책은 루돌프 슈타이너(Rudolf Steiner)가 쓴 *Wie erlangt man Erkenntnisse der höheren Welten?*을 옮긴 것이다. 슈타이너가 초판본 머리말에서 밝혔듯이, 이 책은 원래 베를린에서 발간되었던 잡지 〈루시퍼 그노시스〉에 1904년부터 1905년 사이 여러 차례에 걸쳐 연재되었던 글들을 모은 것이다. 번역은 루돌프 슈타이너 전집 제10권을 제목이나 내용 수정 없이 그대로 옮긴 문고본(1961년 슈투트가르트에서 초판 발행, 현재 도르나흐에 있는 루돌프 슈타이너 유고 관리국에서 계속 발간)을 원본으로 삼아 이루어졌다.

슈타이너는 1861년 2월 27일 크랄예벡(당시에는 헝가리, 현재는 크로아티아에 속하는 지역)에서 태어나 1925년 3월 30일 64세를 일기로 속세의 삶을 마감했다. '번듯한 서가나 책장 하나 없을 정도'로 어려운 집안에서 성장하여 '고학'에 가까운 학습 과정을 거친 그는, 어릴 적부터 초자연적인 체험을 통해 초월적인 세계에 관심을 가지고 있었다. 하지만, 그가 '신지학(神智學)'에서 벗어나 '인지학(人智學)'을 창시한 데에서 알 수 있다시피, 고차 세계에 관한 그의 관심은 우리가 흔히 알고 있는 '신비주의'와는 다른 길을 찾는 데로 쏠려 있었다. 영혼계와 정신계가 물리적 세계와 마찬가지로 '실재'한다고 믿는 점에서 그의 기본적인 관점은 광의의 의미에서 신지학에 포함될 수 있다. 하지만 그는 그런 세계들이 '객관적'이고 '과학적'으로 설명될 수 있다고 믿었으며, 또 그런 믿음을 다방면에서 입증하고자 시도했다. 이 점에서 그는 보통의 신지학자들과는 다른 길을 걸은 셈이다.

무엇보다도 인간 속에 우주(초월자, 절대자 또는 신이라고 해도 좋을)가 숨쉬고 있다는 생각, 그리하여 인간이 인간 자신을 통해 우주와 교접할 수 있다는 생각은, 어떠한 방식으로든 인간의 현세적 존재를 초월해야 고차 세계에 다다를 수 있다는 사고와는 그 길을 달리한다. 그러기에 그의 사상에서는 생물학적 존재로서의 인간과 사회적 존재로서의 인간, 그리고 형이상학적 존재(또는 정신적 존재)로서의 인간이 한데 어울려 통일적으로 파악되고 있다. 고차 세계의 인식으로 가는 길을 우리의 언어로써 표현할 수 있는 한도 안에서 전하고자 하는, 따라서 일종의 수행법(修行法) 또는 수도법(修道法)을 담고 있는 이 책에서도 우리는 그의 이러한 기본 사상을 얼마간 엿볼 수 있을 것이다.

고대 그리스 철학, 중세의 신비주의적 기독교 전통, 동양 사상(특히 불교), 그리고 무엇보다도 괴테의 자연관과 인간관에 큰 영향을 받고 '인지학'이라는 새로운 사유 세계를 개척한 슈타이너이지만, 우리에게 그는 '인지학' 자체보다 '발도르프 학교'를 통해 더 널리 알려져 있다. 최근 우리 나라의 몇몇 신문에서 '발도르프 학교'가 소개되기도 했으며, 한 문화 센터에서는 슈타이너의 교육 사상과 '발도르프 학교'에 관한 강좌가 개설되어 운영되고도 있다. 그의 인지학적 사상의 가장 중요한 실천적 구체화라고 할 수 있는 '발도르프 학교'는, 1996년 유네스코 자료에 따르면 세계적으로 약 640개의 학교, 1,087개의 유치원, 60개의 교사 교육 기관을 두고 있으며 지금도 계속 확산되고 있는 추세다. 우리 나라에서도 교육학 전공자들이나 대안 교육을 모색하는 사람들을 중심으로 슈타이너 연구 모임이 꾸려지고 있으며, '발도르프 학교'에 관한 서적들도 몇 권 출간되었다.

그렇지만 슈타이너의 저작이 '직접' 번역되기는 이 책이 처음이 아닐까 싶다. 물론 이 책과 더불어 『신지학』과 『괴테의 색채론』이 이미 번역되어 있지만, 앞서 번역된 책들은 전부 다 일역본을 중역한 것이다. 또한 그 책들은 가능한 한 '객관적'이고 '과학적'으로 서술하고자 했던 슈타이너의 본래 의도에 비추어 보면 지나치게 '신비주의적인' 문체로 옮겨진 듯 보이기도 한다. 어쨌든 앞서 번역된 책들이 내 작업에 큰 도움을 준 것은 부인할 수 없는 사실이기에, 앞서 번역한 분께 감사 말씀을 드려야 마땅할 것이다. 그럼에도 불구하고 이 책이 썩 좋은 번역서가 되지 못했다면 그것은 전적으로 옮긴이의 무능 탓일 것이다. 사실, 이 책은 슈타이너 소개의 출발점에 불과하다. 루돌프 슈타이너 유고 관리국에서 무려 340여 권으로 계획된 전집이 1956년부터 간행되고 있으며, 1991년까지 약 310권이 독서 및 연구용으로 출판되었다. 슈타이너가 남긴 글이 이처럼 방대한데도 이제 겨우 한 권 번역된 것이니, 우리의 슈타이너 연구는 아직 시작도 못한 것이라 해도 과언이 아니다. 이 책의 출판을 계기로 더 많은 글이, 더 좋은 전달자를 만나 소개될 수 있기를 바랄 따름이다.

루돌프 슈타이너를 만나게 해 준 밝은누리 박준기 사장님께 감사 드린다.

2003년 9월
김경식

차례

초판본 머리말(3판, 1909년)

원래 『고차 세계의 인식으로 가는 길』이라는 제목으로 몇 차례에 걸쳐 발표했던 글들을[1] 한데 묶어 책으로 출판한다. 맨 처음 나온 이 책은 제1부에 해당하며, 뒤이어 나올 책이 후속 부분을 담을 것이다. 초감각적 세계의 파악에 이르는 인간의 발달 과정을 다루는 이 글을 새로운 틀로 세상에 내놓기 전에, 머리말로 몇 마디 말을 해 두고자 한다.

인간 영혼의 발달에 관해 이 책에서 전하는 말들은 여러 가지 필요에 부합하는 쓰임새가 있기를 바라며 서술된 것이다. 맨 먼저, 정신을 연구한 성과에 관심을 가지면서 "삶의 고차원적인 수수께끼에 관해 뭔가를 말할 수 있다고 주장하는 사람들은 도대체 어디에서 그런 지식을 얻었을까?"라고

1) 옮긴이 주 : 베를린에서 발간된 잡지 〈루시퍼 그노시스 *Luzifer Gnosis*〉에 발표되었다(13~28호, 1904~1905년).

물을 수밖에 없는 이들에게 뭔가가 제공되어야 한다.

정신학[2]은 그러한 수수께끼에 대해 뭔가를 말한다. 이런 말을 낳는 사실들을 관찰하고자 하는 사람은 초감각적 인식의 차원으로 올라서야 한다. 그런 사람은 이 책이 묘사하고자 하는 길을 가야 한다.

이 길을 스스로 걷고자 하는 마음이나 그럴 가능성이 없는 사람에게 정신학의 전언(傳言)은 아무런 가치도 없다고 생각한다면, 잘못이다. 사실들을 **탐구하기** 위해서는, 초감각적인 세계 속에 들어갈 수 있는 능력을 지니고 있어야 한다. 하지만 그런 사실들이 탐구되어 전해진다면, 그 사실들을 몸소 지각하지 못한 사람도 전언의 진실성을 충분히 확신할 수 있다. 전언의 대부분은 건전한 판단력을 그 전언에 실로 공평무사하게 적용함으로써 곧바로 검증될 수 있다.

이처럼 공평무사한 태도를 가지려면, 인간 생활에 수도 없이 널려 있는, 있을 수 있는 모든 편견에 의해 교란받지 않도록 해야 한다. 쉽게 일어날 수 있는 일을 예로 들자면, 이런저런 것은 현대 과학의 성과에 걸맞지 않다고 여기는 경우가 있을 수 있다. 실제로 정신 연구와 모순되는 과학적 성과란 존재하지 않는다. 하지만 과학적 성과를 전면적이고 공평

---

2) 옮긴이 주 : '정신학'은 'Geisteswissenschaft'를 옮긴 말이다. 지금까지 '영학(靈學)' 또는 '정신 과학'으로 번역되어 왔으나, 전자는 '심령 과학'을, 후자는 딜타이와 같은 학자들이 주창한 '정신 과학' 개념을 연상시킬 소지가 있어 '정신학'으로 옮긴다.

무사하게 이용하지 않을 경우, 이런저런 과학적 판단은 고차 세계에 관한 전언과 일치하지 않는다고 쉽게 **믿어 버릴** 수 있다. 정신학을 실증적인 과학적 성과들과 비교할 때, 공평 무사하면 할수록 완벽한 일치가 더 잘 인식될 수 있다는 것을 발견하게 된다.

물론 정신학의 전언에는 단순한 오성적 판단으로는 미치지 못하는 부분이 적잖이 있을 수 있다. 하지만, 오성뿐만 아니라 **건전한** 감정도 진리의 심판관일 수 있음을 깨닫는 사람은, 이 부분에 대해서도 적절한 관계를 어렵잖게 획득할 수 있다. 이 감정이 이런저런 의견에 대한 동감이나 반감에 의해 왔다갔다 하는 것이 아니라 초감각적 세계의 인식을 실로 공평무사하게 감정 자체에 작용하도록 만들 때, 합당한 감정적 판단도 생겨난다.

초감각적 세계로 들어가는 오솔길을 걸을 수도 없고 걸으려고도 하지 않는 사람들에게 이러한 인식의 진실성을 입증할 수 있는 또 다른 길은 많이 있다. 그런 사람들은, 비록 정신학자가 하는 말을 통해서만 그러한 인식을 경험하긴 하지만, 그 인식이 인생에 어떤 가치를 지니는지 느낄 수는 있을 것이다. 모든 사람이 다 금방 투시자가 될 수는 없지만, 투시자의 인식은 모든 사람에게 유익한 양식이다. 누구나 다 살아가면서 그러한 인식을 활용할 수 있을 테니까 말이다. 그리고 그렇게 활용하는 사람은, 그 인식으로써 삶이 모든 방면에서 어떻게 변할 수 있는지, 그 인식을 배제할 경우 삶은 어떤 결핍감에 시달리는지를 곧 깨닫게 된다. 초감각적 세계 인식은, 그것이 삶에 제대로 활용된다면, 비실천적인 것이 아니라 최상의 의미에서 실천적인 것으로 입증된다.

고차적인 인식의 오솔길을 몸소 가고자 하지 않는 사람이라 할지라도 그 길에서 관찰된 사실들에 관심이 있다면, 어떻게 투시자가 그러한 사실들에 이르는지를 물을 수 있다. 이 책은 이러한 물음에 관심 있는 사람들에게, 초감각적인 세계를 실제로 알기 위해서 무엇을 어떻게 해야 하는지에 관한 하나의 그림을 제공하고자 한다. 이 책은 초감각적인 세계로 들어가는 길을 몸소 걷지 않는 사람도 그 길을 간 사람이 말하는 것에 신뢰감을 가질 수 있도록 그 길을 서술하고자 한다.

정신학자가 하는 일을 알게 되면 그 일이 옳다고 여길 수 있다. 또 다음과 같이, 곧 고차 세계로 가는 오솔길의 묘사는 나에게 깊은 인상을 주어서, 나는 정신학자로부터 전해 들은 사실들이 왜 내 마음을 환하게 비추는지 이해할 수 있게 되었다고 생각할 수도 있다. 따라서 이 글은 초감각적 세계에 대한 진실한 감각과 진실한 감정을 강하고 확실하게 하기를 원하는 사람에게 도움이 될 것이다.

또한 이 글이 그에 못지않게 바라는 것은, 초감각적 인식에 이르는 길을 스스로 찾고 있는 사람에게 뭔가를 제공하는 것이다. 여기에서 서술된 내용의 진리를 몸소 실현하는 사람이 그 진리를 가장 잘 입증할 것이다. 그와 같은 의도를 지닌 사람은, 내용을 잘 알게 되는 것(이는 다른 글들에서 종종 추구되는 것인데) 이상의 일이 필요하다는 것을 거듭 생각하는 것이 좋다.

서술 속으로 깊이 들어가는 것이 필요하다. **하나의** 사상(事象)을 파악할 때, 그 사상 자체에 관해 말해진 것뿐만 아니라 전혀 다른 것과 관련해 알려진 수많은 사실도 같이 고려해야 한다. 그리하여 사람들은 본질적인 것은 **하나의** 진리 **속에** 있는 것이 아니라 만물의 화음 속에 있다는 생각을 하게 된다. 수행을 하고자 하는 이는 이 점을 아주 진지하게 생각해야 한다. 한 가지 수행이 제대로 이해되고 또 제대로 행해졌을 수 있다. 그렇지만 수행자가 영혼의 조화를 위해 그 첫 번째 수행의 일면성을 걷어 내는 또 다른 수행을 더하지 않는다면, 그 수행은 그릇된 영향을 미칠 수 있다. 독서가 내적인 체험이 될 정도로 이 글을 내밀하게 읽는 이는, 내용을 잘 알게 될 뿐만 아니라 이 대목에서는 이런 감정을, 저 대목에서는 저런 감정을 가지게 될 것이다. 그리고 이를 통해 그는 영혼의 발달과 관련하여 각각의 감정에 어떤 **비중**이 할당되는지를 인식하게 된다.

또한 그는 이런저런 수행을 자신의 특수한 개성에 따라 몸소 어떤 형태로 시도해야 할지도 알아낸다. 이 글처럼 **체험**되어야 하는 과정들에 관한 묘사가 다루어질 경우, 내용을 거듭해서 읽는 것이 필수적임이 밝혀질 것이다. 왜냐하면 실제로 시도되었을 때에야 비로소 많은 것이 충분하게 이해되며,

이전에는 놓칠 수밖에 없었던 사상(事象)의 어떤 미묘한 면들은 이런 시도가 있고 난 연후에 알아차리게 된다는 것을 확신할 테니까 말이다.

앞에서 밝힌 길을 갈 의도가 없는 독자라 하더라도 이 글에서 내면 생활에 유익한 것들을 많이 찾게 된다. 이를테면 생활의 규칙들이나, 수수께끼 같은 현상과 마주쳤을 때 그것을 어떻게 이해하면 좋은지에 대한 시사 등이 그런 것이다.

그리고 인생 경험이 풍부하며 다양한 측면에서 삶의 가르침을 깨친 많은 이들은 여태까지 자기 머리에 따로따로 떠올랐던 것, 다시 말해서 이미 알고는 있었지만 자기 자신에게 충분할 정도로까지 생각지는 못했던 것이 연관 관계 속에서 해명되는 것을 느낄 때, 어떤 만족감을 찾을 수 있다.

1909년 10월 12일, 베를린
루돌프 슈타이너

5판 머리말(1914년)

『고차 세계의 인식으로 가는 길』 증보판을 위해 나는 10여 년 전에 썼던 글을 다시 꼼꼼하게 손보았다. 그와 같이 글을 다듬고자 하는 욕구는, 이 책에서 제시되고 있는 류의 영혼 체험과 영혼의 길을 전할 때 자연스럽게 생겨난다. 이 책에서 전하는 말 속에, 전달자의 영혼과 내적으로 긴밀히 결부되어 있지 않으며 그 영혼의 지속적인 수행과 무관한 부분이란 정말이지 있을 수 없다. 수년 전의 서술을 한층 더 명료하고 분명하게 하고자 하는 노력은 그와 같은 영혼의 수행과 결부되지 않고서는 아마도 불가능할 것이다. 내가 이 증보판에서 책을 위해 하고자 애쓴 것은 이러한 노력에서 생겨난 것이다.

사실, 개진하고 있는 내용의 **본질적인** 부분, 주요 사항은 모두 다 예전에 서술된 그대로이다. 그렇지만 **중요한 변화가**

이루어졌다. 많은 대목에서 나는 **특징을 세세하게 한층 더 정확히 묘사하기** 위해 많은 일을 할 수 있었다. 이 일은 나에게 중요하게 여겨졌다. 누군가가 책에서 전달된 내용을 자신의 정신 생활에 적용하고자 할 때, 여기에서 말하고 있는 영혼의 길을, 가능한 한 정확하게 묘사된 그 특징 속에서 파악할 수 있는 것은 중요하다. 내적인 정신 과정에 대한 묘사에는 물리적 세계의 사실들에 대한 묘사보다 오해의 여지가 훨씬 더 많다.

영혼 생활의 역동성, 영혼 생활을 대하면 그것이 물리적 세계의 모든 생활과 얼마나 다른지를 의식하지 않을 수 없는 필연성, 그리고 이외에도 많은 것이 그러한 오해를 불러일으킬 수 있다. 나는 이 증보판에서 그러한 오해가 발생할 수 있는 책 대목을 찾아내는 데 주의를 기울였다. 그리고 글을 쓸 때, 오해의 발생을 막기 위해 노력을 기울였다.

이 책을 구성하고 있는 글들을 썼을 때, 많은 내용이 지금과는 달리 이야기될 수밖에 없었는데, 거기에는 그럴 만한 이유가 있었다. 그 당시에 나는, 지난 10여 년 동안 정신 세계의 인식에 대해 발표해 왔던 내용을, 그런 발표가 있고 난 이후인 지금 행해져야 하는 것과는 다른 식으로 암시했다.

내가 쓴 『신비학』, 『인간과 인류의 인도(引導)』, 그리고 특히 『정신 세계의 문지방』이나 그 밖의 다른 글들[3] 속에는 정

---

3) 옮긴이 주 : 예컨대, 『고차 인식의 단계들』(1905) 같은 책이 여기에 속한다.

신의 발전 과정이 묘사되어 있다. 이 책은 10년도 더 전에 그러한 발전 과정이 실재한다는 것을, 지금 옳아 보이는 것과는 다른 식의 말로 암시해야만 했다.

그 당시 이 책에서 서술되지 못했던 수많은 일에 관해서, 나는 그것이 '구두 전달'을 통해 경험될 수 있다고 말할 수밖에 없었다. 현재에는 그러한 암시를 통해 의도되었던 것 가운데 **많은 부분**이 널리 알려져 있다. 그런데 과거의 암시는, 독자들에게 잘못된 생각이 생길 수도 있는 여지를 완전히 없애지는 못한 것이었다. 예컨대 독자들은 정신 수행에 정진하는 사람이 특정 스승에 대해 지니는 **인격적** 관계를 필요 이상으로 중시할 수도 있다.

내가 이 증보판에서 많은 세부 사실들을 서술하는 방식을 통해 성공하기를 바라는 것은, 현재의 정신적 조건 속에서 정신 수행을 추구하는 사람에게는, 그와 스승의 인격적 관계보다는 그와 객관적 정신 세계의 완전히 **직접적인** 관계가 훨씬 더 중요하다는 점을 한층 더 명확하게 강조하는 일이다. 정신 수행에서도 스승은, 어떤 다른 지식 분야에서 교사가 현대적인 견해에 걸맞게 차지하고 있는 그런 위치, 곧 조력자로서의 위치를 차지하고 있을 뿐이다. 그리고 이러한 현상은 갈수록 심해진다. 스승의 권위와 스승에 대한 믿음은 정신 수행에서나 지식과 생활의 어떤 다른 분야에서나 그 역할이 한결같아야 한다는 점을 충분히 지적했다고 생각한다. 정신학자와 그의 연구 성과에 대한 관심을 키워 가는 사람들 사이의 바로 이러한 관계가 점점 더 올바르게 판단되는 일이 나에게는 아주 중요하게 여겨진다. 이런 식으로 나는, 10년이 지난 지금 수정할 필요가 있는 대목에서 책을 수정했다고 생각한다.

여기에 있는 제1부에 이어 제2부를 낼 생각이다.[4] 제2부에서는 사람들로 하여금 고차 세계를 체험하도록 이끄는 영혼 상태가 폭넓게 서술될 것이다.

이 증보판은 지금 인류가 체험하고 있는 대전(大戰)이 시작되었을 때 인쇄가 다 끝난 상태였다. 나는 운명적인 사건들에 의해 내 영혼이 깊이 흔들리는 동안 이 머리말을 써야 했다.

1914년 9월 7일, 베를린
루돌프 슈타이너

---

4) 옮긴이 주 : 이 책과 같은 제목을 붙인 제2부가 출판된 적은 없다. 그렇지만 『고차 인식의 단계들』이나 위에서 소개한 책들에서 계속 논의되는 것을 볼 수 있다.

8천 부에서 만천 부까지에 대한 머리말(1918년)

최근에 이 책을 숙독했을 때 증보판의 내용에서 바꿀 필요
가 있는 부분은 조금밖에 안 되는 것으로 보였다. 내용을 바
꾸는 대신에 이 판에는 '맺음말'을 덧붙였는데, 이를 통해 나
는 책의 전언(傳言)이 근거해야 하는 영혼적 토대와 관련된
다수의 사안을 예전보다 더 분명하게 말하려고 노력했다. 이
렇게 한 것은 책의 전언이 오해 없이 받아들여지도록 하기
위함이다.

나는 이 후기의 내용이 인지학적(人智學的) 정신학[5]에 반

---

5) 옮긴이 주 : 'Die anthroposophische Geisteswissenschaft'를 옮긴 말이
다. '인지학 Anthroposophie'은 슈타이너가 자신의 사상을 '신지학
Theosophie'과 구분하고자 창안한 것이다. 거칠게 말해서 '신지학'이
란, 신학과 종교, 철학 등에서의 합리주의에 반대하고 인간적 지식과
인식 능력을 넘어서서 신비적인 계시와 직관에 의해 신과 직접 대면하
여 그 뜻을 파헤치려는 사상적 경향을 뜻한다. 슈타이너도 처음에는

대하는 다수의 사람들에게 다음과 같은 사실, 곧 그들이 이 정신학의 실상을 전혀 파악하지 못하면서 그것을 실제의 모습과는 전혀 다르게 상상하기 때문에 자신들의 판단을 지탱할 수 있다는 사실을 깨우쳐 주기에 적합할 수도 있으리라 생각한다.

1918년 5월
루돌프 슈타이너

'신지학'의 영향권 안에 있었다. 하지만 그는 자신의 사상과 '신지학' 사이에 큰 차이가 있음을 깨닫고 1913년에 신지학회에서 탈퇴하여 인지학회를 설립한다. '신지학'과 '인지학'이라고 옮긴 말에서도 알 수 있듯이, 전자는 신과 관련된 것이 강조된다면, 후자는 일차적으로 인간과 관련된 것이다.

일러 두기

1. 이 책은 루돌프 슈타이너 유고 관리국에서 출간된 루돌프 슈타이너 전집 제10권 *"Wie erlangt man Erkenntnisse der höheren Welten?"*을 우리말로 옮긴 것이며, 루돌프 슈타이너 유고 관리국으로부터 번역 허가를 받아서 출판한 것임을 밝힌다.

2. 『고차 세계의 인식으로 가는 길』의 독일어 원문에서 강조된 단어는 이탤릭체로 되어 있으나, 가독성을 위해 굵은 서체로 바꾸었다.

3. 본문에 나오는 주 가운데 원주와 옮긴이 주를 구분하지 않고 일련 번호를 부여했다. 옮긴이 주에 대해서는 번호 다음에 '옮긴이 주'라고 표시해 두었다.

4. 단행본은 『 』, 잡지명은 〈 〉로 표시하였다.

고차 세계의
인식으로
가는 길

모든 사람에게는 고차 세계를 인식할 수 있는 능력이 잠재되어 있다.
우리보다 고차적인 존재가 실재한다는 절실한 감정을
우리 속에서 개발하지 않는다면,
우리를 고차적인 존재로 고양시킬 힘 또한 우리 속에서 찾지 못한다.

1. 고차 세계의 인식으로 가는 길

조건

모든 사람에게는 고차 세계를 인식할 수 있는 능력이 잠재되어 있다. 신비주의자, 그노시스파[6], 신지학자 등은 그들에게 육체적인 눈으로 보고 육체적인 손으로 만질 수 있는 그런 세계와 똑같이 존재해 있는 영혼 및 정신 세계에 관해 계속해서 말해 왔다. 그런 말을 듣는 사람은 언제든지 다음과 같이, 즉 "아직은 내 속에서 잠자고 있는 어떤 힘을 개발한

---

6) 옮긴이 주 : 원래 지식을 뜻하는 말인 '그노시스(gnosis)'는 고대 그리스 말기(1~2세기)에 종교적인 의미로 사용되어, 신을 직관적으로 인식할 수 있다는 의미를 지니게 된다. 슈타이너가 여기에서 말하는 '그노시스파'란, 초감각적인 신과의 융합 체험을 가능하게 하는 신비적 직관 또는 영지(靈知) 등으로 풀이되는 '그노시스' 관념을 추구하는 사람들 정도로 이해하면 된다.

다면 나도 이런 사람들이 말하는 것을 경험할 수 있다"고 생각해도 좋다.

문제가 될 수 있는 것은, 자기 속에 있는 그러한 능력을 개발하기 위해 어떻게 시작해야 할 것인가 하는 것뿐이다. 이미 자기 속에 그러한 힘을 지니고 있는 사람들만이 이를 위한 가르침을 줄 수 있다. 고차적인 능력을 지니고 있는 사람들은 그와 같은 능력을 추구하는 사람들에게 수행을 통해 가르침을 주었는데, 그러한 수행은 인류가 존재한 이래 항상 있어 왔다. 사람들은 그러한 수행을 **신비 수행**이라 부르며 그로부터 받게 되는 가르침을 비전(秘傳)의 가르침 또는 신비로운 가르침이라고 한다. 당연하게도 이러한 명칭은 오해를 불러일으킨다.

이런 명칭을 듣는 사람은 다음과 같이, 즉 그와 같은 수행에 종사하는 사람들은 자기들이 일종의 특권적인 인간층임을 나타내 보이기 위해서 그들이 알고 있는 지식을 주위 사람들에게 의도적으로 감춘다고 잘못 생각하기 쉽다. 뿐만 아니라 그러한 지식의 이면에는 중요한 것이 하나도 없다고 생각할 수도 있다. 그도 그럴 것이, "만약 참 지식이 있다면 그것을 비밀로 할 필요가 없다"고 생각하기 쉽기 때문이다. 다시 말해서 그것을 공개적으로 전하고 모든 사람이 그 이점을 이용할 수 있도록 할 수 있지 않는가 하는 의구심이 생기는 것이다.

신비 지식의 본성에 정통한 사람은 문외한이 그렇게 생각한다고 해도 전혀 의아하게 여기지 않는다. 정신계 입문의 비밀이 어디에 있는지를 이해할 수 있는 사람은, 현존재의 고차적인 비밀에 대한 이러한 가르침을 어느 정도 몸소 경험한 이들뿐이다. 그렇다면 문외한은 그러한 상황에서 이른바 신비 지식에 대한 그 어떤 인간적인 관심을 도대체 어떻게 가지란 말인가, 그로서는 그 본성에 관해서 전혀 생각할 수도 없는 그 어떤 것을 어떻게 그리고 왜 추구해야 한단 말인가 하고 물을 수 있다. 하지만 이미 그러한 물음의 밑바탕에는 신비 지식의 본질에 대한 전혀 잘못된 생각이 가로놓여 있다. 실제로 신비 지식은 인간의 모든 다른 지식이나 능력과 다를 바가 없기 때문이다.

보통 사람들에게 이 신비 지식이 신비로운 까닭은, 글쓰기를 배우지 못한 사람에게 그 글쓰기가 신비로운 까닭과 마찬가지이다. 제대로 된 길을 택한 사람이면 누구나 글쓰기를 배울 수 있듯이 그에 합당한 길을 추구하는 사람은 누구나 다 신비 수행자가 될 수 있고, 나아가 신비 지식을 가르치는 스승이 될 수 있다. 그런데 여기에는 외적인 지식이나 능력의 경우와는 다른 점이 딱 한 가지 있다. 가난이나 타고난 문화적 여건으로 글쓰기 기술을 익힐 기회를 가지지 못할 수가 있다. 하지만 고차 세계에서의 지식과 능력을 획득하는 일에 있어서는 그 세계를 진지하게 추구하는 사람에게 어떠한 장애도 없다.

고차적인 지식을 배우기 위해서 고차적인 지식의 스승을 이리저리 찾아 다니지 않으면 안 된다고 많은 사람들이 생각하고 있다. 이는 두 가지 점에서 옳다.

첫째, 고차적인 지식을 진지하게 추구하는 사람이라면 세계의 고차적인 비밀로 그를 인도할 수 있는 스승을 만나기 위해서 어떠한 노고, 어떠한 어려움도 마다하지 않을 것이다.

둘째, 인식을 갈구하는 진지하고도 고귀한 노력이 있다면, 그가 어떤 경우라도 가르침을 받게 되리라는 것은 분명한 사실이다. 그도 그럴 것이 정신계에 입문한 모든 이에게는 하나의 자연 법칙이 있는데, 그들로 하여금 정신계 입문을 추구하는 사람에게 그에 마땅한 지식을 내주는 데 주저함이 없도록 만드는 것이 바로 그것이다.

이와 마찬가지로 자연적인 또 하나의 법칙이 있다. 그것은 그 누구에게도 그에게 적합하지 않은 신비 지식은 제공될 수 없다는 것이다. 정신계에 입문한 사람은 이 두 가지 법칙을 엄격하게 준수할수록 그만큼 더 완전해진다. 정신계에 입문한 사람들 모두를 하나로 묶는 정신적 유대는 외적인 것이 아니지만, 거론한 이 두 가지 법칙은 그들을 하나로 결속하는 단단한 쬠쇠이다.

그대가 정신계에 입문한 사람과 친밀하게 지낼 수도 있지만, 그대 자신이 정신계에 입문한 사람이 될 때까지는 그의 존재에서 멀리 떨어져 있다. 그대가 그 사람의 마음과 사랑을 송두리째 누릴 수도 있다. 하지만 그는 그대가 그럴 만큼 성숙할 때에야 비로소 그대에게 자신의 비밀을 털어놓을 것

34

이다. 그대는 그에게 아첨을 할 수도 있고 고통을 가할 수도 있다. 하지만 그 무엇도 그로 하여금 그대의 발전 단계에서는 비밀을 영혼 속에 제대로 받아들일 태세가 아직 안 되어 있기 때문에 말해서는 안 되는 것으로 그가 알고 있는 것을 그대에게 말하도록 하지는 못한다.

비밀을 받아들이도록 인간을 성숙하게 만드는 길은 엄밀하게 정해져 있다. 그 길의 방향은 정신계에 입문한 사람들이 수호하고 있는 정신 세계 속에 지워질 수 없는 영원한 문자로 새겨져 있다. 우리의 '역사' 이전에 있었던 오랜 옛날에는 정신의 신전도 외적으로 볼 수 있는 것이었다. 우리의 삶이 이토록 비정신적으로 된 오늘날, 정신의 신전은 외적인 눈으로 볼 수 있는 세계에는 존재하지 않는다. 하지만 그것은 정신적으로 **곳곳에** 존재해 있다. 그리고 구하는 자는 누구나 그것을 찾을 수 있다.

인간은 정신계에 입문한 사람들의 입을 열게 하는 수단을 오로지 자기 자신의 영혼 속에서만 찾을 수 있다. 자기 자신 속에서 어떤 속성을 어느 정도 높이까지 발전시켜야만 지고한 정신적 보물이 주어질 수 있다.

그러자면 영혼의 어떤 기본 정서가 시발점을 이루어야 한다. 신비학자는 이러한 기본 정서를 진리와 인식에 대한 겸손의 오솔길, **존경심의 오솔길**이라고 부른다. 이 같은 기본 정서를 지닌 사람만이 신비 수행자가 될 수 있다. 이 영역에서 체험을 쌓았던 사람은, 나중에 신비 수행자가 될 사람들의 경우에 이미 어린 시절에 어떤 소질을 드러내는지를 잘 안다. 자기가 존경하는 어떤 사람들을 경외심을 갖고 우러러 보는 아이들이 있다. 그 아이들은 그런 사람들에 대한 외경심을 가지고 있는데, 이 외경심 때문에 그들의 마음 깊은 곳에서는 비판하고 반대하는 생각이 생길 리 없다. 그 아이들은 존경할 만한 어떤 것을 우러러볼 때 큰 기쁨을 얻는 젊은이들로 성장한다. 이러한 아이들 가운데에서 신비 수행자가 많이 생겨난다.

언젠가 그대가 존경하는 사람의 집 문 앞에 서서 그대에게 모종의 '성역'인 그의 방으로 들어서기 위해 벨을 누르는 그 첫 방문에서 경외심을 느꼈다면, 나중에 신비 수행자의 일원이 될 씨앗일 수 있는 감정이 그대 속에 표현된 것이다. 그러한 감정을 소질로서 가지고 있다는 것은 성장하고 있는 모든 이에게 하나의 행운이다. 그러한 소질이 예속과 복종의 씨앗일 리는 없다. 처음에 인간에 대해서 지녔던 어린애다운 존경심은 나중에 **진리와 인식**에 대한 존경심이 된다. 존경할 만한 곳에서 존경하는 것을 배웠던 사람들이 정신을 자유롭게 유지하는 방법도 가장 잘 알고 있다는 것은 경험이 가르쳐 주고 있다. 가슴 깊은 곳에서 존경심이 솟아오를 때, 그 존경심은 항상 적합한 것이다.

우리보다 고차적인 존재가 실재한다는 절실한 감정을 우리 속에서 개발하지 않는다면, 우리를 고차적인 존재로 고양시킬 힘 또한 우리 속에서 찾지 못한다. 정신계에 입문한 사람은 외경과 겸손의 깊은 경지로 마음을 끌고 갔기 때문에, 인식의 높은 경지를 향해 자신의 머리를 쳐들 힘을 얻었다. 공경의 문을 통해 갈 때에만 정신의 고지에 오를 수 있다. 올바른 지식을 존중하는 것을 배웠을 때만 그대는 그 지식을 얻을 수 있다. 분명히 인간은 자신의 눈을 빛 쪽으로 돌릴 권리를 가지고 있지만 이 권리는 애써 획득해야만 한다.

정신 생활에는 물질 생활에서와 같은 법칙들이 있다. 유리 막대기를 적당한 소재로 문지르면 전기를 띠게 된다. 다시 말해서, 작은 물체들을 끌어당기는 힘을 얻는다. 이는 자연 법칙에 부합하는 것으로서, 물리학을 조금이라도 배운 사람이라면 다 알고 있는 사실이다. 이와 마찬가지로 신비 지식의 기초를 아는 사람은, 영혼 속에서 발달된 **참된** 겸손의 감정이 인식의 진전을 조만간 이룰 수 있는 힘을 발달시킨다는 것을 알고 있다.

겸손한 감정을 타고난 사람이나 적절한 교육을 통해 운 좋게 그런 감정을 키우게 된 사람은, 나중에 고차적인 인식에 접근하고자 할 때 이미 많은 것을 갖추고 있는 셈이다. 그러한 준비가 결여된 사람은 자기 교육을 통해 겸손한 정서를 자기 속에서 창출하려고 열심히 노력해야 한다. 그렇지 않으면 그는 인식의 오솔길의 첫 번째 단계에서 이미 난관에 부딪히게 된다. 이 점에 모든 주의를 기울이는 일은 우리 시대에 특히 중요하다. 우리의 문명은 겸손과 헌신적인 존경보다는 비판과 재단(裁斷), 그리고 단죄의 경향을 더 많이 띠고 있다. 이미 우리 아이들은 헌신적으로 존경하기보다 비판하기를 훨씬 더 많이 한다. 모든 헌신적인 경외심은 고차적인 인식을 할 수 있는 영혼의 힘을 발전시킨다. 이에 반해 모든 비판, 모든 재단은 그 힘을 퇴색시킨다.

그렇다고 이 자리에서 우리 문명에 대해 비판하고자 하는 것은 결코 아니다. 여기에서 문제는 우리 문명에 대해 비판하는 것이 결코 아니다. 우리 문화의 위대성은 바로 그 비판, 즉 '모든 것을 시험하고 최상의 것을 보전하는' 자기 의식적인 인간의 판단에 힘입어 생긴 것이다. 인간이 모든 일에 비판을 행하지 않고 판단의 기준을 세우지 않았더라면, 우리 시대의 과학, 산업, 교통, 법률 관계 등을 결코 얻지 못했을 것이다. 하지만 이를 통해 외적 문화에서 획득했던 것만큼의 손실을 우리는 **고차적인** 인식, 정신적인 삶에서 지불해야만 했다. 고차적인 지식에서 중요한 것은 인간 숭배가 아니라 **진리와 인식**에 대한 숭배라는 점이 강조되어야 한다.

우리 시대의 외면화된 문명 속에 완전히 빠져 있는 사람은 고차 세계의 인식을 향해 나아가기가 몹시 힘들다는 것만은 누구나 다 분명히 알고 있을 것이다. 그런 사람은 열성적으로 자기 연마를 할 때에만 그러한 인식에 이를 수 있다. 물질 생활의 상황이 단순했던 시대에는 정신적인 도약도 훨씬 쉽게 이루어질 수 있었다. 숭배할 만한 것, 성스러움을 간직한 것은 여타의 세계 상황과 구분되어 확연히 눈에 띄었다. 비판의 시대가 되면서 이상들은 전락하고 만다. 존경과 외경,

경배와 경탄을 대신하여 다른 감정들이 들어선다. 우리 시대는 전자의 감정들을 갈수록 억누른다. 그리하여 일상 생활을 통해서 그런 감정들이 사람들에게 공급되는 정도는 보잘것없이 된다. 고차적인 인식을 추구하는 사람은 그러한 감정들을 자기 속에서 만들어 내야 한다. 자기 자신이 그러한 감정들을 자기 영혼 속에 불어넣어야 한다.

그것은 연구를 통해서 할 수 있는 일이 아니다. 그것은 오로지 삶을 통해서만 이루어질 수 있다. 그렇기 때문에 신비 수행자가 되고자 하는 사람은 겸손한 정서를 지닐 수 있도록 자기를 교육하지 않으면 안 된다. 그는 자신의 모든 환경과 체험 속에서 우러러보고 경의를 표할 만한 대상을 구해야 한다. 내가 어떤 사람을 만나서 그의 약점을 나무란다면, 나 스스로 나의 고차적인 인식 능력을 빼앗는 것이다. 내가 정성을 다해 그의 장점에 깊이 빠져 들고자 할 때, 나는 고차적인 인식 능력을 축적하는 것이다. 신비 지식을 배우는 젊은 이는 항상 이러한 지침을 어기지 않도록 마음써야 한다. 경험 많은 신비학자들은 모든 사물을 대할 때 항상 좋은 부분에 주목하고 함부로 재단하지 않는 태도로써 힘을 얻게 된다는 것을 잘 알고 있다. 하지만 이것이 외적인 생활 규칙으로 머물러 있어서는 안 된다. 우리 영혼의 가장 내적인 것을 사로잡아야 한다. 스스로를 완성하는 것, 시간이 지나면서 자신을 완전히 바꾸는 것은 자기 손에 달린 일이다.

이러한 변화는 가장 내적인 것, 사고 생활에서 이루어져야 한다. 어떤 존재에 대해 경의를 표하는 외적 태도만으로는 부족하다. 나의 사고 속에 이러한 존경심을 지니고 있어야 한다. 그럼으로써 신비 수행자는 겸손을 사고 생활 속에 받아들이기 시작한다. 그는 의식 속에 일어나는 불손과 부정적인 비판의 사고에 유의해야 한다. 그는 자신 속에서 겸손의 사고를 키우려고 노력해야 한다.

세계와 삶에 대해 경멸하고 재단하며 비판하는 판단을 내릴 때 자기 속에 어떤 것이 들어 있는지 인식하기 위해 마음을 쏟는 그런 순간이 있다. 모든 그런 순간을 통해 우리는 고차적인 인식에 더 가까이 다가가게 된다. 그리고 그런 순간에, 세계와 삶에 대한 경이와 경의와 경외로 우리를 가득 채우는 생각들로 우리 의식을 충만케 하면, 우리는 급속도로 더 높은 차원에 오르게 된다. 이런 일에 경험이 있는 사람은, 다른 때에는 잠들어 있던 인간의 힘들이 그런 순간마다 일깨워진다는 것을 알고 있다.

이를 통해 인간 정신의 눈은 열린다. 이 정신의 눈을 통해 그는 예전에는 볼 수 없었던 자기 주위의 사물들을 보기 시작한다. 그는 여태껏 자기가 주변 세계의 한 부분만을 봤다는 것을 깨닫기 시작한다. 그와 마주하고 있는 인간은 이제 예전과는 전혀 다른 모습을 그에게 보여 준다. 사실, **이러한** 생활 규칙을 통해서는 아직, 예컨대 인간의 아우라(Aura)로 묘사되는 것을 볼 수는 없을 것이다. 그러기 위해서는 더 높은 단계의 수행이 필요하다. 하지만 그가 겸손한 마음으로 **활**

기찬 수행을 마치고 나면, 그와 같이 높은 수행 단계에 오를 수 있다.[7]

신비 수행자는 아무런 소리도 없이, 겉으로 아무런 표도 내지 않은 채 '인식의 오솔길'을 걸어간다. 그에게 일어난 변화를 누구도 눈치챌 필요가 없다. 그는 예전과 마찬가지로 자신의 의무를 다한다. 그는 예전과 마찬가지로 자기 일을 처리한다. 변화는 외적인 눈이 미치지 못하는 영혼 속에서만 일어난다. 맨 먼저, 진실로 존경할 만한 모든 것에 대해 겸손해 하는 기본 정서가 인간의 마음 전체를 가득 밝힌다. 이 **하나의** 기본 감정이 그의 영혼 생활 전체의 중심점이 된다. 태양이 빛을 통해 모든 생명체에 생기를 부여하듯이, 신비 수행자의 경우에는 경외심이 영혼의 모든 감각을 생기 있게 만든다.

경의나 존경 같은 감정이 인식과 관련되어 있다고 믿기가 처음에는 쉽지 않을 것이다. 사정이 그런 것은 인식을, 영혼에서 일어나는 다른 일들과는 아무런 관계도 없는 독자적인 능력으로 여기는 경향이 있기 때문이다. 이때 사람들은 다름 아닌 **영혼**이 인식 행위를 한다는 사실을 깊게 생각지 않는다. 영혼과 감정의 관계는, 몸과 몸의 영양분을 구성하는 물질의 관계와 같다. 빵 대신 돌을 먹으면 몸의 활동은 소멸한

7) 『신지학 : 초감각적 세계관과 인간 규정 입문』의 마지막 장에서 '인식의 오솔길'을 개략적으로 기술하였다. 여기에서는 실천적 관점들을 세세하게 말할 생각이다.

다. 영혼도 그와 비슷하다. 영혼에 있어서 존경, 경외, 겸손은 영혼을 **건강하고** 힘차게 만드는 영양소로서, 무엇보다도 인식 활동에 활력을 불어넣는다. 경멸과 반감, 그리고 충분히 인정할 만한 것에 대한 과소 평가는 인식 활동의 마비와 소멸을 초래한다.

정신학자는 이러한 사실을 **아우라**에서 볼 수 있다. 존경심과 겸손한 감정을 자기 것으로 만든 영혼은 자신의 아우라를 변화시킨다. 적황색, 적갈색이라 부를 수 있는 모종의 정신적 색조가 사라지고 그 대신 적자색의 색조가 나타난다. 이를 통해 인식의 능력이 열린다. 예전에는 생각지도 못했던 주변 사실들이 이해되기 시작한다. 존경심은 영혼 속에 공감하는 힘을 일깨우는데, 우리는 이 힘을 통해, 그렇지 않았더라면 은폐된 채로 있을 우리 주변 존재의 특성에 가까이 접근한다.

겸손을 통해 획득될 수 있는 것은, 거기에 다른 류의 감정이 덧붙여지면 한층 더 활성화된다. 그 감정의 본질은, 인간이 외부 세계의 인상에 점점 덜 빠져 드는 법을 배우고 그 대신 생생한 내면 생활을 개발하는 데에 있다. 외부 세계의 인상들을 좇아 다니는 사람, 계속해서 '기분 전환'을 추구하는 사람은 신비학에 이르는 길을 찾지 못한다. 신비 수행자는 외부 세계에 둔감해서는 안 된다. 하지만 그의 **풍부한 내면 생활**이 그가 외부 세계의 인상에 몰두할 때 취하는 방향을 제공해야 한다.

감정이 풍부하고 심정이 깊은 사람이 아름다운 산악 지대를 가로질러 간다면, 그는 감정이 메마른 사람과는 다른 것을 체험한다. 내면 체험을 통해서야 비로소 외부 세계의 미(美)를 열기 위한 열쇠가 우리에게 제공된다. 대양을 항해하면서 어떤 사람의 영혼이 보잘것없는 내적 체험을 할 뿐인데 반하여, 어떤 사람은 세계 정신의 영원한 언어를 느낀다. 후자에게는 창조의 신비한 수수께끼가 그 모습을 드러낸 것이다.

　외부 세계와 내실 있는 관계를 발전시키고자 한다면, 자신의 감정과 관념을 다루는 법을 배웠어야 한다. 외부 세계는 그 모든 현상에서 존엄한 신성으로 가득 차 있다. 하지만 그 신성을 주위에서 찾고자 하는 사람은, 먼저 자기 영혼 자체 내에서 신성을 체험했어야 한다. 그러므로 자기 자신 속으로 조용하고 고독하게 침잠하는 순간들을 생활 속에서 마련해야 한다는 것이 신비 수행자들에게 요구된다. 하지만 그와 같은 순간에 자기 자아의 문제에 몰입해서는 안 된다. 만약 그렇게 한다면 의도했던 것과는 반대되는 일이 초래된다. 오히려 그 순간에 그는 자기가 체험했던 것, 외부 세계가 자기에게 말했던 것의 여운을 완전한 고요 속에서 되새겨 보아야 한다. 그 고요한 순간, 모든 꽃, 모든 동물, 모든 행위가 예기치 않은 비밀을 그에게 털어놓는다. 그리고 이를 통해 그는 예전과는 완전히 다른 눈으로 외부 세계의 새로운 인상들을 볼 태세를 갖추게 된다.

자꾸 바뀌는 인상들만을 **향유하고자** 하는 사람은 자신의 인식 능력을 무디게 만든다. 어떤 것을 즐기고 난 뒤 그 향유에서 뭔가를 **밝혀 내려는** 사람은 자신의 인식 능력을 육성하고 신장시킨다. 그는 예컨대 오로지 향유의 여운만 즐기는 것이 아니라, 그 이상의 향유는 **포기**하고 그가 향유했던 것을 내적인 활동을 통해 **소화시키는** 데 익숙해져야 한다.

여기에서 위험을 초래하는 암초는 아주 많다. 내적인 작업을 하는 대신에 손쉽게 그 반대로 추락할 수도 있고 즐거움만을 계속해서 철저히 누리고자 할 수도 있다. 여기에서 신비 수행자에게 간과할 수 없는 오류의 원천들이 나타난다는 것을 과소 평가해서는 안 된다. 정말이지 신비 수행자는 그의 영혼을 유혹하는 수많은 것들 사이를 지나가야 한다.

그것들 모두는 그의 '자아'를 돌처럼 딱딱하게 굳게 하고 폐쇄적으로 만들려고 한다. 그러나 그는 세계를 위해 자신의 '자아'를 열어야 한다. 그는 정말이지 즐거움을 추구**해야** 하는데, 즐거움을 통해서만 외부 세계가 그에게 다가오기 때문이다. 즐거움에 둔감해지면 그는 환경으로부터 영양소를 더 이상 공급받지 못하는 식물처럼 된다. 하지만 그가 즐거움에 머물러 있다면 그는 자기 속에 갇히게 된다. 그는 단지 **자기에 대해** 어떤 의미를 지닐 뿐, 세계에 대해서는 아무런 의미도 없는 존재가 된다. 그가 자체적으로 아무리 잘 살아간다 하더라도, '자아'를 아무리 강하게 키운다 하더라도 세계는 그를 배제한다. 세계에 대해서 그는 죽은 것이다.

신비 수행자는, **즐거움**이란 **세계를 위해** 자신을 향상시키기 위한 **수단**에 불과한 것으로 여긴다. 그에게 즐거움이란, 세계에 관해 가르쳐 주는 일종의 정보원이다. 그런데 그는 즐거움을 통해 가르침을 받은 후, **수행**으로 나아간다. 그는 **자신의** 지적 재산으로 축적하기 위해 배우는 것이 아니라 세계를 위해 활용하고자 배우는 것이다.

모든 정신학에서 어떤 목표를 달성해야 할 때 어겨서는 안 되는 하나의 원칙이 있다. 모든 신비 수행은 수행자의 마음속에 그 원칙을 각인시켜야 한다. 그것은 다음과 같다.

그대의 지식을 풍부하게 만들고 그대의 지적 재산을 축적하기 위해서, 오로지 그러기 위해서만 그대가 추구하는 인식은 모두 다 그대를 탈선하게 만든다. 그러나 인간의 향상과 세계 발전의 도정에서 더 성숙해지기 위해 추구하는 인식은 모두 다 그대를 한 걸음 더 나아가게 만든다.

이 원칙은 엄격하게 준수될 것을 요구한다. 이 원칙을 삶의 지침으로 삼기 전에는 그 누구도 신비 수행자가 아니다. 우리는 정신 수행의 이러한 진리를 다음과 같이 짧은 명제로 집약할 수 있다.

그대에게 이상(理想)이 되지 않는 일체의 이념은 그대 영혼 속에 있는 힘을 말살한다. 그러나 이상이 되는 일체의 이념은 그대 속에서 생명력을 창출한다.

내적 평정

수행의 첫 단계에서 신비 수행자는 **경외**의 오솔길과 **내적 삶**의 개발로 안내된다. 이제 정신학은 **실천적 규칙**도 제공하는데, 그것을 준수함으로써 경외의 오솔길을 걷고 내적 삶을 개발할 수 있다. 이러한 실천적 규칙은 자의의 소산이 아니다. 그것은 아주 오랜 경험과 아주 오랜 지식에 의거한 것이다. 그것은 고차적인 인식으로의 길이 제시되는 곳이라면 어디에서든 동일한 방식으로 주어진다. 정신 생활의 진정한 스승들은 모두가 다 이 규칙의 내용과 관련해서 의견을 같이한다. 비록 그들이 이 규칙을 늘 같은 말로 표현하는 것은 아니지만 말이다. 겉모습만 서로 다른 이 부차적인 차이는 이 자리에서는 논할 수 없는 사실들에서 연유한다.

정신 생활의 스승이라면 그 누구든 그러한 규칙을 통해 타인을 지배하려고 하지 않는다. 그는 결코 다른 사람의 자주성을 침해하려 하지 않는다. 신비학자는 누구보다도 인간의 자주성을 존중하고 수호하는 존재이기 때문이다. 정신계에 입문한 이들을 하나로 묶는 유대는 정신적인 것이며, 두 가지 자연 법칙은 그들을 결속하는 쐐쇠라는 것을 (앞 장에서) 말했다. 이제, 정신계에 입문한 이가 자신의 견고한 정신 영역에서 빠져 나와 공중(公衆) 앞에 나서게 되면, 그에게는 즉시 세 번째 법칙이 문제가 된다. 그것은 다음과 같다.

그대로 인해서 그 누구도 자유로운 의사 결정을 침해받지 않도록, 늘 그렇게 행동하고 말하라.

정신 생활의 참된 스승은 이러한 신조를 철두철미하게 체현하고 있는데, 이 점을 통찰하는 사람은, 자기에게 제공된 실천적 규칙을 따를 때 자주성이 전혀 상실되지 않는다는 것도 알 수 있다.

첫 번째 규칙 가운데 하나는 다음과 같은 말로 표현될 수 있다. "내적 평정의 순간을 마련하고, 그 순간에 **본질적인 것을 비본질적인 것과 구분하는** 법을 배워라." 여기에서 확실한 것은, 이 실천적 규칙이 '언어로 표현되어' 있다는 점이다. 원래 정신학의 모든 규칙과 지침은 상징적인 기호 언어로 주어진다. 그것의 전체적인 의미와 적용 범위를 알고자 하는 이는 먼저 이 상징 언어를 이해해야 한다. 이러한 이해는 당사자가 신비학에 첫걸음을 내디딤으로써 가능한 일이다. 이 걸음은 여기에서 주어져 있는 규칙들을 정확하게 준수함으로써 내디뎌질 수 있는 것이다. 진지한 의욕을 지닌 **모든 사람에게** 길은 열려 있다.

내적 평정과 관련된 위의 규칙은 단순하다. 그리고 그 준수 역시 단순하다. 그러나 그것이 단순한 만큼 **진지하고 엄격하게** 지켜질 때에만이 그 목표에 도달할 수 있다. 그렇기 때문에 여기에서 곧바로 이 규칙의 준수 방법을 말하는 것이 좋겠다.

신비 수행자는 일상적 용무의 대상들과는 전혀 다른 것과 관계하기 위한 시간을 갖기 위해 잠시 동안 일상 생활에서 벗어나야 한다. 그리고 그가 종사하는 방식 또한 일상적인 방식과는 완전히 다른 것이어야 한다. 그렇다고 해서 그가 이 특별한 시간에 행하는 것이 그의 일상적 노동의 내용과는 아무런 관계도 없는 양 이해되어서는 안 된다. 실상은 그 반대이다. 그와 같이 특별한 순간들을 **올바른** 방식으로 추구하는 사람은, 그 순간들을 통해 일상 업무를 위한 충만한 힘을 얻게 됨을 금방 느낄 것이다. 이런 규칙을 준수하다 보면 정해진 업무를 수행할 시간을 빼앗길 수도 있다고 생각해서는 안 된다. **더 이상 마음대로 쓸 시간이 정말로 없다면**, 하루에 **5분**이면 충분하다. 문제는 어떻게 이 5분을 활용하는가 하는 것이다.

이 시간 동안 사람들은 자신의 일상 생활에서 완전히 벗어나야 한다. 그의 사고 생활, 그의 감정 생활은 보통 때와는 다른 색채를 띠어야 한다. 그는 자신의 기쁨, 자신의 고뇌, 자신의 근심, 자신의 경험, 자신의 행동 등을 영혼 앞에 하나하나 등장시켜야 한다. 이때 그는 다른 경우에 그가 체험하는 모든 것을 보다 고차적인 관점에서 응시하는 태도를 취해야 한다. 일상 생활에서 우리가 다른 사람이 체험했거나 행한 일을 우리 자신이 체험했거나 행한 일과는 얼마나 다르게 보는지를 한 번만 생각해 보라. 이는 어쩔 수 없는 일이다. 왜냐하면, 우리는 우리 자신이 체험하거나 행하는 일과 밀접하게 연결되어 있기 때문이다. 우리는 다른 사람의 체험이나 행동을 단지 **바라볼** 따름이다.

일상 생활과 격리된 그 순간에 사람들이 추구해야 하는 것은, 자신의 체험과 행동을 마치 그 자신이 아니라 다른 사람이 체험했거나 행했던 것처럼 응시하고 판단하는 것이다. 누군가가 심각한 불행을 체험했다고 한번 상상해 보라. 자신의 불행을 대할 때 그는 이웃이 똑같은 불행을 겪었을 때와는 전혀 다른 태도를 취하지는 않는가? 아무도 그것을 부당하다고 말할 수 없다. 그것은 인간 본성에 따른 것이다. 그런 특수한 경우뿐만 아니라 생활의 일상적 사안에서도 사정은 비슷하다. 신비 수행자는 얼마간의 시간 동안, 자기 자신을 낯선 사람처럼 대하는 힘을 길러야 한다. 그는 비평가의 **내적 평정**을 유지한 채 자기 자신을 대해야 한다. 이 상태에 도달하고 나면, 그에게 자신의 체험은 새로이 조명된다.

자신의 체험에 속박되어 거기에 머물러 있는 한, 우리는 본질적인 것과 비본질적인 것을 구분하지 못한다. 우리가 달관(達觀)의 **내적 평정**에 이르게 되면, 본질적인 것과 비본질적인 것은 구분된다. 우리가 우리 자신을 그런 식으로 대하게 되면, 근심과 기쁨, 모든 생각과 모든 결단은 다른 모습으로 나타난다. 그것은 이를테면, 하루 종일 한 장소에 머무르면서 아주 큰 것이나 작은 것을 다 같이 가까이에서 봤다가 저녁에 옆 언덕에 올라 그 장소 전체를 한꺼번에 내려다볼 경우와 같다. 그때, 그 장소의 부분들은 우리가 그 속에 있을 때와는 다른 상호 관계 속에서 나타난다.

이런 태도로는 자신이 지금 체험하고 있는 운명의 섭리들에 적용하기 힘들 것이며 또 그럴 필요도 없다. 정신 생활의 수행자는 오래 전에 체험된 운명의 섭리들에 적응하려고 노력해야 한다. 그와 같은 내적이고 평온한 자기 응시의 가치는, **무엇을** 응시하는가에 달려 있다기보다는 오히려 그러한 내적 평정을 개발하는 **힘**을 자기 속에서 발견하는가에 달려 있다.

그도 그럴 것이, 모든 인간은 일상적인 인간(이런 식으로 부르도록 하자) 이외에 또 하나의 **고차적인 인간**을 자기 속에 간직하고 있다. 이 고차적인 인간은 일깨워지지 않는 한, 언제까지나 숨어 있다. 누구나 다 이 고차적인 인간을 자기 속에서 일깨울 수 있는데, 단 **자기 스스로** 그렇게 해야 한다. 이 고차적인 인간이 깨어나 있지 않는 한, 모든 인간 속에 잠자고 있는 고차적인 능력, 곧 초감각적 인식에 이르게 하는 능력 또한 숨어 있다.

내적 평정의 결실을 느낄 때까지, 열거된 규칙을 진지하고 엄격하게 준수하면서 정진해야 함을 유념해야 한다. 그렇게 행한다면 누구나 다 자기 주위가 정신적으로 환해지면서 그때까지 자기 속에서 알지 못했던 눈에 완전히 새로운 세계가 열리는 그런 날을 맞이할 것이다.

신비 수행자는 이 규칙을 준수하기 시작한다고 해서 그의 외적 생활을 바꿀 필요는 전혀 없다. 그는 언제나 그랬던 것처럼 자기 할 일을 한다. 처음에는 예전과 동일한 고뇌를 견디며 동일한 기쁨을 체험한다. 그로 인해 어떤 식으로든 '생활'에서 소외되는 일은 있을 수 없다. 아니, 그는 일상에서 이 '생활'에 그만큼 더 완전히 몰두할 수 있다. 그는 예외적인 순간에 '고차적인 삶'을 자기 것으로 만들기 때문이다. 이 '고차적인 삶'은 점차 일상 생활에도 영향을 끼칠 것이다. 예외적 순간의 평정은 일상에도 영향력을 지닐 것이다. 그 인간의 전존재가 평정을 찾게 될 것이며, 모든 행위에서 안정감을 획득할 것이다. 또 어떠한 돌발 사태에도 마음의 평정을 잃는 일은 더 이상 없을 것이다.

그런 수행 중에 있는 신비 수행자의 경우, 자신을 자기 스스로 주도하는 비중은 점차 커지고 상황과 외적 영향에 의해 이끌리는 일은 점차 줄어든다. 그러한 사람은 그 같은 예외적 순간이 자신에게 어떤 종류의 힘의 원천인지를 곧 알아차릴 것이다. 예전에는 화를 냈던 일에 대해 그는 더 이상 화를 내지 않기 시작할 것이며, 예전에 그가 두려워했던 수많은 것들은 그에게 두려움의 대상이기를 그친다. 완전히 새로운 인생관을 그는 자기 것으로 만든다. 예전에 그는 이런저런 일을 아마도 소심하게 대했을 것이다. "아, 내 힘은 내가 바라는 대로 이 일을 하기에는 부족하구나."라고 그는 생각했다. 이제 그에게 떠오르는 생각은 더 이상 이런 것이 아니라 완전히 다른 것이다. 이제부터는 다음과 같이 생각한다. "나의 일을 가능한 한 가장 잘하기 위해서 모든 힘을 집중해야지." 그는 자신을 소심하게 만들 수도 있을 법한 생각을 억제한다. 바로 이 소심함이 그로 하여금 나쁜 결과를 낳게 할 수도 있다는 것, 여하튼 이 소심함이 할 일을 더 좋게 하는 데 아무런 도움도 될 수 없다는 것을 그가 알고 있기 때문이다.

이런 식으로 신비 수행자의 인생관 속에는, 그의 생활에 유익하고 고무적일 수 있는 생각들이 꼬리를 물고 들어온다. 그것들은 그를 방해하고 약하게 했던 그런 생각들을 대체한다. 예전에 그는 인생의 거친 파도에 의해 이리저리 휘둘렸다. 이제 그는 그 파도 속에서 자기 인생의 배가 확실하고 견고한 길을 가도록 조종하기 시작한다.

그러한 평정과 안정감은 인간의 본질 전체에 도로 작용한다. 이를 통해 내적 인간이 성장한다. 내적 인간과 더불어, 고차적인 인식으로 이끄는 내적 능력이 성장한다. 이런 방향으로의 진보를 통해서 신비 수행자는 외부 세계의 인상이 그에게 작용하는 양상을 스스로 규정하기에 이른다. 다른 사람이 그에게 상처를 입히거나 화나게 만들고자 하는 말을 그가 듣게 되는 경우를 예로 들어 보자.

신비학을 수련하기 전이었다면 그도 마음에 상처를 입거나 화를 냈을 것이다. 지금은 신비 수행의 오솔길을 걷고 있기 때문에, 그는 그 말이 자기 마음속에 들어오기 전에 그 말에서 상처를 입히거나 화나게 만드는 가시를 빼낼 수 있다. 아니면 또 다른 예를 들어, 누군가를 기다려야 할 때 쉽게 초조해지는 사람이 신비 수행자의 오솔길을 걷게 된 경우를 생각해 보자. 평정의 순간에 그는 수많은 초조감이 얼마나 부질없는지를 절실히 느끼게 된다. 그리하여 이제부터 그는 초조가 **체험될** 때마다 그 느낌을 떠올린다. 머리를 내밀려던 초조는 사라지며, 그렇지 않았더라면 초조한 생각 속에서 사라져 버렸을 시간은, 기다리는 동안 행해질 수 있는 유익한 관찰로 가득 차게 될 것이다.

이제 모든 일의 영향만 분명하게 기억하면 된다. 인간 속에 있는 '고차적인 인간'은 끊임없이 발전하고 있다는 것을 유념하라. 그러나 앞에서 기술된 평정과 안정을 통해서만 합법칙적인 발전이 가능하다. 인간이 외적 생활을 지배하지 못하고 그것에 지배당하면, 외적 생활의 거친 파도는 내적 인간을 전면적으로 속박해 들어온다. 그러한 인간은 바위틈에 피어날 수밖에 없는 식물과 같다. 그 식물의 생장은 사람들이 공간을 만들어 줄 때까지 늘 위축되어 있다. 하지만 내적 인간에게는 그 어떤 외적 힘도 공간을 만들어 줄 수 없다. 그가 자신의 영혼 속에 만들어 내는 **내적 평정**만이 그럴 수 있다. 외적인 관계는 그의 외적인 생활 상황**만**을 바꿀 수 있을 뿐 그의 내면 속에 있는 '정신적 인간'은 결코 깨울 수 없다. 신비 수행자는 자기 자신 속에서 새로운 고차적 인간을 탄생시켜야 한다.

그러면 이 '고차적인 인간'은, 외적 인간의 관계를 확실하게 이끄는 '내적 지배자'가 된다. 외적 인간이 주도권을 쥐고 있는 한, 이 '내적 인간'은 그의 노예이며, 따라서 자기 힘을 펼칠 수가 없다. 내가 화를 낼 것인지 말 것인지가 나 아닌 다른 존재에 달려 있다면, 나는 나 자신의 주인이 아니다. 이를 더 잘 말하자면, 나는 '내면의 지배자'를 아직 찾지 못했다고 할 수 있다. 외부 세계의 인상이, 나 자신이 규정한 방식으로만 내게 다가오도록 하는 능력을 내 속에서 개발해야 한다. 그럴 때에야 비로소 나는 신비 수행자가 될 수 있다.

신비 수행자는 이 힘을 진지하게 추구하는 한에서만 목표에 이를 수 있다. 정해진 시간에 얼마나 많은 것을 성취하는지가 중요한 게 아니라, 그가 진지하게 **추구한다는 것**, 그것만이 중요하다. 눈에 띄는 진전도 없이 수년간 전력을 다한 이들이 많이 있었다. 그러나 절망하지 않고 의연히 노력했던 그들 중 다수는 어느 날 아주 갑자기 '내적 승리'를 거두었다.

많은 경우의 생활 상황 속에서는 확실히 내적 평정의 순간을 확보하기가 힘들 수 있다. 그러나 힘이 들면 들수록 획득되는 것은 그만큼 더 의미가 있다. 신비 수행과 관련된 모든 것은, 내적으로 진실하고 추호도 거짓 없이 열성적으로, 그리고 모든 행위와 행동을 통해, 자기 자신을 마치 전혀 다른 사람 대하듯이 그렇게 대할 수 있느냐 하는 데에 달려 있다.

그러나 **자기 자신의** 고차적 인간의 이 같은 탄생을 통해 그려진 것은 신비 수행자가 행하는 내적 활동의 한 측면에 불과하다. 다른 점이 더 추가되어야 한다. 비록 다른 사람처럼 자신을 마주 대한다 하더라도, 그는 **자기 자신**만을 고찰할 따름이다. 그는 자신의 특수한 생활 상황을 통해 자신과 완전히 하나가 된 체험과 행위들을 바라본다. 그것을 넘어서야 한다. 그는 자신의 특수한 상황과는 더 이상 관계가 없는 **순수하게** 인간적인 존재로 고양되어야 한다.

비록 그가 완전히 다른 상황 아래에서, 완전히 다른 처지 속에서 산다고 하더라도 인간으로서의 그와 관련되어 있는 그런 것들의 고찰로 넘어가야 한다. 이를 통해 그의 내면에는 개인적인 것을 뛰어넘는 무언가가 생기를 얻게 된다. 이로써 그의 눈길은, 일상을 통해 그와 결합되어 있는 세계보다 **더 고차적인 세계로** 향하게 된다. 이와 더불어 그는 자신이 그런 고차 세계의 일원이라는 것을 느끼고 체험하기 시작한다. 이 세계는 그의 감각과 그의 일상사가 그에게 전혀 말해 줄 수 없는 세계이다.

비로소 그는 자기 존재의 중심점을 내면으로 옮기게 된다. 그는 평정의 순간에 자기에게 말을 걸어 오는 내면의 목소리에 귀를 기울인다. 그는 내면에서 정신 세계와의 친교를 두텁게 한다. 그는 일상에서 멀어진다. 그에게 일상의 소음은 침묵한다. **그의 주위**는 조용해진다. 그는 자기에게 그런 외적 인상들을 상기시키는 것을 모두 다 물리친다. 내면에서의 **평온한 정관**(靜觀), 순수하게 정신적인 세계와의 대화로 그의 영혼 전체가 가득 차게 된다. 신비 수행자에게 그와 같은 조용한 정관은 생활의 자연스러운 욕구가 되어야 한다.

맨 먼저 그는 사고 세계에 완전히 몰입한다. 이 조용한 사고 활동을 위해서 그는 어떤 **생생한 감정**을 발달시켜야 한다. 그는 정신이 자기에게 불어넣는 것을 **사랑하는** 법을 배워야 한다. 그는 이 사고 세계가 주위의 일상적 사물들보다 현실적이지 않다는 생각을 곧 버리게 된다. 그는 공간 속의 사물들을 접하듯이 자신의 사고와 접하기 시작한다. 그러면, 내적인 사고 활동의 고요 속에서 그에게 나타나는 것을 공간 속의 사물들보다 더 고차적이고 더 현실적인 것으로 느끼는 순간도 그에게 가까워진다.

그는 이 사고 세계 속에서 **생명**이 자신을 표현하는 바를 경험한다. 그는 이 사고 속에서 얻어지는 형체는 단순한 그림자가 아니라는 것, 숨겨진 **본질들**은 사고를 통해서 그에게 말을 건다는 것을 깨닫는다. 정적에서 벗어나 그에게 말걸기가 시작된다. 예전에는 귀를 통해서만 들을 수 있었던 것을 이제는 영혼을 통해 듣는다. 내적인 언어(또는 내적인 말)의 문이 그에게 열린다. 이 순간을 처음 체험할 때 신비 수행자는 더없는 행복감에 사로잡힌다. 그의 외적 세계 전체로 내적인 빛이 쏟아진다. 그에게 제2의 인생이 시작된다. 환희에 찬 신적 세계의 흐름이 그를 가득 채운다.

사고 속에서 이루어지는 영혼의 그 같은 삶은 점점 더 확장되어 정신적 본질에서의 삶이 되는데, 그노시스와 정신학은 그러한 삶을 **명상**(정관적 숙고)이라 부른다. 이 명상은 초감각적 인식에 이르기 위한 수단이다. 그러나 신비 수행자는 그 순간의 감정에 탐닉해서는 안 되며, 자기 영혼 속에 막연한 느낌을 지녀서도 안 된다. 만약 그럴 경우, 진정한 정신적 인식에 이르는 데 방해가 될 것이다. 그의 사고는 명료하고 예리하며 분명하게 형성되어야 한다. 그는 이를 위한 하나의 발판을 찾을 것이다. 그가 마음속에서 솟아 나오는 생각에 맹목적으로 매달리지 않는다면 말이다.

정신적 인식에 먼저 도달한 사람들이 그 순간에 생각했던 높은 사상에 깊이 빠져 들어 보는 것이 좋다. 그는 명상 속에서 받은 계시를 기초로 하여 저술된 글들을 출발점으로 삼아야 한다. 신비 수행자는 신비주의 문헌, 그노시스파의 문헌, 현대의 정신학적 문헌 등에서 그런 글을 발견한다. 명상을 위한 소재가 거기에서 생겨난다. 정신을 추구했던 사람들이 신적인 학문의 사상을 그러한 글 속에 직접 기록해 두었다. 정신이 자신의 사자(使者)를 통해 그런 사상을 이 세상에 전하게 했던 것이다.

그러한 명상을 통해 신비 수행자에게는 철저한 변화가 일어난다. 그는 현실에 대해 전혀 새로운 관념을 형성하기 시작한다. 그에게 모든 사물은 다른 가치를 지니게 된다. 여기에서 거듭 유념해야 할 것은, 그러한 변화를 통해 신비 수행자가 세상과 멀어지는 것은 아니라는 점이다. 그는 일상적으로 해야 할 일에서 결코 멀어지지 않는다. 행해야 하는 행위가 아무리 사소한 것이라 할지라도, 제공되는 체험이 아무리 보잘것없는 것이라 할지라도 그것들 모두가 거대한 세계 본질 및 세상사와 연관되어 있음을 통찰하기에 이르기 때문이다. 이러한 연관이 명상의 순간을 통해 먼저 분명해지고 나면, 그는 새로운 충만한 힘을 가지고 일상적인 일을 한다. 이제 그는 자기가 일하고 고뇌하는 것이 거대한 정신적 세계와의 연관을 위한 것임을 알기 때문이다. 명상에서 솟아 나오는 것은 태만이 아니라 생활을 위한 **힘**이다.

신비 수행자는 확실한 걸음으로 인생길을 걸어간다. 인생이 그에게 가져오는 것이 무엇이든 그것은 그를 똑바로 걷게 한다. 예전에는 왜 일을 하고 왜 고뇌하는지 알지 못했지만, 이제는 그 까닭을 안다. 그러한 명상 활동은 경험 많은 사람, 다시 말해 모든 일이 가장 잘 이루어질 수 있는 방도를 자신의 경험으로 아는 사람의 지도를 받게 되면 목표에 더 잘 도달할 수 있음을 알아야 한다. 그렇기 때문에 그런 사람의 조언이나 가르침을 소중히 여겨야 한다. 그렇다고 자신의 자유를 잃어버리는 일은 일어나지 않는다. 그렇지 않았더라면 불안한 더듬거림일 수 있을 것이, 그러한 지도를 통해 목표가 확실해진다.

이러한 방향에서 지식과 경험을 쌓는 일에 마음을 쏟은 사람은 반드시 보답을 받을 것이다. 그가 구하는 것이 지배하려고 하는 자의 막강한 권력이 아니라 친구의 조언에 다름 아니라는 것을 의식하고 있기만 하면 된다. 진실로 깨달은 사람들은 가장 겸손한 이들이라는 것, 이른바 권력욕만큼 그들과 인연이 먼 것은 없다는 것을 항상 발견하게 된다.

사람들은 명상을 통해 인간과 정신을 결합시키는 쪽으로 고양된다. 그렇게 고양된 사람은, 자기 속에 영원히 존재하는 것, 곧 탄생과 죽음을 통해 한계 지워져 있지 않은 것을 자기 속에서 소생시키기 시작한다. 그것을 직접 체험하지 못한 사람들만이 그같이 영원한 것을 의심할 수 있다. 이런 식으로 명상은 사람들로 하여금 자기 존재의 영원하고 불멸한 핵심을 인식하고 직관하도록 이끄는 길이다. 오로지 명상을 통해서만 그러한 직관에 이를 수 있다.

그노시스와 정신학은 존재의 이러한 핵심의 영원성에 관해, 영겁 회귀에 관해 말한다. 인간은 왜 탄생과 죽음의 피안에 놓여 있는 자기 체험에 관해서는 알지 못하는가? 하는 물음이 종종 제기된다. 그러나 물음이 그런 식으로 제기되어서는 안 된다. 오히려 다음과 같은 물음이 있어야 한다. 그러한 것을 어떻게 알 수 있는가? 올바른 명상으로써 길이 열린다. 명상을 통해, 탄생과 죽음의 피안에 있는 체험들에 대한 기억이 살아난다. 누구나 다 이러한 지식을 획득할 수 있다.

참된 신비주의, 정신학, 인지학, 그노시스 등이 가르쳐 주는 것을 스스로 인식하고 스스로 응시할 수 있는 능력은 모든 사람에게 다 있다. 누구나 다 올바른 수단을 선택하기만 하면 된다. 귀와 눈을 가진 존재만이 소리와 색깔을 지각할 수 있다. 그리고 사물을 볼 수 있게 하는 빛이 없다면 눈은 아무것도 지각할 수 없다. 신비학에는 정신적 귀와 눈을 개발하고 정신적 빛을 밝히는 수단들이 주어져 있다. 정신 수련의 수단은 다음과 같은 세 단계로 묘사될 수 있다.

1) **준비**─이를 통해 정신적 감각들이 개발된다.

2) **깨달음**─이를 통해 정신적 빛이 밝혀진다.

3) **정신계 입문**─이를 통해 정신의 고차적 본질과의 친교가 열린다.

2. 정신계 입문의 단계

아래에서 전하는 말은 정신 수행을 구성하는 부분들인데, 이를 올바로 활용하는 사람은 누구나 다 그 명칭과 본질을 명백히 이해하게 될 것이다. 그것은 세 가지 단계와 관련되어 있는데, 정신 생활의 수행이 이 세 단계를 통과함으로써 정신계 입문도 어느 정도 가능해진다. 하지만 여기에서는, 이 세상에 공개해도 되는 것만 설명될 것이다. 여기에서 암시하는 것들은, 훨씬 더 심오하고 은밀한 가르침에서 가져온 것이다. 신비 수행 자체에서는 정해져 있는 수업 과정이 준수된다. 인간의 영혼이 정신 세계와 의식적으로 교통(交通)하기 위해서는 특정한 수행이 필요하다. 이러한 수행과 아래에서 전하는 것 사이의 관계는, 예컨대 규칙이 엄격한 고등 학교에서 제공하는 수업과 예비 학교에서 때때로 받을 수 있는 지도 사이의 관계와 같다. 그렇지만, 여기에서 암시되는 것을 **진지하고** 끈기 있게 좇아가노라면, 진정한 신비 수행에 이를 수 있다. 물론, 진지함이나 끈기 없이 조급하게 시행하려 하면 아무런 성과도 낳을 수 없을 것이다. 이미 앞에서 말했던 것을 먼저 지키고 그 기초 위에서 진전을 이룰 때에만, 신비 수행은 성공을 거둘 수 있다.

암시적으로 전해지는 단계들은 다음과 같은 세 단계, 곧 1) 준비, 2) 깨달음, 3) 정신계 입문이다. 이 세 단계가 이어지는 방식이, 제1단계를 **완전히** 마친 뒤에 제2단계를 하고, 제2단계를 **완전히** 마친 뒤에 제3단계를 하는 식으로 될 필요는 없다. 어떤 사항과 관련해서는 아직 준비 단계에 있더라도, 다른 사항과 관련해서는 이미 깨달음이나 심지어는 정신계 입문의 경지에 이를 수도 있다. 그렇지만 대체로 깨달음이 시작되기 전에 준비 단계에서 어느 정도의 시간을 보내야 할 것이다. 그리고 정신계 입문이 시작되어야 할 때에는, 적어도 몇몇 사항에서는 깨달음의 상태에 도달해 있어야 한다. 여기에서는 편의상 세 단계를 순서대로 기술할 수밖에 없다.

준비

　준비는, 감정 및 사고 생활을 아주 특정한 방식으로 육성하는 데 그 본질이 있다. 이러한 육성을 통해 영혼체(靈魂體)와 정신체(精神體)[8]는 고차적인 감각 도구와 활동 기관(器官)을 갖추게 된다. 이는, 불특정한 유기 물질로 구성된 신체가 자연의 힘들을 통해 기관들을 갖추게 된 것과 양상이 비슷하다.

　먼저, 영혼의 주의를 우리 주변 세계의 어떤 특정한 과정들로 돌리는 일부터 시작해야 한다. 그 과정들은, 한편으로는 발아 · 성장 · 번성하는 생명 활동이며 다른 한편으로는 영락 · 쇠퇴 · 사멸과 연관된 모든 현상이다. 사람의 눈길이 닿는 곳이라면 어디에서든 그와 같은 과정들은 동시적으로 존재한다. 그리고 사방에서 그것들은 사람의 감정과 생각을 자연스럽게 촉발시킨다. 그러나 일상적인 상황에서 이러한 감정과 생각에 충분히 몰입하는 사람은 없다. 그러기에는 너무 급하게 이 인상에서 저 인상으로 허겁지겁 옮겨 다닐 뿐이다.

　중요한 것은, 완전히 의식적으로 이러한 사실들에 주의력을 집중하는 것이다. 꽃봉오리가 맺혔다가 만개(滿開)하는 어

---

8) 옮긴이 주 : '영혼체'는 'Seelenleib'를, '정신체'는 'Geistesleib'를 옮긴 말이다.

떤 특정한 양상을 지각할 때, 다른 모든 일을 자신의 영혼에서 배제하고 짧은 시간 동안 오로지 **이 하나의** 인상에만 몰두해야 한다. 그러면 곧 그는, 같은 경우라도 이전에는 자신의 영혼을 휙 스치고 지나가 버렸던 어떤 감정이 솟아올라 강력하고 활기에 찬 형태를 띠는 것을 확신하게 될 것이다. 그는 이 감정 형태의 여운이 내면 속에서 조용히 울리도록 해야 한다. 이때 그는 자기 내면 속에서 완전히 고요한 상태가 되어야 한다. 그는 나머지 외부 세계로부터 격리되어 완전히 혼자가 되어, 꽃봉오리가 맺혔다가 만개하는 사실에 자기 영혼이 속삭이는 말을 좇아야 한다.

이때, 세계로 향한 **감각들**을 둔하게 만들면 더 큰 진전이 있으리라고 생각하는 것은 정말이지 잘못된 것이다. 먼저, 가능한 한 생생하고 정확하게 사물들을 관찰하라. **그리고 나서**, 영혼 속에서 되살아나는 감정들과 솟아오르는 생각들에 몰입하라. 중요한 것은, 완전한 내적 평정을 유지한 채 **양쪽**, 즉 감정과 생각에 주의를 기울이는 것이다. 필요한 평정을 찾고 영혼 속에서 되살아나는 것에 몰두하노라면, 적당한 시간이 지난 후, 뒤따라오는 것을 **체험하게** 된다. 자신의 내면 속에서, 이전에는 알지 못했던 새로운 종류의 감정과 생각이 솟아오르는 것을 볼 것이다. 성장·개화·번성하는 것과 쇠퇴·사멸하는 것에 교대로 주의력을 집중시키는 수련을 그런 식으로 자주하면 할수록, 이런 감정은 그만큼 더 생생하게 될 것이다.

64

그렇게 생겨난 감정과 생각에서 투시 기관이 형성되는데, 이는 마치 자연의 힘들이 유기물을 소재로 하여 육체적인 눈과 귀를 형성하는 것과 같다. 하나의 특정한 감정 형태는 성장과 형성에 결합되어 있으며, 또 다른 특정한 감정 형태는 쇠퇴와 사멸에 결합되어 있다. 하지만 이것도 앞서 기술한 방식으로 이러한 감정들을 육성하려 노력할 때에만 그러하다. 이 감정의 존재 양상을 실제에 가깝게 묘사하는 것은 가능하다. 하지만 이에 관한 완벽한 표상은 이러한 내적 체험을 통해서 얻을 수 있는데, 이는 누구나 다 할 수 있는 일이다. 생성·번성·개화의 과정에 자주 주의를 기울였던 사람은, 해가 뜰 때 느끼는 것과 **거의 비슷한** 것을 느낄 것이다. 그리고 쇠퇴와 사멸의 과정에서는, 지평선 위로 달이 천천히 떠오르는 것과 거의 같은 것으로 비유될 수 있는 체험이 생겨날 것이다. 이 두 감정은, 적절히 육성하고 점점 더 활발하게 훈련할 때 더없이 중요한 정신적 결과를 낳게 되는 두 가지 힘이다.

거듭해서 정기적이고 의도적으로 그러한 감정에 몰입하는 사람에게는 새로운 세계가 열린다. 영혼 세계, 다시 말해서 이른바 아스트랄 계(der astrale Plan)[9]가 그의 눈앞에 떠오르

---

9) 옮긴이 주 : '아스트랄'은 '별'을 뜻하는 '아스터'의 형용사형이다. 여기에서 '아스트랄 계' 또는 '아스트랄 체(Astralleib)' 같은 말이 만들어졌다. 후자는 '성기체(星氣體)'라고도 옮겨진다. 일찍이 에피쿠로스는 인간의 내면 생활을 신적인 정신의 작용과 아스트랄적인 영혼의 작용으로 나누고, 후자가 몸에 의존하고 있는 점에서 물질에서 유래하는 것으

기 시작한다. 그에게 성장과 소멸은, 더 이상 이전처럼 그렇게 막연한 인상을 만들어 내는 사실로 머물러 있지 않는다. 오히려 그것은, 지금까지는 생각지도 못했던 정신적 선(線)과 형상으로 그 형태를 갖추게 된다. 이 선과 형상은 현상들이 다르면 다른 모습을 지닌다. 피어나고 있는 꽃은 마치 마술을 부리듯이 우리 영혼 앞에 아주 특정한 선을 만들어 보이는데, 막 자라나는 동물이나 죽어 가는 나무도 그렇게 한다.

영혼 세계(아스트랄 계)가 그의 눈앞에서 천천히 확장된다. 이 선들과 형상들에 자의적인 것은 전혀 없다. 똑같은 수행 단계에 있는 두 신비 수행자는, 같은 과정에서 항상 똑같은 선과 형상을 볼 것이다. 정상적인 시력을 지닌 두 사람이 둥근 테이블을 볼 때, 한 사람은 원형으로, 다른 한 사람은 사각형으로 보는 것이 아니라, 둘 다 둥근 것으로 본다. 이와 같은 정도로 확실하게, 피어나는 한 송이 꽃을 볼 때 두 영혼 앞에는 똑같은 정신적 형상이 나타난다. 일반 자연사(自然史)에서 식물과 동물의 형상이 묘사되듯이, 신비학에 정통

로 생각하였다. 슈타이너는 인간을 두 세계, 곧 물질 세계(감각 세계)와 정신 세계(초감각적 세계)에서 사는 존재로 본다. 그에 따르면 인간은 몸·영혼·정신이라는 삼중 구조로 되어 있다. 그는 인간을 '물질체', '에테르 체', '아스트랄 체', '자아'라는 네 가지 구성체로 파악하는가 하면, 몸의 영역에는 물질체, 에테르 체, 아스트랄 체가, 영혼 영역에는 감각혼, 오성혼, 의식혼이, 정신 영역에는 정신적 자아, 정신의 에테르 체, 정신의 물질체가 있는 등 아홉 가지로 세분해서 설명하기도 한다.

한 사람은 성장 및 사멸 과정의 정신적 형상들을 그 종류에 따라 기술하거나 묘사한다.

외적인 눈에 물리적으로 보이는 현상들의 그런 정신적 형상을 볼 수 있을 만큼 나아간 수행자는, 물리적 현존재를 지니지 않는, 따라서 신비학의 가르침을 받지 못한 이에게는 완전히 감추어져 (신비롭게) 있을 수밖에 없는 그런 사물들을 보는 단계에서 그리 멀리 떨어져 있지 않게 된다.

여기서 강조해야 할 것은, 신비학을 연구하는 이는 이런저런 사물이 무엇을 **의미**하는지를 숙고하는 데 빠져 들어서는 안 된다는 것이다. 그러한 오성적 작업을 통해서는 올바른 길에서 벗어나게 될 뿐이다. 그는 신선하게, 건강한 감각과 예민한 관찰력을 가지고 감각 세계를 똑바로 보아야 하며, 뒤이어서 자기 감정에 자신을 내맡겨야 한다. 사물들이 의미하는 것을 사변적인 오성으로 규정하려 해서는 안 된다. 사물들 자체에서 그것이 말해지도록 해야 한다.[10]

이 외에 또 중요한 것이 있는데, 신비학에서 고차적인 세계에서의 **방향 설정**이라 부르는 것이 그것이다. 감정과 사고가 물리적 · 감각적 세계 속에 있는 책상이나 의자와 마찬가지로 **현실적인 사실**이라는 의식이 철저히 몸에 밸 때, 올바른 방향을 설정하기에 이른다. 영혼 세계와 사고 세계에서 감

---

10) 자신 속에 침잠하는 조용한 본성과 짝을 이루는 **예술적 감각들**은 정신적 능력을 개발하기 위한 최상의 전제 조건임을 깨달아야 한다. 이러한 감각들은 사물의 표면을 꿰뚫고 들어가 그 비밀에 이른다.

정과 사고는, 마치 물리적 세계에서 감각적 사물들이 그렇듯이 서로 영향을 미친다.

이 점을 철저하게 의식하지 못하는 사람은, 자신이 품고 있는 잘못된 사고가 사고 공간에 생기를 불어넣는 다른 사고들에게, 마치 무턱대고 쏘아 댄 총알이 물리적 대상에 가하듯이 그렇게 파괴적으로 작용할 수 있다는 것을 생각지 못한다. 그러한 사람은 물리적으로 가시적인 무의미한 행위는 결코 하지 않을지 몰라도, 잘못된 사고나 감정을 품는 것을 꺼리지는 않을 것이다. 그에게는 잘못된 사고나 감정이 물리적 세계에 전혀 위험하지 않은 것으로 보이기 때문이다.

그러나 신비학에서는, 물리적 세계에서 걸음걸이에 주의하듯이 그렇게 자기 사고와 감정에 주의할 때에만 진척을 이룰 수 있다. 벽에 부딪혔을 때, 그 벽을 뚫고 똑바로 걸어가려는 사람은 없다. 그는 발걸음을 옆쪽으로 돌린다. 그는 물리적 세계의 법칙에 따라서 방향을 잡는다. 그러한 법칙은 감정이나 사고의 세계에도 존재한다. 그러나 후자의 법칙은 인간에게 외부로부터 강요되는 것이 아니다. 그것은 자기 영혼의 삶 자체에서 흘러 나와야 한다. 어떤 경우에도 잘못된 감정과 사고를 품지 않을 때 그것은 가능하다. 자의적인 모든 억측, 유희적인 모든 공상, 우연적으로 요동하는 모든 감정을 이 시간에는 억제해야 한다. 그렇다고 해서 감정이 빈곤해지는 것은 아니다. 그러한 방식으로 자신의 내면을 통제할 때 비로소 감정이 풍부해지고 진정한 상상력 속에서 창조적으로 된다는 것을 곧 알게 될 것이다. 하찮은 감정의 탐닉과 진지성이 결여된 사고의 연상을, 의미 있는 감정과 유익한 사고가 대신한다.

그리고 이러한 감정과 사고를 통해 인간은 정신 세계에서 **방향을 잡을** 수 있게 된다. 그는 정신 세계의 사물들과 올바른 관계를 맺게 된다. 아주 특정한 어떤 효과가 그에게 나타난다. 육체적 인간으로서 그가 물리적 사물들 사이에서 갈 길을 찾듯이, 이제는 위에서 묘사된 길 위에서 그가 알게 된 **성장**과 **사멸** 사이를 가로지르는 오솔길이 그를 이끌어 간다. 그러면 그는 성장하고 번성하는 모든 것뿐만 아니라 쇠퇴하고 사멸하는 모든 것도 이해하면서 좇아가게 되는데, 이는 그 자신과 세계의 번성을 위해 필요한 일이다.

신비학도는 **소리**의 세계를 더 갈고 닦아야 한다. 이때, 이른바 무생물(낙하하는 물체, 종 또는 악기)을 통해 발생하는 소리와 생물(동물이나 인간)로부터 생기는 소리를 구별해야 한다. 종소리를 듣는 사람은 소리를 지각하고 거기에 쾌적한 감정을 결부시킬 것이다. 동물이 울부짖는 소리를 듣는 사람은, 그 소리에서 이러한 감정 외에도 그 동물의 내적 체험의 드러남, 곧 쾌락 또는 고통을 감지할 것이다.

신비 수행자는 후자와 같은 종류의 소리에서 시작해야 한다. 소리가 자기 영혼 밖에 있는 뭔가를 알려 주는 데 온 주의를 다 기울여야 한다. 그리고는 이 낯선 것 속으로 침잠해야 한다. 그는 소리가 전하는 고통이나 기쁨에 자신의 감정을 밀착시켜야 한다. **그에게** 그 소리는 무엇인지, 그 소리가 유쾌한지 불쾌한지, 마음에 드는지 안 드는지 하는 문제를 넘어서야 한다. 소리가 생겨 나오는 존재 속에서 일어나는 일만이 그의 영혼을 채워야 한다. 정기적이고 계획적으로 그러한 수련을 하는 사람은, 소리가 생겨 나오는 존재와 융합하는 능력을 습득할 것이다. 정서 생활의 그 같은 육성은 음악적 감성이 풍부한 사람에게는 그렇지 않은 사람의 경우보다 더 쉬울 것이다. 그렇다 하더라도, 음악적 감각만으로 그러한 육성이 대신된다고 생각해서는 안 된다. 신비 수행자는 이러한 방식으로 **자연 전체**에 대해 느끼는 법을 배워야 한다.

그리고 이를 통해 감정의 세계나 사고의 세계에는 새로운 소질이 깃든다. 자연 전체는 소리를 냄으로써 인간에게 비밀을 속삭이기 시작한다. 이를 통해, 예전에는 그의 영혼이 이해할 수 없었던 울림이 의미 심장한 **자연의 언어**가 된다. 지금까지는 단지 소리만을 들었던 이른바 무생물의 울림에서 그는 이제 새로운 영혼의 언어를 듣는다. 계속 이렇게 영혼을 훈련해 가노라면 그는 곧 자기가 예전에는 상상조차 못했던 것을 **들을** 수 있다는 것을 깨닫게 된다. 그는 **영혼으로써** 듣기 시작한다.

이 영역에서 이를 수 있는 정점에 도달하기 위해서는 다른 사항이 추가되어야 한다. 신비 수행자의 훈련에서 특히 중요한 것은, 다른 사람의 말을 **경청하는** 태도이다. 신비 수행자

70

는 타인이 말할 때 자기 자신의 내면은 완전히 **침묵하는** 식으로 행동하는 법을 몸에 익혀야 한다. 누군가가 의견을 피력하고 다른 한 사람이 귀를 기울일 때, 보통 후자의 내면 속에서 찬성이나 반대의 반응이 나타나게 마련이다. 아마도 대다수의 사람은 금방 찬성이나 반대 의견을 표현하고 싶어 할 것인데, 반대의 경우 특히 더 그렇다.

신비 수행자는 찬성과 반대 일체에 대해 침묵해야 한다. 이때 중요한 것은, 갑작스럽게 생활 방식을 바꾸어서 그처럼 내적이고 철저한 침묵을 지속하려고 하는 것이 아니다. 그는 자기가 고른 몇몇 경우에서 그렇게 하는 것으로써 시작할 수밖에 없다. 그러면 아주 서서히, 마치 저절로 그렇게 되는 듯이, 이 완전히 새로운 경청 태도가 몸에 배어들어 습관이 된다.

정신학에서 그와 같은 태도를 닦는 수행은 계획적으로 행해진다. 일정한 기간 동안 수행자는 반대되는 의견에 귀를 기울이면서 일체의 찬성, 특히 일체의 부정적 판단을 완전히 침묵시키는 수행을 해야 하는 의무를 진다. 이때 모든 오성적 판단뿐만 아니라 불만의 감정, 거부 또는 찬성의 감정 일체도 침묵하는 것이 중요하다. 수행자는 특히, 그러한 감정들이 표면상으로는 없더라도 자기 영혼의 가장 은밀한 내면 속에 있는 것은 아닌지 주의 깊게 자기 관찰을 계속해야 한다. 예컨대, 그는 어떤 점에서 자기보다 훨씬 못한 사람의 말을 귀담아 들어야 하는데, 이때 더 잘 안다는 감정이나 우월감을 **모두** 억눌러야 한다. 그런 식으로 어린아이의 말에 귀기울이는 것은 누구에게나 유익할 수 있다. 최고의 현자도 어린아이들로부터 엄청나게 많은 것을 배울 수 있다.

이렇게 해서 그는 자기 자신의 견해와 감정 방식을 완전히 배제한 채, 완전히 **몰아**(沒我)**의 상태에서**, 다른 사람의 말을 듣는 경지에 도달한다. 자기와는 정반대의 견해가 제시되거나 '말도 안 되는 견해'가 자기 앞에서 펼쳐지더라도 아무런 비판 없이 경청하는 수련을 하노라면, 그는 점차 다른 이의 존재와 완전히 혼융 일체되는 법을 배우게 된다. 그러면 그는 말을 통과해 다른 사람의 영혼 속으로 들어가 듣게 된다. 그러한 태도를 계속 익힘으로써 비로소 소리는 영혼과 정신을 지각하기 위한 적절한 수단이 된다. 물론 더없이 엄격한 자기 단련이 필요하다. 이를 통해 높은 목표에 이를 수 있기 때문이다.

이 수행이 자연에서의 소리들과 관련된 다른 수행과 결합되어 이루어지면, 영혼에는 새로운 청각이 성장한다. 영혼은 신체의 귀에 들릴 수 있는 외적 소리로는 표현될 수 없는 정신 세계의 메시지를 지각할 수 있게 된다. '내적인 말'에 대한 지각이 싹튼다. 신비 수행자에게 정신 세계로부터 나오는 진리가 서서히 모습을 드러낸다. 그는 자기 자신에게 하는 말을 정신적인 방식으로 듣게 된다.[11] 모든 고차적 진리는 그

---

11) 몰아적(沒我的)인 경청을 통해서, 개인적인 견해나 개인적인 감정의 반응 없이 조용히 내면으로부터 받아들일 수 있는 사람에게만, 신비학에

러한 '내적 대화'를 통해 획득된다. 참된 신비학자의 입에서 들을 수 있는 것을 그는 이런 방식으로 경험한 것이다.

그렇다고 해서, 자기 스스로 그러한 방식으로 '내적 대화'를 들을 수 있기 전에는 신비학의 문헌들을 읽을 필요가 없다고 말하는 것은 아니다. 그 반대이다. 다시 말해서 그러한 글들을 읽고 신비학자의 가르침을 듣는 일 자체가 고유한 인식에 도달하는 수단이라는 것이다. 신비학의 모든 명제는, 영혼이 진정한 진전을 체험하려면 반드시 도달해야 하는 쪽으로 감각을 돌리기에 적합하다. 따라서 앞서 말한 모든 일에 덧붙여서 신비학자가 세상에 전한 것을 열성적으로 공부해야 한다. 모든 신비 수행에서 그러한 공부는 준비 단계의 구성 요소이다. 여타의 모든 수단을 활용하고자 하는 사람이 신비학자의 가르침을 받아들이지 않을 경우, 그는 목표에 이르지 못할 것이다. 그도 그럴 것이, 이러한 가르침은 생생한 '내적인 말', '살아 있는 대화'에서 퍼 올린 것이기 때문에 그 자체가 정신적 생명을 가지고 있다. 그것은 한갓 말이 아니다. 그것은 살아 있는 힘이다. 신비학에 정통한 이가 하는 말을 듣는 동안, 진정한 내적 경험에서 생성된 책을 읽고 있는 동안, 그대의 영혼 속에는 그대로 하여금 **투시하게** 만드는 힘들이 작용한다. 이는 마치 자연의 힘들이 유기물을 소재로 그대의 눈과 귀를 형성했던 것과 같은 일이다.

서 말하는 고차적인 본질은 말을 건다. 귀기울여 들어야 할 상대에게 어떤 견해나 어떤 감정을 투영하는 한, 정신 세계의 본질은 침묵한다.

깨달음

깨달음은 아주 단순한 과정들에서 시작된다. 여기에서도 중요한 것은, 모든 사람 속에서 잠자고 있지만 깨어나야 하는 그 어떤 감정과 사고를 개발하는 일이다. 그 단순한 과정들을 인내를 다하여 엄격하고도 지속적으로 행하는 사람만이, 그 과정을 통해서 내적인 빛의 현현(顯現)을 지각할 수 있다. 최초의 시작은 여러 가지 자연 존재, 예컨대, 투명하고 아름다운 형태를 띤 돌(수정), 식물과 동물 등을 일정한 방식으로 관찰하는 것으로써 이루어진다.

먼저 돌과 동물을 아래와 같은 방식으로 비교하는 데 온 신경을 집중하려고 시도하라. 여기에서 떠오르는 생각들은 생생한 감정을 동반한 채 영혼을 가로질러 가야 한다. 다른 생각, 다른 감정이 끼여들어서 집중적인 관찰을 방해해서는 안 된다. 다음의 말을 유념하라.

"돌에는 형상이 있다. 동물에도 형상이 있다. 돌은 자기 자리에 **조용히** 머물러 있다. 동물은 자기 자리를 바꾼다. 동물로 하여금 자리를 바꾸게 하는 것은 충동(욕망)이다. 그리고 동물의 형상이 섬기는 것 또한 충동들이다. 동물의 장기(臟器)와 기관은 이러한 충동에 부합되게끔 형성되어 있다. 돌의 형상은 욕망에 따라서가 아니라 아무런 욕망도 갖지 않는 힘을 통해 이루어져 있다."[12]

이러한 생각에 깊이 몰두하면서 주의력을 모아 돌과 동물을 관찰하노라면, 영혼 속에서 두 가지 전혀 다른 종류의 감정이 활기를 띤다. 우리 영혼 속에 있는 서로 다른 종류의 감정이 돌과 동물 각각으로부터 흘러 나온다. 아마도 처음에는 잘되지 않을 것이다. 그러나 계속해서 진정으로 끈기 있게 수행하다 보면 이러한 감정이 생길 것이다. 필요한 것은 지속적인 수행뿐이다. 처음에는 관찰이 지속되는 동안에만 감정이 현존하지만, 나중에는 그 감정이 오래도록 작용한다. 그러고 나면 그것은 영혼 속에 생생하게 머물러 있는 것이 된다. 그러면 외적 대상을 관찰하지 않더라도 생각만으로 두 가지 감정이 항상 솟아오를 것이다. 이러한 감정, 그리고 거기에 결부된 생각에서 **투시 기관**이 형성되어 나온다. 관찰에 식물이 추가되면, 거기에서 나오는 감정은 그 성질과 그 정도에 따라서 볼 때, 돌과 동물에서 흘러 나오는 각기 다른 두 감정 한가운데에 놓여 있음을 알게 된다. 그러한 방식으로 형성되는 기관이 **정신적 눈**이다.

이 정신적 눈을 통해, 영혼의 색깔이나 정신의 색깔 등과 같은 것을 보는 법을 점차 배우게 된다. '준비 단계'로서 기

---

12) 여기에서 말해진 사실은, 그것이 수정(水晶)의 관찰과 관련된다는 점에서, 그것에 관해 단지 외적인 방식으로(표면적으로) 들었던 사람들에 의해 가지각색의 방식으로 곡해되었다. 이로부터 '수정구의 영시(靈視)' 등등과 같은 일들도 생겨났다. 그와 같은 조작은 오해에서 기인한다. 그런 것은 수많은 책에 적혀 있지만, 참된 (비의적인) 신비 수행의 대상은 결코 못된다.

술되었던 것만 습득한 사람의 경우, 선과 형상을 지닌 정신 세계는 어두운 상태에 머물러 있다. 그것은 깨달음을 통해서 환하게 밝아진다. 여기에서 알아 두어야 할 것은, '어두운'과 '밝은' 같은 말이나 그 밖의 다른 표현들은 원래 뜻하는 것을 근사치로 표현할 뿐이라는 사실이다. 일상 언어를 사용하고자 할 경우, 달리 어쩔 도리가 없다. 사실, 일상 언어는 물리적 상황만을 염두에 두고 만들어진 것이다.

신비학은 돌에서 흘러 나오는 것(이는 투시 기관에서 지각되는데)을 '푸른색' 또는 '푸른색을 띤 붉은색'이라 부르고, 동물에서 감지되는 것을 '붉은색' 또는 '붉은색을 띤 노란색'이라고 부른다. 투시 기관에서 보이는 '정신적인 종류'의 색깔들은 실제로 존재한다. 식물에서 나오는 색깔은 '녹색'인데, 이것은 점차 밝은 에테르적 장미색으로 넘어간다. 식물은 고차적인 세계에서나 물리적 세계에서 그 성질이 어떤 면에서는 동일한 그런 자연 존재이다. 그러나 돌과 동물의 경우에는 그렇지 않다.

위에서 말한 색깔들로써 표시된 것은 돌과 식물과 동물, 이세 영역의 주요 색깔일 따름이라는 것을 알아야 한다. 현실에는, 있을 수 있는 모든 종류의 중간 색깔들이 존재한다. 모든 돌, 모든 식물, 모든 동물에는 각기 나름의 특정한 색깔이 있다. 결코 물리적인 형체를 가지지 않는 고차적 세계의 존재들도 있는데, 그 가운데에는 놀랍도록 아름다운 색깔을 가진 것이 있는가 하면 끔찍한 색깔을 가진 것도 있다. 사실,

이 고차적 세계에서 볼 수 있는 색깔들은 물질계의 그것에 비하면 무한하다 할 정도로 더 풍부하다.

'정신적 눈'으로 보는 능력을 획득한 사람은, 물리적 현실에는 결코 나타나지 않는 어떤 존재와 조만간 만나게 되는데, 부분적으로, 인간보다 고차적인 존재일 수도 있고 낮은 차원의 존재일 수도 있다.

여기에 기술되어 있는 만큼 성취를 이룬 사람에게는 많은 길이 열려 있다. 그러나 신비학자가 말한 것들이나 그가 전한 내용에 유의하지 않고 무작정 전진하는 식의 태도가 권장되어서는 안 된다. 그리고 이미 말한 바와 관련해서도, 그와 같이 정통한 이의 지도에 유의하는 것이 최선의 방도이다. 뿐만 아니라, 여기서 말한 깨달음의 기초 단계에 부합할 정도의 성취를 이룰 힘과 지구력을 가지고 있는 사람도, 분명히 올바르게 지도해 줄 사람을 구하고 찾을 것이다.

그러나 어떤 경우에도 신중할 필요가 있다. 신중하길 바라지 않는 사람은 신비학으로 가는 길을 걷지 않는 것이 가장 좋다. 신비 수행자가 될 사람은 고귀하고 선하며 모든 물리적 현실에 대해 다감한 사람으로서 그가 지닌 특성 중 어떠한 것도 잃지 말아야 한다. 오히려 이와는 반대로, 자신의 도덕적 힘, 내적 순수성, 관찰력 등을 신비 수행 도중에 지속적으로 고양시켜야 한다. 한 가지 경우만 언급하자면, 깨달음의 기초적인 수행 과정 동안에 신비 수행자는 인간 세계와 동물 세계에 대한 동정심, 자연미에 대한 감각을 끊임없이 증대시키려고 애써야 한다. 그러지 않을 경우, 수행을 통해 그런 감정과 감각은 계속 둔해진다. 마음은 돌처럼 굳어질 것이며, 감각은 둔해질 것이다. 그렇게 되면 위험한 결과를 낳을 공산이 크다.

위에서 말한 수행의 의미에서 돌과 식물과 동물을 거쳐 인간으로 상승할 때, 깨달음은 어떻게 형성되는가? 그리고 깨달음이 있은 후, 영혼과 정신 세계의 결합은 어떻게 생겨나며 어떻게 정신계 입문으로 나아가는가? 다음 장에서는 이에 관해 가능한 한도 안에서 말할 것이다.

우리 시대에 수많은 사람들이 신비학에 이르는 길을 찾고 있으며, 그 방식은 가지각색이다. 위험한, 심지어는 비난받아 마땅한 수많은 조치들이 행해지고 있다. 그렇기 때문에, 이런 일들의 진정한 면모를 안다고 생각하는 사람은 다른 사람에게 신비 수행의 성과에 관해 약간이나마 알게 될 가능성을 제공해야 한다. 여기에서 전달된 것은 그러한 가능성에 상응하는 정도에 불과하다. 착오로 인해 큰 해가 초래되지 않도록 하기 위해서는 참된 것이 공개되어야 할 필요가 있다. 여기에 제시된 길을 통해 간다면, 무리만 하지 않는다면 아무도 해를 입지 않을 것이다.

한 가지만 유념하면 된다. 자신의 생활 처지, 자신의 의무에 따라서 그가 관장할 수 있는 것보다 더 많은 힘과 시간을 그러한 수행에 써서는 안 된다는 것이 그것이다. 신비의 오솔길을 통해서 자신의 외적 생활 상황의 어떤 것을 순식간

78

에 바꾸어서는 안 된다. 진정한 성과를 원한다면 **끈기**를 가져야 한다. 몇 분 동안 수행한 후에 멈추고 자신의 일상적 일에 조용히 몰두할 수 있어야 한다. 수행에 대한 생각이 일상적인 일에 섞여 들어와서는 안 된다. 최고·최선의 의미에서 **기다림**을 배우지 못한 사람은 신비 수행자가 되기에 부적합하며, 설사 그 길을 걷는다 하더라도 중요한 가치가 있는 성과는 결코 얻지 못할 것이다.

사고와 감정의 제어

앞 장에서 기술된 방식으로 신비학에 이르는 길을 찾는 사람이라면, 수행 중에 계속해서 작용하는 어떤 **한 가지** 생각을 통해 자신을 강화하기를 게을리 해서는 안 된다. 얼마간의 시간이 지난 후, 자기가 기대한 것과는 다른 식으로 상당한 진전이 이루어질 수도 있다는 것을 항상 유념해야 한다. 이를 고려하지 않는 사람은, 쉽사리 인내심을 잃을 것이며 모든 시도를 곧 포기할 것이다.

우리가 개발해야 하는 힘과 능력은, 처음에는 매우 여린 양상을 띠고 있다. 그 본질은, 지금껏 생각해 왔던 것과는 전혀 다른 것이다. 우리는 물리적 세계에 몰두하는 데에만 익숙해 있었다. 정신 세계와 영혼 세계는 우리의 시야와 개념들에서 벗어나 있었다. 그렇기 때문에, 우리 속에서 정신적·

영혼적 힘들이 개발되는 지금, 우리가 그 힘들을 금방 알아채지 못하는 것은 전혀 놀랄 일이 아니다.

이 때문에 정통한 연구자가 모은 경험들을 따르지 않은 채 신비학의 오솔길로 가는 사람에게는 혼란이 생길 수 있다. 신비학자는 수행자가 이루는 진전을, 수행자 자신이 의식하기 전에 이미 알고 있다. 그는 여린 정신적 눈이 어떻게 형성되는지를 안다. 수행자가 그것에 관해 뭔가를 알기도 전에 말이다. 이러한 신비학자가 전하는 가르침의 대부분은, 수행자가 스스로 이룬 진전을 자각하기 전에 신뢰와 인내와 지구력을 잃지 않도록 하는 것을 표현하는 데 그 본질이 있다. 신비학에 정통한 사람이라 하더라도 수행자 속에 이미 숨겨진 방식으로 내재해 있지 않은 것을 그에게 **줄** 수는 없다. 그는 잠자고 있는 능력을 개발하도록 안내할 수 있을 따름이다. 그러나, 그가 자기 경험에서 전하는 말은, 어두움에서 빛으로 뚫고 나가고자 하는 이에게는 하나의 버팀목이 되어 줄 것이다.

아주 많은 사람들이 신비학으로 가는 오솔길을 밟자마자 그 길을 벗어나고 만다. 자기가 이룬 진전을 즉각적으로 알 수 없기 때문이다. 수행자에게 지각될 수 있는 최초의 고차적 경험들이 생겨날 때조차, 그는 종종 그것들을 환상으로 여긴다. 자신이 체험해야 하는 것에 관해 전혀 다르게 생각해 왔기 때문이다. 그는 최초의 경험들을 가치 없는 것으로 여기기 때문에, 아니면 그것들이 그의 눈에 띄지 않게 나타나서 머잖

아 그것들이 자신을 어떤 중요한 곳으로 이끌 수 있으리라고 생각할 수 없기 때문에 용기를 잃게 된다. **용기와 신뢰**는 신비학의 길에서 꺼뜨려서는 안 되는 두 가지 불빛이다. 수도 없이 실패한 듯 보이는 수행을 거듭해서 끈기 있게 계속할 수 없는 사람은 진전을 이룰 수 없는 법이다.

진전을 또렷이 지각하기 훨씬 전에, 올바른 길을 가고 있다는 어떤 어렴풋한 감정이 생겨난다. 이 감정을 보듬고 길러야 한다. 그것이 확실한 안내자가 될 수 있기 때문이다. 무엇보다 우선적으로 뿌리뽑아야 할 것은, 뭔가 아주 기이하고도 신비스러운 수행을 통해서만 고차적 인식에 도달할 수 있다는 듯이 생각하는 태도이다. 사람이 살아가면서 계속 지니고 있는 감정과 사고에서 출발해야 한다는 것, 그리고 이러한 감정과 사고에 평소와 다른 방향을 제공하기만 하면 된다는 것을 분명히 알아야 한다. 각자는 먼저 다음과 같이, 곧 "나 자신의 감정 세계와 사고 세계에 최고의 비밀이 숨겨져 있다. 나는 지금까지 그것을 지각하지 않았을 따름이다."라고 생각하라. 결국 모든 것은 인간이 몸과 영혼과 정신을 항상 지니고 있지만 몸만을 분명하게 **의식하고** 있을 뿐 영혼과 정신에 관해서는 그러지 못한다는 사실에서 기인한다. 신비 수행자는 보통 사람이 자기 몸을 의식하듯이 영혼과 정신을 의식하게 될 것이다.

따라서 감정과 사고를 올바른 방향으로 가져오는 것이 중요하다. 그리하여 일상 생활에서는 볼 수 없었던 것에 대한 지각을 발달시킨다. 이것을 행하는 한 가지 방도가 여기에서 제시되는데, 그것은 지금까지 전해졌던 거의 모든 것과 마찬가지로 단순한 일이다. 그러나 그것을 끈기 있게 행하고 또 필수적인 편안한 기분으로 그것에 몰두할 수 있을 때, 더없이 큰 효과를 볼 것이다.

어떤 식물의 작은 씨앗 하나를 앞에 놓아라. 이 보잘것없는 것 앞에서 집중적으로 생각하고 이 생각을 통해 모종의 감정을 개발하는 것이 중요하다. 맨 먼저, 눈으로 보고 있는 것이 실제로 무엇인지 분명히 알아야 한다. 그 씨앗의 형태와 색깔과 그 밖의 모든 특성을 숙지한 뒤, 다음과 같이 생각하라. "이 씨앗이 땅에 심어지면 거기에서 복잡한 모습을 한 식물이 생겨날 것이다." 이 식물의 모습을 마음속에 생생하게 떠올려 보라. 상상력으로 이 식물을 구성해 보라. 그러고 나서 다음과 같이 생각하라. "내가 지금 상상하고 있는 것을, 대지와 빛의 힘이 나중에 그 씨앗에서 끌어낼 것이다."

눈으로는 진짜와 구분할 수 없을 정도로 쏙 빼닮은 씨앗의 모조품이 앞에 있다면, 대지와 빛의 힘이 거기에서 식물을 끌어내지 못할 것이다. 이러한 생각을 아주 명확하게 하고 내적으로 체험하는 사람은, **올바른 감정**을 가지고 다음과 같은 생각도 할 수 있을 것이다. 곧 씨앗 속에는 나중에 거기에서 생장할 것이 은폐된 채 식물 전체의 **힘**으로서 깃들여 있다는 생각 말이다. 모조품에는 이런 힘이 깃들여 있지 않다. 그렇지만 **내 눈에는** 두 가지가 똑같아 보인다. 따라서 진짜 씨앗

82

속에는 모조품에는 존재하지 않는 무언가가 **비가시적으로** 내포되어 있다.

이제, 이 비가시적인 것에 감정과 사고를 집중하라.[13] 다음과 같이 상상해 보라. "비가시적인 이것은 나중에 가시적인 식물로 변할 것이며, 나는 형태와 색깔을 띤 그것을 눈앞에 두게 될 것이다." **비가시적인 것이 가시적으로 된다**는 생각에 몰두하라. 만일 내가 **생각**할 수 없다면, 나중에서야 가시적으로 될 것이 지금 내 마음속에 미리 떠오르는 것은 불가능할 터이다.

특히 분명하게 강조되어야 할 것이 있다. 생각하고 있는 것을 또한 집중적으로 **느껴야** 한다는 것이 그것이다. 일체의 잡념 없이, **평온** 속에서, 위에서 암시된 생각을 자신 속에서 **체험**해야 한다. 그리고 침착하게, 사고 및 이와 결부된 감정이 흡사 구멍을 뚫고 들어가듯 영혼 속으로 들어가게 해야 한다. 올바른 방식으로 이를 이루면 얼마 후에—아마도 수많은 시도가 있은 후에야 비로소—자기 내부에서 어떤 힘을 느낄 것이다. 그리고 이 힘이 새로운 직관을 창조할 것이다.

씨앗의 모습은 마치 조그만 빛의 구름에 둘러싸여 있는 듯이 보일 것이다. 영혼적·정신적 방식으로, 씨앗은 일종의 **불**

---

13) 한층 더 정밀한 현미경을 통해 고찰하면 진짜 씨앗과 모조품이 구분된다고 반론을 제기하려는 사람은, 무엇이 문제인지를 파악하지 못했음을 보여 줄 따름이다. 감각적인 방식으로 정확하게 실제로 보는 것이 무엇인지가 문제가 아니라, 거기에서 영혼적·정신적 힘을 개발하는 것이 문제이다.

꽃으로 지각될 것이다. 이 불꽃의 중심부를 대하면 마치 **연보라색**을 보는 것과 비슷한 느낌이 올 것이며, 그 가장자리를 대하면 **푸르스름한 색깔**을 대할 때처럼 느껴질 것이다. 여태까지 보지 못했던 것, 자기 속에서 일깨운 사고와 감정의 힘이 창조한 것이 나타난다. 감각으로는 볼 수 없었던 것, 곧 나중에서야 가시적으로 될 식물이, 정신적으로 볼 수 있는 방식으로 나타난다.

많은 사람들이 이 모든 것을 환상으로 여길 터인데, 이는 이해할 만한 일이다. 많은 이들이 다음과 같이 말할 것이다. "그러한 환영들, 그러한 환각들이 나에게 무슨 의미가 있단 말인가?" 많은 이들이 이탈할 것이며 그 오솔길을 계속해서 가지 않을 것이다. 그러나, 인간적 발전 과정에 있는 이 난관들 속에서 환상과 정신적 현실을 서로 혼동하지 않는 것이 매우 중요하다. 더 나아가, 겁을 먹거나 소심해지지 않고 앞으로 돌진하는 것이 중요하다.

다른 한편, 진위를 가리는 **건전한** 감각이 계속 육성되어야 한다는 점도 당연히 강조되어야 한다. 이 모든 수행 도중에 자기 자신에 대한 완전히 **의식적인** 통제력을 결코 잃어서는 안 된다. 여기에서도 일상 생활의 일들과 과정들에 관해 생각하듯이 확실하게 생각해야 한다. 몽상에 빠져 버리면 좋지 않다. 합리적인, 좀 심하게 말하자면 냉정한 태도를 언제든지 유지하고 있어야 한다. 그러한 수행 도중에 균형을 잃는다면, 즉 일상 생활의 일들에 대해 예전처럼 그렇게 건전하고 분명하게 판단하지 못하게 된다면, 가장 큰 잘못이 저질러지는 셈이다. 그렇기 때문에 신비 수행자는 이를테면, 자기가 균형을 잃지나 않았는지, 생활 상황 안에서 자기 **동일성**을 계속 유지했는지 등을 거듭 자성(自省)해야 한다. 확고한 인격적 조화와 모든 것에 대한 명료한 감각, 바로 이것을 (그는) 보존해야 한다. 제멋대로 몽상에 탐닉하거나 온갖 종류의 수행에 아무렇게나 자신을 내맡기지 않도록 단단히 유의해야 함은 물론이다.

이 책에서 전하는 사고 방향들은 태곳적부터 신비 수행에서 검증되고 익혀져 온 것들이다. **그러한 것**만이 여기에서 전해진다. 제멋대로 고안해 내거나 여기저기서 읽고 들은 다른 방법을 이용하고자 하는 사람은, 옆길로 빠질 수밖에 없으며 곧 끝없는 환상의 길을 헤매게 될 것이다.

위에서 기술한 수행에 결부되어 행해져야 하는 또 다른 수행은 다음과 같다. 활짝 피어난 식물을 마주 보고 서라. 이제, 이 식물이 죽어 가는 시간이 다가오리라는 생각에 집중하라. 지금 내 앞에 있는 식물은 한줌도 남김없이 사라지리라. 그러나 이 식물은 다시 새로운 식물이 될 씨앗을 자기속에서 키워 낼 것이다. 지금 보고 있는 것 속에는 내가 보지 못하는 뭔가가 숨겨진 채 깃들여 있음을 다시금 나는 깨닫는다. 다음과 같은 생각에 온통 집중하라. 이 식물의 형상은 그 색깔과 더불어 장차 더 이상 존재하지 않을 것이다. 그러나 그것이 씨앗을 형성한다는 생각은, 그것이 무(無)로 사라지는 것이 아님을 가르쳐 준다. 이전에 씨앗 속의 식물을 볼 수 없었던 것과 마찬가지로, 그것이 소멸로부터 보존하는 것을 눈으로 볼 수 없다. **따라서, 그 속에는 내가 눈으로 보지 못하는 무엇인가가 있는 것이다.**

이런 생각을 내 속에서 활성화하고 거기에 적합한 **감정**을 결합하면, 적절한 시간이 흐른 후 내 영혼 속에는 하나의 힘이 다시 개발된다. 이 힘은 **새로운 직관**이 된다. 식물에서 다시 새로운 종류의 정신적 **불꽃**이 성장한다. 물론 이 불꽃은 앞에서 묘사했던 것보다 더 크다. 불꽃은 예컨대 그 중간 부분에서는 초록빛이 도는 파란색으로, 그 바깥 가장자리에서는 노란빛이 도는 붉은색으로 느껴질 수 있다.

여기에서 '색'으로 표시되는 것은 육안으로 색을 보듯이 그렇게 보이는 것이 **아니라는** 점, 물리적인 색채 인상을 가질 때와 비슷한 것을 **정신적** 지각을 통해 느낀다는 점이 분명하게 강조되어야 한다. 정신적으로 '파란색'으로 지각한다는 것은, 육안의 시각이 '파란색'에 놓여 있을 때 느끼는 것과 비슷한 것을 감지하거나 느끼는 것을 말한다. 점차 정신적 지각의 차원으로 올라가길 원하는 사람은 이 점에 유의해야 한다. 그렇지 않을 경우 그는 정신적인 것에서 물리적인 것이 되풀이되기만을 기대하고 있는 셈이며, 이 때문에 그지없이 쓰라린 혼란을 겪을 수밖에 없다.

그와 같은 것을 정신적으로 보기에 도달한 사람은 많은 성취를 이룬 것이다. 사물들이 그 현재적 **존재**에서뿐만 아니라 발생과 소멸의 측면에서도 그에게 모습을 드러내니까 말이다. 그는 감각적인 눈으로는 아무것도 알 수 없는 정신을 곳곳에서 응시하기 시작한다. 이로써 그는, 자신의 직관을 통해 **탄생과 죽음**의 비밀을 서서히 이해해 나가기 위한 첫걸음을 내디딘 것이다. 외적 감각들이 보기에, 존재란 태어남으로써 생겨나고 죽음으로써 소멸한다. 하지만 그렇게 보이는 것은 이 감각들이 존재의 은폐된 정신을 지각하지 못하기 때문이다. 정신의 관점에서 볼 때 탄생과 죽음은, 꽃봉오리에서 꽃이 활짝 피어나는 것이 감각적인 눈앞에서 연출되는 하나의 변화인 것과 마찬가지 의미에서 하나의 변화에 불과하다. 이런 것을 자신의 직관을 통해 알고자 하는 사람은, 우선 이에 대한 정신적 감각을 앞서 암시된 방식으로 일깨워야 한다.

얼마간의 영혼적(심리적) 경험을 한 다수의 사람들이 제기할 수도 있는 이론(異論)이 있는데, 이를 물리치기 위해서 확실히 해 둘 것이 있다. 상대적으로 더 간단하고 쉬운 길이 있다는 것, 즉 이 책에서 기술되는 모든 것을 다 마치지 않고도 많은 이들이 탄생과 죽음의 현상을 자기 자신의 직관에서 알게 된다는 것은 논란의 여지 없이 분명한 사실이다. 조금만 자극받아도 개발될 수 있는 탁월한 심리적 소질을 지닌 사람들이 있다. 그러나 이는 예외적인 경우일 뿐이며, 이 책에서 제시되는 길은 보편적이고 확실한 길이다. 이를테면, 예외적인 방도로 몇 가지 화학적 지식을 얻을 수도 있다. 그러나 화학자가 되려는 사람은 보편적이고 확실한 길을 걸어야 한다.

더 편하게 목표에 도달하기 위해서, 앞서 말한 씨앗이나 식물을 **단순히** 마음속에 떠올리거나 앞에 있는 것으로 상상만 해도 된다고 생각하려 할 경우, 심각한 오류가 발생한다. 이런 식으로 행하는 사람이 혹 목표에 이를 수 있을지도 모르지만, 앞서 제시된 방식처럼 확실하게 이를 수는 없다. 그런 사람이 도달하는 직관은 대부분 상상력의 착각에 불과하다. 그런 직관의 경우, 다시 한 번 정신적 직관으로 전환시키는 작업이 있어야 한다. 내가 한갓 자의적으로 직관을 만들어 내는 것이 아니라, 현실이 그것을 **내 속에서** 창출해 내는 것이 중요하기 때문이다. 내 자신의 영혼 깊은 곳에서 진리가 솟구쳐 올라와야 한다. 그러나 나의 일상적 자아가 진리를 불러내려고 하는 마술사여서는 안 된다. 내가 응시하고자 하는 정신적 진리를 지닌 존재가 그런 마술사여야 한다.

그와 같은 수행을 통해 정신적 직관에 이르기 위한 최초의 출발점들을 자기 속에서 발견한 사람은, 인간 자체를 고찰하는 단계로 올라가도 된다. 처음에는 인간 생활의 단순한 현상들을 선택해야 한다. 하지만 그리로 나아가기 전에, 특히 자신의 도덕적 품성의 순정(純正)함을 위한 진지한 노력이 필요하다. 이런 식으로 획득된 인식을 사리사욕을 위해 이용하려는 생각은 추호도 해서는 안 된다. 혹 얻게 될지도 모르는 이웃에 대한 영향력을, **결코** 사악한 의미에서 이용하지 **않으리라** 마음먹어야 한다.

그렇기 때문에, 자신의 직관을 통해 인간 본성에 대한 비밀을 추구하는 사람은 누구나 다 진정한 신비학의 **기본 규칙**을 준수해야 한다. 그 기본 규칙은 다음과 같다. "정신적 진리의 인식에서 **한** 걸음 앞으로 나아가려 한다면, 그와 동시에 선(善)을 위해 그대의 품성을 완성하는 일에서는 **세** 걸음 앞으로 나아가야 한다." 이 규칙을 따르는 사람만이 수행을 할 수 있는데, 그 수행 가운데 한 가지를 이제부터 설명할 것이다.

무엇인가를 **갈구하는** 모습을 당신이 지켜본 적이 있는 사람을 마음속에 떠올려 보라. 그리고는 그 사람의 **욕구**에 주의를 기울여라. 그 욕구가 가장 왕성했을 순간을, 그 사람이 갈구하던 것을 얻게 될 듯 말 듯했던 순간을 기억에서 불러내는 것이 가장 좋다. 그리고는, 기억 속에서 관찰한 것의 표상에 완전히 몰입하고, 영혼이 가능한 한 최대의 내적 평정을 확보하도록 하라. 주위에서 일어나는 다른 모든 일에 대해서는 가능한 한 눈을 감고 귀를 닫도록 하라. 유발된 표상을 통해 영혼 속에서 어떤 **감정**이 깨어나는 데에 각별히 주목하라. 이 감정을, 마치 아무것도 없는 수평선 위로 피어 오르는 구름처럼 자기 내면 속에서 피어나게 하라. 주의를 기울인 그 사람을, 앞에서 서술한 영혼 상태에서 장시간 충분히 관찰하지 못함으로써 보통은 관찰이 중단되곤 하는데, 현재로서는 자연스러운 일이다. 아마도 몇 백 번이고 이런 헛된 시도를 하게 될 것이다. 그러나 인내를 잃어서는 안 된다.

수많은 시도를 한 뒤에야 관찰 대상인 그 사람의 영혼 상태에 부합하는 감정을 자기 영혼 속에서 체험하게 될 것이다.

그러고 나서 어느 정도 시간이 지나면, 다른 사람의 영혼 상태에 대한 **정신적 직관**이 되는 어떤 힘이, 이 감정을 통해 자기 영혼 속에서 성장하는 것을 깨닫게 될 것이다. 시계(視界) 속에 발광체(發光體)처럼 느껴지는 어떤 영상이 나타날 것이다. 정신적 빛을 발하는 이 영상은, 우리가 관찰한 욕구의 영혼 상태의 이른바 아스트랄적 구현이다. 이 영상은 재차 불꽃과 비슷하게 느껴지는 것으로 묘사될 수 있다. 한가운데는 '노란색을 띤 붉은색'처럼, 그리고 가장자리는 '불그레한 파란색' 또는 '연자주색'처럼 느껴질 것이다. 그러한 정신적 직관과 섬세하게 관계하는 것이 아주 중요하다. 이에 관해서 처음에는 자기 스승(스승이 있다면) 이외의 누구에게도 말하지 않는 것이 가장 좋다.

그런 현상을 서투른 말로 묘사하려 들면, 대부분 지독한 착각에 빠져 들기 때문이다. 사람들은 일상어를 사용한다. 하지만 일상어는 그러한 일들에 맞게 정해져 있는 것이 아니기 때문에 그 일을 말하기에는 너무 조잡하고 어색하다. 그 결과, 그 일을 말로 표현하려는 나름의 시도를 통해, 참된 직관에 온갖 환상적 착각을 뒤섞으려는 유혹에 빠져 들고 만다. 신비 수행자에게 중요한 규칙이 또 하나 있다. "그대의 정신적 면모에 관해 **침묵하는** 것을 배우라"는 것이 그것이다. 심지어 그대 자신 앞에서도 그것에 관해 침묵하라. 그대가 정신 속에서 보았던 것을 말로 표현하거나 서투른 오성으로 구명(究明)하려 하지 마라. 얽매이지 않는 태도로 그대의 정신적 직관에 몰두해야지, 그것에 관한 이런저런 숙고로 그대의 직관을 방해해서는 안 된다. 그대의 숙고가 처음에는 결코 직관의 상대가 못 될 테니까 말이다. 그대는 이러한 숙고를, 한갓 물리적·감각적 세계에 국한된 지금까지의 그대 생활 속에서 습득했다. 그런데 지금 그대가 습득하는 것은 그것을 넘어서는 것이다. 따라서, 새로운 고차적인 것에 낡은 것의 척도를 갖다 대려 하지 마라. 내적 경험의 관찰에서 이미 상당한 견고성을 확보한 사람만이 그것에 관해 말할 수 있으며, 그런 말을 통해 주위 사람을 고취할 수 있다.

이러한 수행은 또 하나의 수행을 통해 보충될 수 있다. 누군가에게 어떤 바람의 충족, 기대의 충족이 어떻게 이루어지는지를 똑같은 방식으로 관찰해 보라. 다른 경우와 관련해 제시되었던 것과 동일한 규칙을 지키고 똑같이 신중을 기하면, 이때에도 정신적 직관에 도달하게 될 것이다. 중심은 노란색으로, 가장자리는 녹색으로 느껴지는 정신적 불꽃이 형성됨을 알 수 있을 것이다.

주위 사람에 대한 그러한 관찰을 통해 도덕적인 오류에 빠지기 쉽다. 아무런 사랑도 없는 사람이 될 수 있다. 그러지 않기 위해서 가능한 한 모든 수단을 통해 노력해야 한다. 그렇게 관찰하려면, **사고**가 현실적인 것임을 이미 완전히 확신하는 수준에 있어야 한다. 주위 사람에 대해 **생각**할 때, 그 생각이 인간의 품위나 인간의 자유에 대한 최고도의 존중과 일치하지 않는 식이어서는 더 이상 안 된다. 어떤 사람이 우리에게 단지 관찰 대상에 불과할 수도 있다는 식의 생각은 단 한 순간도 해서는 안 된다. 인간 본성에 관한 모든 내밀한 관찰과 더불어 늘 같이 이루어져야 할 것이 있다. 각 인간 자체의 충만한 가치를 무제한 존중하고 인간 속에 깃들여 있는 것을 신성한 것으로 여기도록, 사고뿐만 아니라 감정으로도 우리가 범할 수 없는 것으로 여기도록 자기 교육이 이루어져야 한다. 모든 인간적인 것에 대한 경외의 감정이, 비록 그것이 기억 속의 일이라 할지라도, 우리 마음속에 가득 채워지도록 해야 한다.

인간 본성에 관한 깨달음에 어떻게 도달하는지를, 여기에서는 일단 두 가지 예만 들어 밝힐 수밖에 없었다. 하지만 이것으로 적어도 이 단계에서 걸어야 하는 길은 명시될 수 있었다. 그러한 관찰의 구성 부분인, 꼭 있어야 할 내적 고요와 평정을 발견한 사람의 영혼은, 이미 그것만으로도 큰 변화를 겪을 것이다. 나아가, 그의 존재가 경험하는 내적인 풍요를 통해 그의 외적 태도에서도 확실성과 안정감이 생겨나게 된다. 그리고 이렇게 변한 외적 태도는 다시금 그의 영혼에 영향을 끼칠 것이다. 그는 이런 식으로 계속 헤쳐 나갈 것이다. 그는 외적 감각에는 보이지 않게 숨겨져 있는 인간 본성의 비밀을 점점 더 많이 발견하는 수단과 방도를 찾을 것이다. 그리하여 그는, 인간 본성과 우주에 있는 여타의 것

사이의 비밀스러운 관계를 통찰할 정도로 성숙할 것이다.

이 길에서 인간은 **정신계 입문**의 첫 발걸음을 내디딜 수 있는 시점에 점점 더 가까워진다. 하지만 그 전에 아직 필요한 것이 하나 더 있다. 이는, 신비 수행자가 처음에는 그 필요성을 거의 인식하지 못하다가 나중에 인식하게 되는 그런 것이다.

정신계에 입문할 수 있는 사람이 갖추고 있어야 하는 것은, 확실한 관점에서 육성된 **용기**와 **대담성**이다. 신비 수행자는 이러한 미덕이 육성될 수 있는 기회들을 곧바로 찾아내야 한다. 신비 수행에서 그 미덕은 아주 체계적으로 육성되어야 한다. 그런데 생활 자체도 특히 이러한 방향으로 가기에 좋은 도량(道場)이다. 아니, 최상의 도량일지도 모른다. 위험을 평정한 마음으로 직시하며 난관들을 대범하게 극복하려는 태도. 신비 수행자는 그렇게 할 수 있어야 한다.

이를테면, 어떤 위험을 마주하면 즉시 힘을 내어 다음과 같이 생각해야 한다. "나의 불안은 아무 데도 도움이 되지 않는다. 나는 결코 불안해 해서는 안 된다. 나는 무엇을 해야 하는지에 관해서만 생각해야 한다." 그리고 그는, 예전에 불안을 느꼈던 일들과 대면해도, 적어도 가장 내적인 본래의 감정에는 '불안함'이나 '용기 없음'이 있을 수 없는 일이 될 정도로 성취를 이루어야 한다. 이러한 방향으로의 자기 교육을 통해서, 고차적인 비밀에 입문할 때 필요한 아주 특정한 힘을 자기 속에서 개발해 낸다. 물리적 인간이 물리적 감각을 활용하기 위해 신경을 쓰듯이, 영혼적 인간은 용기 있고 대담한 본성에서만 개발되는 힘을 필요로 한다.

고차적인 비밀들로 파고드는 사람은, 보통 사람들에게는 감각의 기만 때문에 숨겨져 있는 사물들을 본다. 비록 물리적 감각이 고차적인 진리에 대한 응시를 방해하긴 하지만, 바로 다음과 같은 이유로써 그것은 인간의 은인이기도 하다. 즉, 준비가 안 된 인간은 그 광경을 견디어 낼 수 없을 것이며, 엄청나게 경악할 수밖에 없을 그런 것들이 물리적 감각 때문에 그에게는 숨겨져 있다. 신비 수행자는 그 광경을 감당할 수 있어야 한다. 그는 외부 세계에서의 확실한 버팀대들을 잃어버리는데, 그것들은 그가 착각에 사로잡혀 있었기 때문에 지닐 수 있었던 것들이다. 이는 이미 오랫동안 위험 속에서 부유했지만 그 위험에 관해서 아는 것은 하나도 없었던 누군가를 그 위험에 주목하게 만들었을 때와 정말이지 비슷하다. 예전에는 불안이 없었다. 그러나 그가 알게 된 이후인 지금은 불안이 그를 엄습한다. 비록 안다고 해서 그 위험이 더 커지는 것은 아니지만 말이다.

세계의 힘들은 파괴적인 동시에 건설적이다. 외적인 실재의 운명은 발생과 소멸이다. 지자(知者)는 이러한 힘들의 작용, 이러한 운명의 진행 속을 들여다보아야 한다. 일상 생활에서 정신적 눈을 가리고 있던 베일이 벗겨져야 한다. 그러나 인간 자체는 이러한 힘들, 이러한 운명과 뒤얽혀 있다. 인간 고유의 본성 속에는 파괴적 힘과 건설적 힘이 있다. 지자의 눈앞에 사물들은 숨김없이 나타난다. 그리고 그 자신의 영혼도 마찬가지로 숨김없이 드러난다. 그러한 자기 인식과 마주하여 신비 수행자는 힘을 잃어서 안 되는데, 그가 넘칠 정도로 충분한 힘을 갖추고 있을 때에만 힘을 잃지 않을 것이다. 그러기 위해서 그는 힘든 생활상 속에서도 내적 평정과 확신을 지키는 법을 배워야 한다. 그는 현존재의 선한 힘들에 대한 강한 신뢰를 자기 속에서 육성해야 한다. 지금까지 그를 이끌었던 수많은 동인(動因)이 더 이상 그를 이끌지 않을 것임을 각오하고 있어야 한다. 그는, 자기가 무지 속에 사로잡혀 있었기 때문에 지금까지 많은 일을 단지 그렇게 행하고 생각했다는 것을 통찰하지 않을 수 없게 된다. 그가 지금까지 지녔던 것들과 같은 그런 근거들은 사라져 버린다.

그가 행했던 많은 일은 허영심의 발로였다. 그는, 지자에게 일체의 허영심이 얼마나 무가치한가를 보게 된다. 그가 행했던 많은 일은 소유욕의 발로였다. 그는 일체의 소유욕이 얼마나 파괴적인가를 깨닫게 된다. 그는 행위와 사고를 위한 전혀 새로운 동인을 개발해야 한다. 바로 그러기 위해서 용기와 대담성이 필요하다.

특히 중요한 것은, 사고 생활 자체의 가장 깊은 내면에서 이러한 용기와 이러한 대담성을 육성하는 일이다. 신비 수행자는 실패를 겁내지 않는 법을 배워야 한다. 그는 다음과 같이 생각할 수 있어야 한다. "나는 이 일에 또 실패했다는 것을 잊어버리고, 마치 아무 일도 없었던 것처럼 새로이 시도하고자 한다."

이렇게 그는 세계 속에서 퍼 올릴 수 있는 힘의 원천이 무진장하다는 확신에 도달한다. 그는 자신을 고양하고 지탱해 줄 정신적인 것을 얻고자 거듭 노력한다. 그의 현세적 존재가 아무리 힘없고 약한 것으로 입증되었다 할지라도 말이다. 그는 미래를 목표로 살아갈 수 있어야 하며, 이러한 추구에서 과거의 어떠한 경험도 그를 방해하게 해서는 안 된다.

여기에서 서술된 특성을 어느 정도까지 지니고 있는 인간은 고차적 지식을 위한 열쇠인 사물들의 **참된 이름**을 경험할 정도로 성숙한 것이다. 세상 사물들을, 그 신적 창시자의 정신 속에 있는 그런 이름들로 명명하는 법을 배운다는 데에 정신계 입문의 본질이 있다. 사물들의 이러한 이름 속에 사물들의 비밀이 있다. 그렇기 때문에 정신계에 입문한 자들은 그러지 못한 사람들이 쓰는 언어와는 다른 언어로 말한다. 전자는, 존재 자체를 빚어 낸 존재의 명칭을 부르기 때문이다. 다음 장에서는, 정신계 입문 자체에 관해서 말할 수 있는 한도 안에서 다루고자 한다.

3. 정신계 입문

정신계 입문은, 일반적으로 이해 가능한 **암시들**이 문자의 형태로 주어질 수 있는 신비 수행 최고의 단계이다. 이보다 높은 단계에 있는 것들은 모두 다 말로 전달되더라도 이해하기가 어렵다. 그렇지만 준비와 깨달음과 정신계 입문을 통해 좀더 은밀한 비밀을 인식하기에 이른 사람이면 누구나 다 거기에 이르는 길을 찾게 된다.

정신계에 입문한 사람이 얻게 되는 지식과 능력은, 만약 그가 정신계에 입문하지 않았더라면 아주 먼 미래에야, 수많은 윤회 전생을 거치고 나서야, 전혀 다른 방도와 전혀 다른 형태로 획득할 수 있을지도 모르는 그런 것이다. 지금 정신계 입문을 허락받은 사람은, 그렇지 않았더라면 훨씬 뒤에 전혀 다른 상황 속에서 경험할지도 모를 일을 경험한다.

인간은 그의 성숙 정도만큼만 현존재의 비밀을 경험할 수 있다. 지식과 능력의 고차 단계에 이르는 데 장애물들이 있는 것은 바로 이 때문이다. 오발 사고를 일으키지 않을 만큼 충분한 경험을 하기도 전에 총을 사용해서는 안 되는 법이다. 만약 누군가가 지금 곧바로 정신계에 입문하게 된다고 하자. 그러면 그에게는 미래의 윤회 전생을 통해 정상적으로 발전해 나가는 가운데 그 발전 정도에 부합하는 비밀들을 경험할 때까지 거치게 될 그런 경험이 결여되어 있다. 그렇기 때문에 정신계 입문의 문 앞에서 그 경험들은 다른 것을 통해 보충되어야 한다. 정신계에 입문하고자 하는 수행자가 받는 최초의 가르침이 미래의 경험을 대신하는 데 있는 것은 이 때문이다. 그가 통과해야 하는 이른바 '시련'이 바로 그것인데, 앞 장에서 서술된 바와 같은 수련이 제대로 속행된다면 그 '시련'은 영혼 생활의 정상적인 결과로서 생겨난다.

이 '시련'에 관해서는 다른 책들에서도 종종 얘기되었다. 하지만 그 '시련'의 본성상, 그러한 논의들은 대개 아주 잘못된 생각들을 야기할 수밖에 없는데, 이는 당연한 일이다. 준비와 깨달음의 단계를 거치지 않은 사람은 결코 이 시련을 경험할 수 없기 때문이다. 그런 사람은 시련을 제대로 묘사할 수도 없다.

고차 세계에 속하는 사물들과 사실들을 체험한 사람만이 정신계에 입문할 수 있다. 그가 그것들을 보고 들을 수 있으려면, '준비'와 '깨달음'을 논할 때 말한 적이 있는 형태, 색깔, 소리 등등과 같은 정신적 지각 내용을 느낄 수 있어야 한다.

제1의 '시련'은 무생물체, 식물, 동물, 인간 등의 신체적 특성에 대하여 일반인보다 더 진실한 **직관**을 얻는 일이다. 하지만 여기에서 말하는 것은 오늘날 과학적 인식이라고들 부르는 것과는 다르다. 문제는 과학이 아니라 **직관**이다.

이 과정은 대체로 다음과 같이 진행된다. 우선 정신계에 입문하고자 하는 수행자는 자연물이나 생물이 정신적인 눈과 정신적인 귀에 어떻게 나타나는지를 인식할 수 있게 된다. 그다음, 이러한 사물들은 어떤 특정한 방식으로 아무런 숨김 없이 적나라하게 관찰자 앞에 드러난다. 이때 듣고 보는 특성들은 감각적인 눈과 감각적인 귀에는 가려져 보이지도 들리지도 않는다. 그것들은 감각적인 응시에는 마치 장막으로 가려진 듯 드러나지 않는다. 정신계에 입문하고자 하는 이에게 이 장막을 걷어 내는 일은, '영적 연소(燃燒) 과정'이라고 부르는 과정에 달려 있다. 그렇기 때문에 이 같은 제1의 시련을 '불의 시련'이라고 한다.

상당수의 사람들에게는 일상 생활 자체가 이미 다소간 무의식적으로 이루어지는, 불의 시련을 통한 정신계 입문 과정이다. 그러한 사람들은 그와 같은 풍부한 경험을 통해 자기 신뢰, 용기, 의연한 태도를 건전한 방식으로 기르고, 고뇌와 환멸과 실패를 영혼의 위대함과 특히 내적 평정, 그리고 불굴의 힘으로 견뎌 낼 줄 아는 사람들이다. 이러한 방식으로 경험을 겪은 사람은, 자기가 분명하게 인식하지는 못한 상태이지만 이미 정신계에 입문해 있는 경우가 자주 있다. 이 경우 정신적인 눈과 정신적인 귀를 열어 투시자가 되기 위해서는 약간의 노력만 하면 된다. 단언컨대, 진정한 '불의 시련'에서 중요한 것은 수행자의 호기심이 충족되는 것이 아니다. 확실히 그는 다른 사람들이 생각지도 못하는 비상한 사실들을 알게 된다. 그렇지만 이러한 앎은 목표가 아니라 목표에 도달하기 위한 수단일 따름이다. 목표는, 고차 세계 인식을 통해 수행자가 일상 세계 속에서 얻을 수 있는 것보다 한층 더 크고 진실한 자기 신뢰, 더 높은 용기, 완전히 다른 영혼의 위대성과 지구력을 획득하는 일이다.

'불의 시련' 이후 모든 수행자는 일상 세계로 되돌아갈 수 있다. 그는 신체와 영혼 양쪽 모두 더 강해져 생활을 계속할 것이며, 아마도 바로 다음 윤회 전생에서 정신계 입문을 속개할 것이다. 하지만 현재의 생활에서는 이전보다 더 유익한 인간 사회의 일원이 될 것이다. 그가 어떤 상황에 처해 있든, 그의 강인함과 사리 분별, 주위 사람에 대한 감화력, 단호함 등은 증대해 있을 것이다.

불의 시련을 마친 후 신비 수행을 계속하고자 할 경우, 이제 수행자는 신비 수행에서 통상적으로 존재하는 특정한 문자 체계를 해독해야 한다. 본래의 신비 교의는 이 문자 체계 속에서 나타난다. 사물들 속에 실로 '은폐되어'(신비하게) 존재하는 것은 일상 언어의 말로써 직접 표현될 수 없으며, 일상적인 문자 체계로써 표기될 수도 없기 때문이다. 정신계에 이미 입문한 자에게 가르침을 받은 사람들은 신비학의 교의들을 일상 언어로 **번역한다.** 신비 문자는 정신적 지각에 도달한 영혼에게 본모습을 드러낸다. 이 문자는 항상 정신 세계 속에 기록되어 있기 때문이다. 인위적인 문자를 읽는 법을 배우는 식으로는 이 문자를 배우지 못한다. 사람들은 오히려 적절한 방식으로 투시 능력을 키우는 쪽으로 성장한다. 이렇게 성장해 가노라면, 정신적 능력은 정신 세계의 사건들과 본체들이 문자의 자·모음처럼 해독되는 듯한 느낌을 가지는 힘을 개발한다. 이러한 힘, 그리고 이와 더불어 계속되는 영혼의 개발에 부합하는 '시련'의 체험이 마치 저절로 생겨나는 듯한 일이 있을 수도 있다. 그렇지만 신비 문자 해독에 숙련된 경험 많은 신비학자의 가르침을 따르면 한층 더 확실하게 목표에 이를 수 있다.

신비 문자의 기호들은 제멋대로 고안된 것이 아니다. 그것들은 세계 속에서 실제로 작용하고 있는 힘들에 부합하는 것들이다. 사람들은 이 기호들을 통해 사물들의 언어를 배운다. 수행자는 그가 알게 된 이 기호들이 준비와 깨달음의 단계에서 지각할 수 있었던 형태, 색깔, 소리 등등과 어울린다는 것을 곧 느끼게 된다. 예전의 모든 것은 철자 하나하나를 읽는 행위에 불과했다는 것이 그에게 밝혀진다. 이제야 그는 고차 세계에서 읽기를 시작한다. 이전에는 따로따로 존재했던 형태, 소리, 색깔이 하나의 큰 연관성 속에서 나타난다. 그는 이제야 비로소 고차 세계의 관찰에서 제대로 된 확실성을 얻게 된다. 그가 보았던 사물들이 제대로 보인 것인지 아닌지를 예전에는 확실히 알 수 없었다. 여기에 이르러서야 비로소 고차적인 지식의 영역에서 수행자와 스승 사이의 제대로 된 소통이 이루어진다. 정신계에 입문한 사람이 일상 생활 속에서 다른 사람과 아무리 가깝게 살아간다 하더라도, 고차적인 지식을 **직접적인 형태로** 전하고자 할 때는 앞서 말한 기호 언어를 쓸 수밖에 없기 때문이다.

신비 수행자는 이러한 언어를 통해 생활상의 행동 규칙도 더불어 알게 된다. 그는 예전에는 알지 못했던 어떤 의무들을 알게 된다. 그가 이러한 행동 규칙을 알게 되었다면, 이 길을 가지 않는 사람의 행동이 결코 지닐 수 없는 어떤 의미가 있는 일들을 이룰 수 있다. 그는 고차 세계의 견지에서 행동한다. 그러한 행동을 위한 지침은 앞서 말한 문자 속에서만 이해될 수 있다.

한 가지 강조해 둘 것은, 신비 수행 없이도 그와 같은 행동을 **무의식적으로** 행할 수 있는 사람들이 존재한다는 사실이다. 그와 같은 '세계와 인류의 조력자들'은 축복과 선행을 베풀면서 삶을 살아간다. 이 자리에서는 논할 수 없는 어떤 이유들 때문에 그들에게는 초자연적인 것으로 보이는 천성이 부여되어 있다. 그들과 신비 수행자의 차이는, 후자는 **의식적으로** 전체의 연관 관계를 다 통찰하면서 행동한다는 점뿐이다. 고차적인 힘들이 전자에게 세계를 구원하도록 선물했던 것을, 후자는 수행을 통해 획득한다. 신에 의해 재능을 부여받은 사람들을 존경할 수는 있지만, 그렇다고 해서 수행 활동을 쓸데없는 것으로 여겨서는 안 된다.

앞서 말한 기호 문자를 익힌 신비 수행자에게는 또 다른 '시련'이 시작된다. 그가 고차 세계 속에서 자유롭고 확실하게 움직일 수 있는지 없는지 이 시련을 통해서 증명되어야 한다. 일상 생활에서 사람은 외적 자극으로 인해 행동하게 된다. 그는 상황이 이런저런 의무를 부여하기 때문에 이런저런 일을 한다. 물론 신비 수행자는 고차 세계 속에서 산다는 **이유로** 일상 생활의 의무들을 게을리 해서는 안 된다. 고차 세계의 어떠한 의무에 의해서도 일상 생활의 의무 가운데 어느 것 하나 무시되는 법이 없다. 신비 수행자가 되더라도 일가를 이끄는 아버지는 여전히 좋은 아버지로, 어머니는 마찬가지로 좋은 어머니로 남으며, 관리나 군인 또는 다른 직종에 종사하는 사람이 직분을 다하지 못하는 일은 없다. 사정은 오히려 반대이다. 신비 수행자의 경우, 생활에서 유익한 사람으로 만드는 모든 특성이, 정신계에 입문하지 않은 사람은 이해할 수 없을 정도로 고양된다.

정신계에 입문하지 않은 사람의 눈에는 종종, 항상 그런 것이 아니라 드물게, 그렇게 보이지 않을 때도 있다. 설사 그렇다 하더라도 그것은 그가 정신계에 입문한 사람을 언제나 제대로 평가할 수는 없다는 사실에서 연유하는 것일 따름이다. 정신계에 입문한 사람이 하는 행동이 다른 사람에게 즉각 이해되지 않는 경우가 종종 있다. 하지만 이것도 이미 말했다시피 특별한 경우들에 한정된다.

정신계 입문의 이 단계에 도달한 사람에게는 이제 몇 가지 의무가 존재하는데, 이것들은 **외적인** 자극에 따른 것이 아니다. 그로 하여금 이러한 의무를 행하도록 유발하는 것은 외적인 상황이 아니라, '은폐된' 언어로 그에게 나타난 잣대이다. 그는 이 잣대에 따라, 예컨대 공무원이 자신에게 부과된 의무를 행하듯이 그렇게 확실하고 확고하게 행동한다는 것을 이제 두 번째 '시련'을 통해 보여 주어야 한다.

신비 수행을 통해 수련생은 이러한 목표에 이르기 위한 어떤 특정한 과제 앞에 자신이 서 있다는 것을 느낀다. 그는 준비와 깨달음의 단계에서 배웠던 것을 기초로 삼는다는 지각에 따라 행동해야 한다. 그리고 그는 앞서 습득한 기호 문자를 통해 자신이 무엇을 행해야 하는지를 인식해야 한다. 의무를 인식하고 올바르게 행동하면, 그는 시련을 성공적으로 통과한 것이다. 그러한 성공은 정신적 귀와 정신적 눈이 형태, 색깔, 소리 등으로 감지하는 지각들과 더불어 행동으로 이루어지는 변화에서 나타난다. 이러한 형태 등등이 행동 후에 어떻게 보이고 감지되는지는 신비 수행의 진척에 따라 아주 정확하게 표시된다. 수련생은 자신이 어떻게 그러한 변화를 낳을 수 있는지를 알아야 한다.

사람들은 이러한 시련을 '물의 시련'이라 부른다. 왜냐하면, 바닥이 닿지 않는 물 속에서 움직일 때 받쳐 주는 것이 없듯이 이 고차 영역에서 활동할 때 외적 상황에 의한 의지처가 없기 때문이다. 수련생이 완벽한 확실성을 얻을 때까지 이 과정은 몇 번이고 반복되어야 한다.

이 시련에서도 중요한 것은 모종의 특성을 획득하는 일이다. 이 특성은 고차 세계에서의 경험들을 통해 단기간 안에, 통상적인 발전 과정에서는 수많은 윤회 전생을 거치고서야 도달할 수 있을 정도로 고양된다. 말하자면, 다음과 같은 것이 중요하다. 현존재의 고차 영역에서 자신을 변화시키기 위해 수행자는, 고차적인 지각의 바탕 위에서 은폐된 문자를 읽은 결과로 그에게 생겨나는 것만을 따라야 한다. 그가 행동하는 동안 자신의 소망, 사념 등등과 같은 것을 섞어 넣고 올바른 것으로 인식했던 법칙들이 아니라 자신의 자의(恣意)를 단 한 순간이라도 따르게 되면, 일어나야 마땅한 것과는 전혀 다른 일이 발생하게 된다. 이 경우 곧바로 수행자는 행동의 목표로 향한 방향을 잃어버리게 되며 혼란에 빠지고 만다.

그렇기 때문에 사람들은 이 시련을 통해 자신의 **자제력**을 기르는 무수한 계기와 만나게 된다. 이것이 중요하다. 따라서, 정신계 입문 이전에 자제력을 얻게 만든 삶을 살았던 사람들은 이 시련을 한결 쉽게 통과할 수 있다. 개인적인 기분과 자의를 제쳐 둔 채 숭고한 원칙과 이상을 따르는 능력을 획득한 사람, 개인적인 기호와 성향이 의무를 망각하게 할 때에도 그 의무를 수행할 줄 아는 사람은, 이미 일상 생활 속에서 **무의식적으로** 정신계에 입문해 있는 사람이다. 이 같은 사람이 앞서 말한 시련을 통과하기란 아주 쉽다. 아니, 두 번째 시련을 통과하기 위해서는 보통의 경우 이미 생활 속에서 무의식적으로 어느 정도 도달된 정신계 입문은 필수적이라고 말해야 한다.

청소년기에 쓰는 법을 제대로 배우지 못한 사람이 어른이 되고 나서 이를 만회하고자 하면 힘든 것과 마찬가지로, 일상 생활 속에서 어느 정도의 자제력을 기르지 못한 사람은 고차 세계를 통찰할 때 필요한 자제력을 키우기가 힘들다. 물리적 세계의 사물들은, 우리가 무엇을 소망하고 욕구하든 어떤 성향을 가지고 있든 변하지 않는다. 하지만 고차 세계에서는 우리의 소망과 욕구와 성향이 사물들에 대해 **영향력**을 행사한다. 고차 세계에서 우리가 사물들에 합당한 방식으로 영향을 끼치고자 한다면, 우리 자신을 철저히 통제해야 하며 오로지 올바른 잣대만을 따라야 하고 결코 자의에 빠져서는 안 된다.

정신계 입문의 이 단계에서 특별히 중요한 인간적 특성은 절대적으로 건전하고 **확실한 판단력**이다. 이전의 모든 단계에서 이미 그러한 판단력은 길러져야 한다. 이 단계에서는 수행자가 진정한 인식의 오솔길을 걷기에 적절한 판단력을 가지고 있는지 없는지 입증되어야 한다. 그는 환상, 아무런 본질도 없는 환영, 미신, 온갖 종류의 기만 등과 참된 현실을 구분할 수 있을 때에만 계속 전진할 수 있다. 현존재의 고차 단계에서의 그러한 구분은 저급한 단계에서보다 처음에는 훨씬 더 어렵다. 그렇기 때문에 문제가 되는 일들과 관련하여 일체의 편견과 집착은 사라져야 한다. 오로지 **진리**만이 원칙이 되어야 한다. 논리적으로 사고해서 필요할 경우, 어떤 생각이나 관점, 경향 등을 즉각 포기할 수 있는 확실한 태세를 갖추고 있어야 한다. 고차 세계에서의 확실성은 자기 자신의 의견에 얽매이지 않을 때에만 획득될 수 있다.

공상과 미신에 빠지기 쉬운 사람은 신비의 오솔길 위에서 전진할 수 없다. 신비 수행을 하는 젊은이는 귀중한 자산을 획득해야 한다. 그것을 통해 고차 세계에 대한 모든 **의심**은 사라진다. 그의 시선 앞에서 고차 세계는 법칙들의 형태로 모습을 드러낸다. 그렇지만 그가 현혹되고 환상에 속는 동안에는 이러한 자산을 얻을 수 없다. 환상과 편견이 오성과 뒤엉켜 있을 경우가 그에게 좋을 리 없다. 몽상가와 공상가는 미신을 믿는 사람과 마찬가지로 신비의 오솔길을 걷기에는 부적합하다. 이 모든 것은 아무리 강조해도 지나치지 않다. 몽상과 환상과 미신 속에는 고차 세계의 인식으로 가는 길에서 만나는 최악의 적들이 숨어 있기 때문이다. 정신계 입문의 두 번째 시련으로 통하는 문 위에는 '모든 편견을 버려라' 하는 말이 쓰여 있고, 첫 번째 시련의 입구에는 이미 '건전한 상식이 없다면 너의 모든 발걸음은 헛된 것이다' 하는 말이 쓰여 있다. 하지만 그렇다고 해서 수행자에게 삶의 시성(詩性), 감격하는 능력이 사라진다고 생각할 필요는 없다.

수행자가 이러한 방식으로 충분히 전진했을 때, 세 번째

'시련'이 그를 기다리고 있다. 이 '시련'에서는 목표가 감지되지 않는다. 모든 것이 자기 자신의 손에 달려 있다. 그는 행동하도록 유발하는 것이 전혀 없는 상황에 처해 있다. 그는 오로지 자기 자신으로부터 길을 찾아야 한다. 그로 하여금 뭔가를 향해 움직이게 하는 사물도 사람도 존재하지 않는다. 이제 그 자신을 제외하고는 그 누구도, 그 어떤 것도 그에게 필요한 힘을 제공할 수 없다. 자기 자신 속에서 이 힘을 찾지 못한다면 그는 곧 예전의 상태로 되돌아간다. 그렇지만, 앞의 두 시련을 통과한 사람들 가운데 이 힘을 찾지 못하는 사람은 소수에 불과하다. 이미 예전의 상태로 되돌아가 있거나 아니면 이번 시련도 통과하는 두 경우가 있다.

필요한 모든 것은, 자기 자신을 재빨리 잘 다루는 데에 있다. 그도 그럴 것이 여기에서는 그 말의 가장 진정한 의미에서의 '고차적 자아'를 찾아야 하기 때문이다. 모든 일에서 정신의 계시에 부응할 결의를 재빨리 굳혀야 한다. 머뭇거리거나 의심하거나 할 시간이 여기에는 더 이상 없다. 일 분이라도 머뭇거림은 아직 덜 성숙했음을 입증할 따름이다. 정신에 귀기울이지 못하게 하는 것은 대담하게 극복되어야 한다. 이러한 상황에서 **신속하고 올바르게 대응하는 능력**을 입증하는 것이 중요하다.

이 발전 단계에서 완성되어야 할 것은 이런 특성이다. 행동하게 하거나 생각하게 하는 모든 습관적 유혹은 중단된다. 하릴없이 있지 않으려면 **자기 자신을 잃지 말아야** 한다. 그가 지탱할 수 있는 단 하나의 확실한 지점은 오로지 자기 자신 속에서만 발견될 수 있기 때문이다. 여기에서 이 글을 읽고 있는 사람은, 사물을 계속 더 알아보지 않고 자기 자신으로 되돌아가는 데에 반감을 품어서는 안 된다. 여기에 서술된 시련을 통과하는 것은 인간에게 더없이 아름다운 행복을 의미하기 때문이다.

다른 경우들에 못지않게 이 지점에서도 일상 생활은 많은 사람에게 이미 일종의 신비 수행이다. 갑작스럽게 들이닥친 인생의 과제들을 앞에 두고 망설이거나 의심하지 않고 재빠른 결단을 내릴 수 있는 사람들에게 생활은 수행과 마찬가지이다. 재빨리 개입하지 않으면 바로 성공적인 거래가 불가능해지는 그런 상황들이 수행에 적합한 상황이다. 조금이라도 주저하면 불행이 현실화될 그런 상황에서 재빨리 개입하는 사람, 그와 같이 재빠른 결단력을 지속적인 특성으로 습득한 사람은 이미 무의식적으로 세 번째 '시련'을 감당할 만큼 성숙해 있다. 이 세 번째 시련에서 중요한 것은 어떠한 상황에서든 **신속하고 올바르게 대응할 수 있는 능력**을 수련하는 것이기 때문이다.

신비 수행에서는 이를 '공기의 시련'이라고 부른다. 여기에서 수행자는 외적 동기의 확실한 지반에 의거할 수도 없고 준비와 깨달음을 통해 알게 된 색깔, 형태 등등에서 생겨나는 것에 의지할 수도 없이, 전적으로 자기 자신에만 의지해야 하기 때문이다.

이 시련을 통과한 신비 수행자는 '고차적인 인식의 신전'에 들어가도 된다. 이에 관해 더 말하는 것은 극히 희미한 암시를 통해서만 가능하다. 이 시점에서 해야 할 일이 종종 다음과 같은 식으로, 곧 신비 수행자는 신비 교의를 일체 '누설' 하지 않겠다는 '서약'을 해야 한다는 식으로 표현된다. 그렇지만 '서약'이나 '누설'과 같은 표현은 결코 실상에 부합되지 않으며, 심지어 오해를 불러일으킬 수도 있다. 중요한 것은 일상적 의미에서의 '서약'이 아니다. 오히려 이 발전 단계에서 사람들은 어떤 **경험**을 한다. 사람들은 신비 교의를 어떻게 적용하는지, 인류를 위해 어떻게 사용하는지를 배운다. 사람들은 비로소 세계를 제대로 이해하기 시작한다. 고차적 진리에 관해 '침묵하기'보다 오히려 그것을 대변하는 올바른 방식과 적합한 감지력이 중요하다.

사람들이 '침묵하기'를 배우는 대상은 이와는 전혀 다른 것이다. 사람들은 자기가 지금까지 말해 왔던 많은 것, 특히 말해 왔던 방식과 관련하여 이 멋진 특성('침묵하기')을 익히게 된다. 만약 경험한 신비들을 가능한 한도에서 세계를 위해 사용하지 않는다면, 그는 훌륭한 정신계 입문자가 되지 못한다. 이 영역에서의 전달에 있어서, 받아들이는 쪽의 몰이해 말고는 다른 장애가 없다.

물론 고차적인 비밀들을 멋대로 말할 수는 없다. 그러나 지금까지 기술된 발전 단계에 도달한 사람에게 말하기가 '금지되는' 일은 없다. 어떤 사람도, 어떤 존재도 그에게 헛된 '서약'을 강요하지 않는다. 모든 것은 그 자신의 책임에 달려 있다. 그가 배우는 것은, 어떠한 상황에서든 자기 스스로 자기가 해야 할 일을 찾는 것이다. 그리고 '서약'이란, 그러한 책임을 질 수 있을 만큼 성숙했다는 것을 의미할 따름이다.

이만큼 성숙한 수행자는, 상징적으로 '망각의 음료수'라 부르는 것을 얻게 된다. 다시 말해서, 낮은 차원의 기억에 의해 방해받지 않고 계속 활동할 수 있는 비밀에 입문하게 된다. 이는 정신계에 입문한 사람에게는 필수적인 것이다. 그는 직접적인 현재에 대한 완전한 신뢰를 계속 지녀야 하기 때문이다. 그는 삶의 매순간 사람들 주위에 쳐져 있는 기억의 장막을 걷어치울 수 있어야 한다. 오늘 내가 마주친 어떤 것을 어제 경험한 것에 따라 판단한다면, 나는 다양한 오류에 빠질 수도 있다. 물론 이 말이 인생을 살면서 얻은 자신의 경험을 부인하자는 뜻은 아니다. 사람들은 가능한 한 그 경험을 늘 현재적인 것으로 유지해야 한다. 하지만 정신계에 입문한 자는 모든 새로운 체험을 그 자체에서 판단할 수 있는 능력, 그 체험이 일체의 과거에 의해 흐려지지 않은 채 자기 자신에게 작용할 수 있도록 하는 능력을 지녀야 한다.

모든 사물이나 존재가 나에게 완전히 새로운 계시를 준다는 것을 한 순간도 잊어서는 안 된다. 새로운 것을 낡은 것에 따라 판단하게 되면 오류에 빠지고 만다. 옛 경험에 대한 기억이 나로 하여금 새로운 것을 **볼** 수 있게 할 때, 바로 그럼으로써 그 기억은 나에게 가장 유익한 것이 된다. 만약 내가 어떤 경험이 없다면, 나와 마주치는 이런저런 사물이나 존재의 특성을 전혀 **보지** 못할지도 모른다. 하지만 경험은 옛것에 따라 새것을 판단하는 데 기여할 것이 아니라 바로 새것을 **보는** 데 기여해야 한다. 정신계에 입문한 자는 이러한 측면에서 아주 특수한 능력을 얻게 된다. 이러한 능력을 통해, 정신계에 입문하지 않은 사람의 눈에는 감추어져 있는 많은 사물들이 그에게 모습을 드러낸다.

정신계에 입문한 자에게 주어지는 두 번째 '음료수'는 '기억의 음료수'이다. 이를 통해 그는 고차적인 비밀들이 정신 속에 계속 생생히 살아 있게 하는 능력을 얻는다. 이 경우 통상적인 기억으로는 충분하지 않다. 사람들은 고차적인 진리와 완전히 하나가 되어야 한다. 고차적인 진리를 알아야 할 뿐 아니라, 일상 인간으로서 먹고 마시는 것과 같이, 활발한 행동 속에서 완전히 **자명하게** 다루어야 한다. 그것은 숙달되고 습관이 되고 성향이 되어야 한다. 그것에 관해 일상적인 의미에서 이리저리 생각할 필요는 전혀 없다. 고차적인 진리는 인간 자체를 통해 표현되어야 하며, 유기체의 생명 기능처럼 그의 몸 속을 통해 흘러가야 한다. 그런 식으로 자연에 의해 물리적인 의미에서 발전되듯이, 그는 정신적인 의미에서 점점 더 많이 발전해 나간다.

4. 실천적인 관점

 준비, 깨달음, 정신계 입문의 각 장에서 기술된 식으로 감정, 사고, 기분을 갈고 닦은 사람은, 자연이 그의 물리적 신체를 분류하여 정리한 것과 비슷하게 자신의 영혼과 정신을 분류하여 정리한다. 이렇게 갈고 닦기 전의 영혼과 정신은 정리되지 않은 덩어리이다. 투시자는 이러한 덩어리를 서로 뒤엉켜 나선 모양을 이룬 안개의 소용돌이로 지각한다. 이때 이 안개의 소용돌이는 특히 붉은색과 적갈색 또는 주황색처럼 흐릿한 빛을 발하는 것으로 감지된다. 감정과 사고와 기분을 앞서 말한 대로 갈고 닦은 후라면, 그것은 황록색과 녹청색처럼 정신적으로 빛을 발하기 시작하며 규칙적인 구성을 보여준다.
 보고 듣고 소화하고 숨쉬고 말하는 등등의 일을 할 수 있도록 자연이 인간의 육체적 기능에 부여한 것과 마찬가지의 질서를 인간이 자신의 감정, 사고, 기분에 부여하게 될 때, 인간은 그러한 규칙성에 도달하면서 고차적인 인식에 이른다. 신비 수행자는 영혼으로 숨쉬고 보는 등등의 일 그리고 정신으로 듣고 말하는 등등의 일을 점차적으로 배우게 된다.

여기에서는 다만 영혼과 정신의 고차적인 교육에 속하는 몇 가지 **실천적인** 관점들만이 보다 정확하게 설명될 것이다. 그 관점들은 근본적으로 모든 사람이 다른 규칙들을 고려하지 않고도 따를 수 있는 것이며, 신비학의 길을 한층 심화시킬 수 있는 방편이다.

먼저, **인내심**을 키우기 위해 각별히 노력해야 한다. 모든 초조감은 인간 속에 잠재되어 있는 고차적인 능력을 마비시키며 심지어 말살하기까지 한다. 고차 세계에 대한 무한한 시야가 하루아침에 열리기를 바라서는 안 된다. 보통의 경우 그런다고 해서 시야가 열리는 법이 결코 없기 때문이다. 하찮은 결실이라도 만족하는 태도, 그리고 평정과 의연함이 영혼을 점점 더 많이 지배해야 한다. 수행자가 성과를 초조히 고대하는 것은 물론 이해할 만한 일이다. 그렇지만 이러한 초조감을 다스리지 못하는 한 그는 아무것도 얻을 수 없다. 이러한 초조감을 단순히 억제하는 것도 아무런 도움이 되지 않는다. 그럴 경우 초조감은 더 커지게 마련이다. 초조감이 사라졌다고 믿게 되지만 실제로 그것은 영혼 깊숙한 곳에 더 강하게 자리잡고 있다. 어떤 특정한 생각에 거듭 마음을 쏟고 그것을 완전히 자기 것으로 만들 때에만 뭔가를 얻을 수 있다.

그 생각은 다음과 같다. "사실 나는 영혼과 정신을 육성하기 위해 모든 일을 다해야 한다. 하지만 **나는** 고차적인 힘에 의해 일정한 깨달음을 얻을 가치가 있다고 판단될 때까지 아주 조용히 **기다릴 것이다.**" 이런 생각이 한 인간의 기질이 될 정도로 강력해지면, 그는 올바른 길 위에 있는 것이다. 이런 기질은 외적인 면에서 벌써 그 모습을 드러낸다. 시선은 고요해지며 몸놀림이 확실해지고 결단력은 강해진다. 그리고 흔히 신경질이라고 부르는 것 일체가 점차 사라진다. 언뜻 보기에 중요하지 않을 것 같은 사소한 규칙들이 여기에서는 문제가 된다.

누군가가 우리에게 모욕을 가하는 경우를 예로 들어 보자. 신비 교육을 받기 전에는 모욕을 가한 사람에게 적대감을 가지며, 우리의 내면에서는 화가 치솟는다. 하지만 신비 수행자가 그런 일을 당하면 그에게는 곧바로 다음과 같은 생각이 떠오른다. "그러한 모욕을 당한다고 해서 내 가치에서 변하는 것은 아무것도 없다." 그리고 나서 그는 격노해서가 아니라 평온하고 의연하게 그 모욕에 대해 필요한 조치를 취한다. 물론 모든 모욕을 그냥 받아들이는 것이 아니라, 자기 인격에 가해진 모욕에 대해 조용하고 확실하게 벌을 내리는 것이 중요하다. 어떤 다른 사람에게 모욕이 부당하게 가해졌을 때 그럴 수 있는 것처럼 말이다. 신비 수행은 조야한 외적 과정이 아니라 감정과 사고 생활의 섬세하고도 조용한 변화 과정 속에서 이루어진다는 것을 항상 염두에 두어야 한다.

인내력은 고차 지식이라는 보물에 긍정적으로 작용하며 초조감은 부정적으로 작용한다. 조급하고 불안해서는 현존재의 고차 영역에서 아무것도 얻을 수 없다. 특히 **욕구**와 **욕망**이 침묵해야 한다. 이것은 모든 '고차 지식을 위축시키는 영혼의 속성이다. 모든 고차 지식이 아무리 가치 있는 것이라 하더라도, 수행 과정에서 그것을 갖고자 욕심 내서는 안 된다. 자기 자신을 위해 그것을 갖고자 하는 사람은 결코 그것을 얻지 못한다. 가장 깊은 영혼 속에서 자기 자신을 **진실하게** 대하는 것이 무엇보다도 필요하다. 자기 자신에 관해서 어떠한 환상도 품어서는 안 된다. 내적인 진실성을 가지고 자기 자신의 결점과 약점과 무능함을 직시해야 한다.

자신이 가진 어떤 약점을 변호하려는 그 순간, 당신은 당신을 앞으로 끌고 갈 길 위에 걸림돌을 하나 더 얹어 놓은 것이다. 그 돌은 당신 자신에 대한 자기 계몽을 통해서만 제거될 수 있다. 자신의 결점과 약점을 없애는 단 **하나의** 길이 있는데, 그것은 그런 결점과 약점을 제대로 인식하는 것이다. 인간의 영혼 속에는 모든 것이 잠재되어 있고, 그 모든 것이 일깨워질 수 있다. 왜 이런 점에서는 자신이 약한지를 평정한 마음으로 의연하게 자기 해명을 할 때, 인간은 자기의 오성과 이성도 개선할 수 있다. 그러한 자기 인식은 당연히 어려운 일이다. 그도 그럴 것이 자기 기만의 유혹이 엄청나게 크기 때문이다. 자기 자신을 진실하게 대하는 태도를 몸에 익힌 사람에게는 고차적 인식으로 가는 문이 열려 있다.

신비 수행자는 모든 지식욕을 버려야 한다. 개인적인 지식욕을 충족시키기 위해 알고자 하는 사물들에 관한 물음들은 가능한 한 다 버려야 한다. 인류의 발전을 위해 쓰이면서 자신의 본성을 완성하는 데 기여할 수 있는 것에 대해서만 질문해야 한다. 그렇다고 해서 앎에 대한 몰입과 기쁨이 여하튼 마비되어서는 안 된다. 그러한 목표에 기여하는 모든 것에 경건하게 귀기울여야 하며, 그렇게 경건해질 수 있는 모든 기회를 찾아내야 한다.

특히 **소망하는** 삶의 교육은 신비 수련에 필수적이다. 아무런 소망도 없는 상태가 되어서는 안 된다. 우리가 획득해야 할 모든 것을 우리는 또한 소망해야 한다. 소망은, 그 이면에 아주 특수한 힘이 있으면 늘 실현될 것이다. 이러한 힘은 올바른 **인식**에서 나온다. "어떤 영역에서 올바른 것을 인식하기 전에는 어떠한 것도 소망하지 않는다." 이것은 신비 수행자가 따라야 할 황금률 가운데 하나이다. 현자(賢者)는 먼저 세상의 법칙들을 배우며, 그 이후에야 그의 소망은 실현 가능한 힘이 된다.

이를 분명하게 만드는 하나의 예를 들어 보자. 자기가 태어나기 이전의 삶을 직관함으로써 뭔가를 경험하기를 소망하는 사람들이 많이 있다. 당사자가 정신학 연구를 통해 영원한 존재의 법칙과 그 법칙의 더할 나위 없이 미묘하고 내밀한 성격을 **인식**하지 못한다면, 그런 소망은 아무런 목적도 없고 성과도 없는 것이다. 하지만 그가 이러한 인식을 실제로 획득한 **후에** 더 전진하고자 한다면, 정제되고 정화된 자신의 소망을 통해 그렇게 될 것이다.

"그래, 나는 정말 나의 전생을 보고 싶고, 그것을 목적으로 배우고자 한다."라고 말하는 것은 아무짝에도 쓸모가 없다. 오히려 이러한 소망을 완전히 벗어 던질 수 있어야 하며, 처음에는 이러한 의도가 전혀 없이도 배울 수 있어야 한다. 이런 의도 없이 기꺼이 배우고 또 배운 것에 귀의하는 마음을 키워야 한다. 이를 통해서만 적절하면서도 실현 가능한 소망을 가질 수 있기 때문이다.

※※※

격분하거나 **화**를 내는 것은, 내 영혼 세계 주위에 장벽을 쌓는 것이다. 그러면 내 영혼의 눈을 길러 줄 힘들이 내 안에 들어올 수가 없다. 예를 들어, 어떤 사람이 나를 화나게 만들 때, 그는 영혼의 물결을 내 영혼 세계 속으로 흘려 보내고 있는 것이다. 한참 화를 내고 있는 나에게는 이 물결이 보이지 않는다. 내가 화를 낸 탓에 그것은 나에게 보이지 않는다. 그렇다고 해서, 더 이상 화를 내지 않으면 이 영혼의 (아스트랄적) 현상을 즉각 갖게 될 것이라고 생각해서도 안된다. 그러기 위해서는 먼저 내 속에서 영혼의 눈이 개발되는 것이 필수적이기 때문이다. 그러한 눈을 가질 소질은 모든 인간에게 내재해 있다. 화를 내는 동안에는 영혼의 눈이 활동하지 않는다. 또 화를 약간 억눌렀다고 해서 금방 영혼의 눈이 생기는 것도 아니다. 화를 억누르면서, 참을성 있게 계속 앞으로 나아가야 한다. 그러다 보면 어느 날 이러한 영혼의 눈이 길러졌음을 깨닫게 된다. 물론 분노가 그러한 목표를 향해 나아가면서 싸워야 할 유일한 대상은 아니다.

수년에 걸쳐 영혼의 몇몇 속성을 억눌러 왔음에도 투시 능력이 생기지 않아 초조해지거나 의심을 품게 되는 사람들이 많다. 그런 사람들은 몇 가지 속성만을 길러 왔을 뿐, 다른 속성들은 멋대로 퍼지도록 내버려둔 것이다. 투시 능력은, 잠재되어 있는 적절한 능력들이 터져 나오지 못하게 만드는 모든 속성이 극복될 때 비로소 생긴다. 물론 투시(또는 청음)의 단초들은 더 일찍부터 나타나지만, 그것들은 연약하기 그지없는 어린 식물에 불과하다. 그것들은 모든 오류의 가능성에 쉽게 빠져 들며, 세심하게 계속 보호·육성되지 않으면 쉽게 메말라 버릴 수 있다.

격분이나 분노와 마찬가지로 극복되어야 할 속성에는 예컨대 두려움, 미신, 편견, 허영심, 공명심, 호기심, 불필요한 공개 욕구, 그리고 지위·성·인종 등의 외적인 표지에 따라 사람을 차별하는 태도 등등이 있다. 우리 시대에는 그러한 속성들의 극복이 인식 능력의 고양과 관계 있음을 이해하기가 정말로 힘들다. 하지만 모든 신비학자는, 지성을 넓히고 부

자연스러운 수행을 하는 것보다는 그러한 속성들을 극복하는 것이 더 중요하다는 것을 알고 있다. 특히 이에 대한 오해가 쉽게 생겨날 수 있다. 두려움이 없어야 한다고 해서 용감 무쌍해져야 한다고 믿는 경우 그리고 신분, 인종 등등과 관련된 편견을 극복해야 한다고 해서 인간들의 차이를 모른 척해야 한다고 믿는 경우가 그렇다. 더 이상 편견에 사로잡히지 않을 때에야 비로소 올바르게 인식하는 법을 배우게 된다. 어떤 현상에 대한 두려움이 그 현상을 통찰하지 못하게 하고 인종적 편견이 한 인간의 영혼 속을 들여다보지 못하게 한다는 것은 일상적인 의미에서 보더라도 맞는 말이다. 신비 수행자는 이러한 일상적 의미를 아주 섬세하고 예민하게 파악하여 그것을 자기 속에서 발전시켜야 한다.

철저하게 생각하여 정화(淨化)하지 않은 채 말하는 모든 것 또한, 신비 교육의 길에 걸림돌을 놓는 행위이다. 이때 주의하지 않으면 안 되는 것이 있는데, 여기에서는 단지 예를 통해서만 설명될 수 있다. 누군가가 나에게 무언가를 말하고 내가 그것에 대답해야 할 때를 예로 들어 보자. 그 순간 나는 사안에 관해 말하는 것보다는 타인의 의견, 감정, 심지어는 편견에 더 많은 주의를 기울이도록 애써야 한다. 이로써 암시되는 것은, 신비 수행자가 신중히 전념해야 하는 감지력의 섬세한 육성이다. 타인의 의견에 대해 자신의 의견을 말할 때 그것이 타인에게 얼마나 큰 의미를 지니는지를 판단할 수 있어야 한다. 그렇다고 해서 자신의 의견을 억제하라는 말이 아니다. 그럴 필요는 전혀 없다. 하지만 가능한 한 정확하게 다른 사람의 말에 귀를 기울여야 하며, 그가 들었던 것에서 자기 자신의 대답의 형태를 만들어 내야 한다. 그러한 경우에 신비 수행자에게는 늘 어떤 **한 가지** 생각이 떠오른다. 이 생각이 그의 기질이 될 정도로 마음속에 살아 있다면, 그는 올바른 길 위에 있는 것이다.

그 생각은 다음과 같다. "타인과 다른 의견을 갖는 것이 중요한 것이 아니라, 내가 기여해서 타인이 내 의견에서 올바른 점을 찾아내게 되는 것이 중요하다." 그러한 생각이나 그와 비슷한 생각을 통해, 모든 신비 수행의 주요 수단인 **온화함**의 특질이 신비 수행자의 성격과 행동 방식에 넘쳐흐르게 된다. **가혹한 태도**는 그대 영혼의 눈을 각성시킬 영혼 구성체를 그대 주위에서 몰아낸다. **온화함**은 그대를 위해 장애물을 제거해 주고 그대의 영혼 기관을 열어 준다.

온화함과 더불어 영혼 속에는 또 다른 특징이 곧 형성된다. 그것은, 자기 자신의 영혼의 움직임은 완전히 **침묵하는** 가운데 주위에 있는 영혼 생활의 모든 미묘한 면모들에 조용히 **주의를 기울이는 것**이다. 이런 자세를 몸에 익히게 되면, 주위 영혼의 움직임은 그에게 다음과 같이, 곧 식물이 햇빛 속에서 피어나듯이 그 자신의 영혼이 성장하고 자라면서 분화되도록 영향을 끼친다. 참된 인내력을 갖춘 온화함과 과묵함을 통해 영혼은 영혼 세계에 대해, 정신은 정신 세계에 대해 열린다.

"평정과 고독 속에 머물러라. 신비 수행 이전에 그대에게 전해졌던 모든 것에 대한 감각을 닫아라. 이전의 습관에 따라 떠올랐다 사라지는 모든 상념을 정지시켜라. 내적으로 완전히 정숙하고 과묵한 채 참을성 있게 기다려라. 그러면 고차 세계가 그대 영혼의 눈과 정신적 귀를 형성하기 시작한다. 영혼과 정신의 세계 속에서 곧바로 보고 듣기를 기대해서는 안 된다. 그대가 행하는 것만이 고차적인 감각을 형성하는 데 기여하기 때문이다. 이러한 감각을 갖게 될 때 비로소 그대는 영혼으로 보고 정신으로 듣게 될 것이다. 한동안 평정과 고독 속에 머물렀다면, 이제 그대의 일상적 업무에 착수하라. '나에게 이루어져야 할 일은, 내가 그러기에 적합하게 성숙해 있다면, 언젠가는 이루어지게 된다'는 생각을 그대 마음속 깊이 새기면서. 그대의 자의에 의해 무언가 고차적인 힘을 끌어 오려는 짓은 절대로 하지 마라."

이것은 모든 신비 수행자가 길을 시작할 때 스승으로부터 받는 가르침이다. 이 가르침에 따르노라면 그는 자신을 완성할 수 있게 된다. 그렇지 않으면, 모든 일은 허사다. 참을성과 지구력이 없는 사람은 이 가르침을 따르기 힘들다. **각자가 스스로** 길 속에 갖고 들어오며 또 정말로 피하려고 한다면 누구든 피할 수 있는 것들 이외의 장애물은 존재하지 않는다. 이 점은 거듭 강조되어야 한다. 왜냐하면 신비의 오솔길에 있는 난관들에 관해 많은 사람들이 전혀 잘못된 생각을 하고 있기 때문이다. 신비 수행 없이 가장 일상적인 생활에서의 어려움을 극복하기보다 이 오솔길의 첫 단계를 넘어서기가 어떤 의미에서는 더 쉽다.

더욱이 이 책에서는 신체와 영혼의 건강에 어떠한 종류의 위험도 수반하지 않는 사항들만 전달될 것이다. 물론 목표에 더 빨리 다다르는 다른 길도 있다. 하지만 여기에서 말하는 것은 그러한 길과는 아무런 관계도 없다. 왜냐하면 그 길은 신비 수행에 정통한 사람이라면 추구하지 않는 그런 영향을 사람들에게 미칠 수 있기 때문이다. 그러한 길 가운데 몇몇은 계속해서 세상에 널리 알려지는 탓에, 그 길을 가지 말라고 확실히 경고해 두지 않으면 안 된다. 정신계에 입문한 사람만이 이해할 수 있는 이유 때문에 **그러한 길**의 진정한 모습은 절대로 사람들에게 공개되지 않는다. 그리고 여기저기에서 나타나는 단편들은 유익함을 낳을 수 없으며, 건강, 행복, 영혼의 평화를 해칠 가능성이 있다. 그 진정한 본질과 근원을 알 수 없는 완전히 어두운 힘들에 자신을 내맡길 생각이 없는 사람은, 그러한 것들과 관계하지 말아야 한다.

신비 수행이 이루어지는 장소인 주위 환경에 관해서 몇 가지 더 말할 수 있다. 그 점들이 중요하기 때문이다. 그렇지만 사안은 사람에 따라 거의 다르다. 이기적인 이해 관계들로, 예컨대 현존재를 위한 현대의 투쟁으로 가득 차 있는 환경 속에서 수행하는 사람은, 이러한 이해 관계들이 영혼의 기관들을 형성하는 데 아무런 영향도 끼치지 않는 것이 아님을 의식해야 한다. 사실 이러한 기관들의 내적 법칙은 아주 강력해서, 이 영향이 지나치게 해로운 것이 되지는 않는다. 백합이 적절하지 않은 환경 때문에 엉겅퀴로 될 가능성이 별로 없듯이, 영혼의 눈이 비록 현대 도시의 이기적인 이해 관계의 영향을 받는다 하더라도 원래 규정되어 있는 것과는 다른 것이 될 가능성은 많지 않다. 그렇다고 해도, 가끔씩 신비 수행자가 조용한 평화와 자연의 내적 고귀함이나 우아함을 자신의 환경으로 삼는 것은 어떠한 경우에서든 좋은 일이다.

녹원의 세계 속에서나 햇살이 비치는 산과 단순하게 움직이는 사랑스러운 자연 사이에서 신비 수행을 할 수 있는 사람은 특히 유리하다. 이를 통해 내적 기관들은, 현대 도시 속에서는 결코 생겨날 수 없는 조화 속에서 개발된다. 적어도 유년 시절만이라도 전나무 향을 맡으며 눈 덮인 산봉우리를 바라보고 야생 동물과 곤충의 조용한 움직임을 관찰할 수 있었던 사람들은, 단순한 도시인보다 사정이 나은 편이다.

도시에 살도록 되어 있는 사람들은, 정신적 체험에 기초한 정신학의 교의들을 막 형성되고 있는 영혼 기관과 정신 기관에 영양소로 공급하는 일을 멈추어서는 안 된다. 봄이 되어 날마다 변하는 녹색의 숲을 볼 수 없는 사람은, 그 대신에 『바가바드 기타』[14], 요한 복음서, 토마스 폰 켐펜의 숭고한 가

---

14) 옮긴이 주 : 줄여서 『기타』라고도 한다. '지고자(至高者)의 노래'라는 뜻이다. 고대 인도의 대서사시 『마하바라타』 가운데 제6권 〈비스

르침[15] 그리고 정신학적 성과를 담은 글들을 자신의 가슴에 공급해야 할 것이다. 인식의 정상에 오르는 데에는 많은 길이 있다. 하지만 올바른 선택은 필수적인 일이다.

신비학에 정통한 사람은 그러한 길들에 관해, 정신계에 아직 입문하지 못한 사람의 눈에는 진기하게 보이는 많은 것을 말할 수 있다. 예를 들어, 신비의 오솔길에서 앞으로 많이 나아간 사람, 말하자면 영혼의 눈과 정신적 귀가 막 열리기 직전에 있는 사람이 있을 수 있다. 곧이어 그는 고요하거나 격랑이 일기도 하는 대해(大海)를 항해하는 행운을 얻는다. 그리고 어느 순간 갑자기 지금까지 그의 영혼의 눈을 가리고 있었던 안대가 벗겨지고 투시력을 얻게 된다.

마찬가지로 이 안대가 벗겨지기만 하면 될 만큼 앞으로 많이 나아갔지만, 상황이 다른 사람이 있다. 이 경우에는 강력한 운명의 타격을 통해 안대가 벗겨진다. 수행자가 아닌 사람에게는 이 운명의 타격이 힘을 마비시키고 에너지를 손상시키는 영향력을 가진다면, 신비 수행자에게는 그것이 깨달음의 계기가 된다.

마파르바)의 제23장~제40장에 있는 철학적·종교적인 시 700구(句)를 말한다. 저자는 『마하바라타』의 편찬자인 비아사로 보는데 성립 연대는 BC 2세기 설, 3세기 설, 5세기 설 등 확실하지 않다. 이 경전은 힌두교도의 '경전 중의 경전'으로 되어 있지만, 본래 크리슈나 신을 믿는 비(非)브라만교의 일파인 바가바타파(派)의 경전이었던 것이 브라만교에 편입되어 변모를 거듭한 것이다.

15) 옮긴이 주 : 토마스 폰 켐펜이 쓴 것으로 짐작되는 신비주의적 저술 『그리스도를 본받아 *De Imitatione Christi*』를 말한다.

또 다른 제3의 경우는 참을성 있게 견디는 사람이다. 그는 수년간 별다른 성과 없이 참고 견뎠다. 어느 날 조용한 방에서 고요히 앉아 있는 그의 주위에 갑자기 정신의 빛이 생겨나며, 벽들은 사라지고 영혼으로 투시할 수 있게 된다. 하나의 새로운 세계가 투시력을 얻은 그의 눈앞에 펼쳐지거나, 들을 수 있게 된 그의 정신적 귀에 울려 퍼진다.

5. 신비 수행을 위한 일곱 가지 조건

신비 수행에 입문하는 조건들은 어느 누군가가 제멋대로 정한 것이 아니다. 그것들은 신비 지식의 본질에서 생겨난다. 붓 들기를 싫어하는 사람이 화가가 될 수 없듯이, 신비 교의가 필수적인 요구로 제시하는 것을 실행하고자 하지 않는 사람은 신비 수행을 받아들일 수 없다. 근본적으로 스승은 충고만 할 수 있을 뿐이다. 그리고 그가 말하는 모든 것은 충고의 의미에서 받아들여져야 한다. 그는 고차 세계의 인식을 준비하는 길을 다 통과한 사람이다. 그는 경험을 통해 무엇이 필요한지를 알고 있다. 스승과 같은 길을 걸을지 말지는 전적으로 개개인의 **자유 의지**에 달려 있다. 조건들을 충족시키지는 않으면서 스승에게 신비 수행을 가르쳐 달라고 요구하는 것은, 마치 그림을 가르쳐 주되 붓을 잡지는 않게 해 달라고 요구하는 것과 결코 다르지 않다.

스승은 받아들이는 자의 자유 의지가 자기에게 부응하지 않을 때 어떠한 것도 제공할 수 없다. 그러나 고차 지식에 대한 일반적인 소망만으로는 충분하지 않다는 것이 강조되어야 한다. 이런 소망은 물론 많은 사람이 가질 것이다. 신비 수행의 **특수한** 조건들을 따를 의사는 없이 이러한 소망**만**을 가지고 있는 사람에게는 어떠한 것도 이루어질 수 없다. 신비 수행이 쉽게 이루어지지 않는다고 탄식하는 사람들은 이 점을 깊이 생각해야 한다. 엄격한 조건들을 충족시킬 수 없거나 혹은 그럴 마음이 없는 사람은, **잠시** 신비 수행을 중지**해야 한다**. 조건들이 **엄격한** 것은 사실이다. 하지만 그 조건들을 충족시키는 것은 자유로운 행위여야 할 뿐만 아니라 그럴 수밖에 없는 것이기 때문에, 조건들이 **가혹한** 것은 아니다.

이 점을 깊게 생각지 않는 사람에게는 신비 수행의 요구가 영혼이나 정신에 대한 강제로 여겨지기 쉽다. 수행은 진실로 **내적** 생활의 육성에 의거하는 것이기에, 스승은 이 내적 생활과 연관된 충고를 하지 않을 수 없다. 그러나 자유로운 결단의 개발로서 요구되는 것이 강제로서 파악될 수는 없는 법이다.

누군가가 스승에게 다음과 같이, 곧 당신의 비밀을 나에게 전해 주되 나의 습관적인 감각, 감정, 관념은 그대로 내버려 두라고 요구한다면, 그는 전혀 불가능한 것을 요구하는 셈이다. 그럴 경우 그는 단순히 호기심과 지식욕을 만족시키고자 하는 것이다. 그러한 의향을 갖고서는 결코 신비 지식을 얻을 수 없다.

이제 신비 수행자를 위한 조건이 차례대로 개발되어야 한다. 이러한 조건 가운데 어느 하나도 **완벽한** 충족이 요구되는 것은 아니라는 점, 요구되는 것은 오로지 그러한 충족을 향한 **노력**뿐이라는 점이 강조되어야 한다. 어느 누구도 조건들을 **완전히** 충족시킬 수는 없다. 하지만 누구나 다 그것들을 충족시키기 위한 길을 걸을 수는 있다. 단지 이 길을 걷고자 하는 의지와 의향만이 중요할 따름이다.

첫 번째 조건은, 신체적, 정신적 **건강**을 북돋우도록 유의하라는 것이다. 한 인간이 얼마나 건강한가 하는 것은 물론 처음에는 자기 자신에게 달린 일이 아니다. 하지만 그러기 위해 노력하고 그 방향으로 자신을 북돋우는 것은 누구나 할 수 있는 일이다. 건강한 인식은 건강한 인간에게서만 나올 수 있다. 신비 수행은 건강하지 못한 사람을 배제하지는 않지만, 수행자가 건강하게 살려는 의지를 갖도록 요구해야 한다. 그속에서 사람은 가능한 한 최대한의 자주성을 가지고 있어야 한다. 다른 사람이―대개는 묻지도 않았는데―모든 사람에게 다 해당되는 좋은 충고를 하더라도 듣지 말라. 그런 충고는 대체로 아무 쓸모가 없다. 스스로 자기 자신에게 주의를 기울이도록 노력해야 한다.

신체적으로 무엇보다 중요한 것은 유해한 영향들을 막는 것이다. 우리의 의무를 다하기 위해 우리의 건강에 좋지 못한 일들을 하지 않을 수 없을 경우가 때때로 있다. 정당한 경우에는 건강에 대한 배려보다는 의무를 더 중시할 수도 있다. 그렇더라도 건강에 대한 배려를 일체 중단할 수는 없다! 많은 경우에서 보는 대로, 의무는 건강보다 더 중요하며, 때로는 생명보다도 더 중요함에 틀림없다. 신비 수행자에게 **향락**이 의무와 같은 자리를 차지해서는 결코 **안 된다**. 신비 수행자에게 향락은 건강과 생활을 위한 하나의 **수단**에 불과할 뿐이다. 그리고 이러한 측면에서 볼 때 자기 자신을 아주 성실하고 진실하게 대하는 것이 필수적이다. 금욕적 생활이라 하더라도 그것이 다른 향락과 비슷한 이유에서 이루어지는 것이라면 아무짝에도 쓸모없다. 어떤 사람이 술을 마실 때 갖는 만족감을, 다른 사람은 금욕적 생활에서 누릴 수 있다. 하지만 그는 이러한 금욕적 생활이 고차적 인식에 다다르는 데 뭔가 도움이 되기를 바랄 수는 없다.

많은 사람들은, 고차적 인식으로 나아가는 길에서 방해하는 듯이 보이는 모든 것을 자신들의 생활 환경 탓으로 돌린다. 그들은 "이런 처지에서 나의 발전이 이루어질 리 없어."라고 말한다. 다른 측면에서 볼 때 많은 사람의 경우 생활 환경을 바꾸는 것이 바람직할 수도 있다. 하지만 신비 수행을 목적으로 그렇게 할 필요는 없다. 이 목표를 위해서는, 바로 현재 있는 환경 속에서 자신들의 몸과 영혼의 건강을 위해 가능한 한 많은 것을 하면 된다. 모든 일은 인류 전체에 기여할 수 있다. "이 일은 나에게 너무 맞지 않아, 나는 다른 일이 맞아."라고 생각하는 인간의 영혼보다 보잘것없고 누추할 수도 있는 어떤 일이 인류 전체를 위해 얼마나 필요한 일인지를 분명히 아는 인간의 영혼이 훨씬 더 위대하다.

　신비 수행자에게는 완전한 정신적 건강을 위해 노력하는 것이 특히 중요하다. 불건전한 정서 생활과 사고 생활은 항상 고차적 인식으로 가는 길에서 벗어나게 만든다. 명료하고도 평정(平靜)한 사고, 확실한 지각과 감정이 수행에서 토대가 된다. 공상벽이나 격앙된 존재, 신경질, 흥분, 광신 등에 치우치는 성향만큼 수행자가 멀리해야 할 것은 없다. 그는 모든 생활상에 대한 건전한 시각을 자기 것으로 만들어야 한다. 그는 생활 속에서 올바른 길을 확실하게 찾아야 한다. 그는 사물들이 조용히 자기 자신에게 말하고 영향을 끼치도록 만들어야 한다. 그는 필요한 경우에는 언제든지 생활의 요구에 따르려고 노력해야 한다. 자신의 판단과 지각에서 과장된 것, 단면적인 것은 일체 피해야 한다. 이러한 조건들이 충족되지 않으면, 신비 수행자는 고차 세계 대신 자기 자신의 상상력의 세계 속에 빠져 들게 될 것이다. 그리고 그에게는 진리 대신 자신이 좋아하는 생각이 유효하게 될 것이다. 흥분을 잘하거나 공상적이기보다는 '냉정한' 편이 신비 수행자에게는 더 좋다.

　두 번째 조건은, 자기 자신을 전체 생명의 **한 부분**으로 느끼는 것이다. 이 조건의 충족에는 많은 것이 포함되어 있다. 하지만 각자는 이 조건을 자기 나름의 방식으로만 충족시킬 수 있다. 내가 교사인데 학생이 내가 바라는 바에 부합하지 않을 경우, 내 감정을 먼저 학생에게 퍼부을 것이 아니라 나 자신에게 돌려야 한다. 나는 학생과 내가 하나임을 느끼면서, "학생에게 나타나는 불만스러운 점이 내 자신이 행한 행동의 결과는 아닌가?"라고 자문해야 한다. 나는 내 감정을 학생에게 돌리는 대신, 장차 그 학생이 내 요구에 더 잘 부응할 수 있도록 하려면 나 자신은 어떤 태도를 취해야 할지를 숙고할 것이다. 그와 같은 의향에서부터 인간의 사고 방식 전체가 점차적으로 변해 나간다. 이는 극히 사소한 일과 큰일에 다 적용된다.

예를 들어, 범죄자를 보더라도 나는 그러한 의향이 없을 경우와는 다르게 바라보게 된다. 나는 판단을 삼가면서 다음과 같은 식으로 생각한다. "나 또한 이 사람과 전혀 다르지 않다. 환경을 통해 나에게 이루어진 교육이 **아마도** 그의 운명을 걷지 않게 나를 지켜 주었을 것이다." 그리고 또 나는, 나에게 노력을 기울였던 스승들이 그에게도 똑같은 노력을 베풀었다면 이 인간 형제는 다른 사람이 되었을지도 모른다고 생각하게 된다. 그에게 모자란 것이 나에게 제공되었다는 것, 나의 좋은 점은 그에게는 모자란 바로 그 상황 덕택이라는 것을 고려할 것이다.

그러면, 나는 전체 인류의 한 구성원일 따름이며 만사에 다 **책임이 있다**는 관념 또한 더 이상 나와 동떨어진 것이 아니게 된다. 그러한 사고가 즉각 외적인 선동 행위로 바뀌어야 한다는 말을 여기에서 하고 있는 것은 아니다. 그런 사고는 조용히 영혼 속에서 자라나야 한다. 그러다 보면 그것은 아주 점차적으로 한 인간의 외적 태도에 아로새겨진다. 그런 가운데 각자는 오로지 자기 자신 속에서 개혁을 시작할 수 있다. 이렇게 볼 때 인류에 대해 보편적인 요구를 설정하는 것은 아무런 쓸모도 없다. 인간은 어떻게 존재해야 하는가에 관해서 쉽게 판단이 내려져 있다. 그러나 신비 수행자가 하는 일은 표면에서가 아니라 심층에서 이루어진다. 그렇기 때문에 여기에서 암시된 신비 교의의 요구를 어떤 외적인 요구, 예컨대 신비 수행과는 아무런 관계도 없는 정치적인 요구와 결부시킨다면 그것은 전혀 잘못된 일이다. 정치 선동가들은 일반적으로 다른 사람에게 무엇이 '요구'될 수 있는지를 '알고 있다.' 그러나 자기 자신에 대한 요구들은 별로 문제 삼지 않는다.

신비 수행을 위한 세 번째 조건은 이와 직접적으로 연관되어 있다. 수행자는 자신의 생각과 감정이 그의 행동과 마찬가지로 세계에 대해 의미를 지닌다는 관점에 도달할 수 있어야 한다. 내가 이웃 사람을 증오하면 그를 때리는 것과 같은 정도로 그 사람에게 부정적인 영향을 끼친다는 것이 인식되어야 한다. 그러면, 나 자신을 완성하는 것이 나를 위해서뿐만 아니라 세계를 위해서도 뭔가를 하는 것이라는 인식에 도달한다. 세계는 나의 선행으로써 그렇게 되는 것과 똑같이 나의 순수한 감정과 생각으로써 이롭게 된다. 세계에 대해 나의 내면이 지니는 의미를 믿을 수 없는 한, 신비 수행자가 되기는 쉽지 않다. 그 영혼적인 것을 외적인 것과 적어도 동일한 정도로 현실적인 양 다룰 때, 비로소 나는 나의 내면, 나의 영혼의 의미에 대한 올바른 믿음으로 가득 차 있게 된다. 나의 감정이 나의 손이 하는 일과 똑같은 영향력을 지닌다는 것을 인정해야 한다.

이로써 이미 네 번째 조건이 말해진 셈이다. 인간의 본래적인 본질은 외부에 있는 것이 아니라 내면에 있다는 견해를 갖게 되는 것이 그것이다. 스스로를 외적 세계의 산물로서만, 물리적 세계의 결과로서만 여기는 사람은, 신비 수행에서 어떠한 성취도 거둘 수 없다. 스스로를 영혼적·정신적 존재로 느끼는 것은 그러한 수행의 기초이다. 그렇게 느낄 수 있는 사람만이 내적 의무와 외적 성공을 구분할 수 있다. 그는 전자가 후자에 의해 바로 측정될 수 없다는 것을 인식하게 된다.

신비 수행자는, 외적 조건이 규정하는 것과 그가 자신의 태도와 관련하여 적합하다고 인식하는 것 사이에서 올바른 중용을 찾아야 한다. 그는 자신의 환경에 대해 그것이 이해할 수 없는 것을 요구해서도 안 되지만, 이 환경에 의해 인정될 수 있는 것만 행하려는 욕망에서도 벗어나야 한다. 그는 오로지 인식을 추구하는 성실한 영혼의 목소리 속에서만 자신의 진리에 대한 인정을 구해야 한다. 그렇지만 그는 환경에 무엇이 도움이 되고 이로운지를 찾아내기 위해 가능한 한 환경으로부터 **배워야** 한다. 이렇게 하여 그는 신비학에서 '정신의 저울'이라 부르는 것을 자기 자신 속에서 발달시킨다. 그 저울의 접시 한쪽에는 외부 세계의 필요에 대해 '열린 가슴'이, 다른 한쪽에는 '내적인 확고함과 불굴의 지속력'이 놓여 있다.

이로써 다섯 번째 조건이 시사되고 있다. 그것은 한번 결심한 것을 꿋꿋하게 따르는 것이다. 결심이 잘못된 것이라는 인식 이외에는 어떠한 것도 신비 수행자로 하여금 결심한 것을 어기게 해서는 안 된다. 모든 결심은 다 하나의 힘이다. 이 힘은 바라는 직접적 성과를 거두지 못한다 할지라도 그 나름의 방식으로 작용한다. 욕망에서 비롯된 행동을 할 때에만 성공은 결정적으로 중요하다. 그러나 욕망에서 비롯되는 모든 행동은 고차 세계에 비하면 아무런 가치도 없다. 고차 세계에서는 오로지 행동에 대한 **사랑**만이 결정적인 작용을 한다. 신비 수행자로 하여금 행동하게 하는 모든 것은 이 **사랑** 속에서 펼쳐져야 한다. 그러면 그는 아무리 실패를 거듭하더라도 결심을 거듭 행동으로 옮기는 일에 시들해지지 않을 것이다. 이렇게 하여 그는 자기 행동의 **외적인** 효과를 기대하는 것이 아니라, 행동 자체에서 만족을 누리게 된다. 그는 그의 행동, 아니 그의 존재 전체를 세계에 바치는 것을 배우게될 것이다. 세계가 그의 희생을 어떻게 받아들이든 말이다. 신비 수행자가 되고자 하는 사람은 그와 같은 희생적 헌신을 하겠다는 입장을 밝혀야 한다.

여섯 번째 조건은, 자신에게 생기는 모든 일에 대해 **감사하는** 마음을 기르는 것이다. 사람들은 자신의 현존재가 우주 전체의 선물이라는 것을 알아야 한다. 우리들 각자가 생명을 받아 이어가기 위해서는 얼마나 많은 것이 필요한가! 우리는 자연과 다른 사람들에게 얼마나 많은 은혜를 입고 있는가! 신비 수행을 하고자 하는 사람들에게는 그렇게 생각하는 경향이 있어야 한다. 그렇게 생각할 수 없는 사람은, 고차적 인식에 이르기 위해 필요한 **무한한 사랑**을 자기 속에서 기를 수 없다. 내가 사랑하지 않는 것은 나에게 그 모습을 드러낼 수 없다. 나는 내 앞에 나타나는 모든 것을 감사에 가득 찬 마음으로 받아들여야 한다. 그것들로써 내가 더 풍요로워지기 때문이다.

앞에서 말한 모든 조건은 일곱 번째 조건에 통합되어야 한다. 이상의 조건이 요구하는 대로 삶을 이해하고 끊임없이 다듬어 가는 것이 바로 일곱 번째 조건이다. 이를 통해 수행자는 자신의 삶에 통일적인 특징을 부여할 가능성을 만들어 낸다. 그의 개별적인 생활 표현들은 모순됨 없이 서로 조화를 이룰 것이다. 그는 신비 수행의 첫 단계에서 도달해야 할 평정함을 위한 태세를 갖추게 될 것이다.

이와 같은 조건들을 충족시키려는 진지하고도 성실한 의지를 가진 사람이라면, 정신 수행을 결심할 수 있을 것이다. 그는 언급된 충고들을 따를 마음의 준비를 갖출 것이다. 다수의 사람들에게는 이러한 충고들의 많은 부분이 외적인 것으로 여겨질 수도 있다. 그런 사람은 아마도 다음과 같이, 곧 수행이 덜 엄격한 **형식**으로 진행되기를 기대했노라고 말하게 될 것이다. 그러나 모든 내적인 것은 외적인 것 속에서 살아갈 수밖에 없다. 어떤 그림이 화가의 머릿속에만 있을 때에는 아직 존재한다고 할 수 없는 것과 마찬가지로, 외적인 표현 없는 신비 수행은 있을 수 없다. 외적인 것 속에서 내적인 것이 표현될 수밖에 없다는 것을 모르는 사람들만이 엄격한 형식을 경시한다. 어떤 사상(事象)의 **정신**이 중요하지 형식이 중요한 것은 아니라는 말은 진실이다. 그러나 정신이 빠진 형식이 가치 없는 것과 마찬가지로, 자신의 형식을 만들어 내지 못하는 정신 또한 아무 쓸모도 없는 것으로 존재할 것이다.

여기에 제시된 조건들은 신비 수행자를 강하게 만들기에 적합하다. 이를 통해 그는 정신 수행이 그에게 가하지 않을 수 없는 더 많은 요구를 충족시키기에 충분한 힘을 기를 수 있다. 그에게 이러한 조건들이 결여되어 있다면, 그는 새로운 요구가 주어질 때마다 의구심을 갖게 될 것이다. 그리하여 그에게 필요한 인간에 대한 신뢰도 가질 수 없을 것이다. 진리를 추구하는 모든 노력은 신뢰와 진정한 인간애 위에 구축되어 있어야 한다. 그런 노력이 신뢰와 진정한 인간애에서 기인하는 것이 **아니라** 오로지 자기 자신의 영혼의 힘에서 솟아날 수 있는 것임에도 불구하고, 그 위에 **구축되어** 있어야 하는 것이다. 인간애는 모든 존재, 아니 모든 현존재에 대한 사랑으로 점차 확장되어야 한다. 앞에서 거론된 조건들을 충족시키지 못하는 사람은, 모든 건설과 창조에 대한 완전한 사랑도, 모든 파괴와 부정 그 자체를 그만두려는 경향도 지니지 못할 것이다.

신비 수행자는 행동에서뿐만 아니라 말과 감정과 생각에서도 파괴 그 자체를 위해 뭔가를 파괴하지는 않도록 길러져야 한다. 그에게는 생성과 형성에 대한 기쁨이 존재해야 한다. 다만 그가 파괴 속에서 또 파괴를 통해서 새로운 생명을 촉진하는 일이 생긴다면, 파괴를 위해 손을 내밀어도 된다. 이말이, 신비 수행자가 나쁜 것이 만연하는 것을 그냥 보고만 있어도 된다는 뜻은 아니다. 그렇지만 그는 나쁜 것에서조차 그것을 좋은 것으로 바꿀 수 있는 측면들을 찾아야 한다. 그는 나쁜 것과 불완전한 것에 맞서 싸우는 것이 곧 좋은 것과 완전한 것의 창조임을 점점 더 분명히 깨닫게 된다. 무(無)에서는 어떠한 것도 창조될 수 없지만 불완전한 것은 완전한 것으로 바뀔 수 있다는 것을 신비 수행자는 알고 있다. 자기 속에 창조의 성향을 기르는 사람은 나쁜 것에 대해서 올바른 태도를 취하는 능력도 곧 찾게 된다.

신비 수행에 들어간 사람은, 수행을 통해 건설이 이루어져야지 파괴가 행해져서는 안 된다는 것을 분명히 인식해야 한다. 그렇기 때문에 그는 성실하고 헌신에 찬 활동을 하고자 하는 의지를 가지고 있어야지 비판과 파괴를 향한 의지를 가지고 있어서는 안 된다. 그는 **경건**할 수 있어야 한다. 아직 모르는 것을 배워야 하기 때문이다. 그는 자신에게 열려 나타나는 쪽을 향해 경건한 눈길을 보내야 한다. 활동과 경건함, 이것은 신비 수행자에게 요구되지 않을 수 없는 기본 감정이다. 자기 생각으로는 끊임없이 정진했음에도 불구하고 수행에서 진전이 이루어지지 않는 경우를 많은 사람들은 틀림없이 경험하게 될 것이다. 그것은 그가 활동과 경건함을 올바른 의미에서 파악하지 못한 데에서 비롯된다. 수행에서 성공을 거두겠다는 마음으로 행하는 일이 성공하는 법은 극히 드물며, 경건함 없이 이루어지는 배움이 진전을 낳는 경우 역시 극히 드물다. 성공에 대한 사랑이 아니라 활동에 대한 **사랑**만이 진전을 낳는 법이다. 배우는 자가 건전한 생각과 확실한 판단을 추구한다고 해서, 의심과 불신을 통해 경건함을 위축시킬 필요는 없다.

무슨 말을 들을 때 거기에 관해 금방 자기 의견을 말하는 것이 아니라 조용히 경건하게 귀기울이는 태도로 대한다고 해서, 판단하는 데에 노예적인 예속성을 가질 필요는 없다. 인식에서 얼마간의 성취를 거둔 사람들은, 모든 것이 자기 멋대로의 개인적인 판단이 아니라 조용히 경청하여 소화한 덕택에 생긴다는 사실을 알고 있다. 자기가 이미 판정할 수 있는 것은 더 이상 배울 필요가 없다는 사실을 항상 유념해야 한다. 따라서 **단지** 판단만 하고자 하는 사람은, 결코 더 이상 배울 수 없다. 그러나 신비 수행에서는 배움이 중요하다. 그렇기 때문에 배우는 자가 되려는 의지를 단연코 가져야 한다. 이해할 수 없는 것이 있다면, 부정적으로 판단하기보다는 전혀 판단하지 않는 것이 더 낫다. 그럴 경우, 이해를 미래의 몫으로 남겨 두어라.

인식의 단계에 높이 오르면 오를수록, 이와 같이 조용하고 경건한 경청의 태도는 더 많이 필요하다. 정신 세계에서 이루어지는 진리 인식이나 생활과 행동 일체는 물리적 세계에서 일상적 오성이 하는 일이나 생활과 비교할 때 고차 영역들에서 더 미묘하고 민감하게 된다. 인간의 활동 영역이 넓어지면 넓어질수록 그가 해야 하는 일들은 더 미묘해진다. 사정이 그렇기 때문에 사람들은 고차 영역과 관련하여 실로 다양한 '견해'와 '관점'을 가진다. 그러나 고차적 진리에 관해서도 실제로는 단 **하나의** 견해만이 있을 뿐이다. 활동과 경건함을 통해 실제로 진리를 응시할 정도로 고양되었을 때, 이러한 **하나의** 견해에 이를 수 있다. 충분한 준비도 없이 제멋대로 자신의 습관적인 사고 등등을 판단하는 사람은, 이 참된 견해와 동떨어진 견해에 도달할 수 있을 뿐이다.

수학적 정리(定理)에 관해서는 하나의 견해만이 존재하듯, 고차 세계의 사물들에 관해서도 하나의 견해만이 존재한다. 그러한 '견해'에 도달하기 위해서는 먼저 준비를 해야만 한다. 이 점을 깊이 생각하는 사람에게는, 스승의 조건들이 결코 의외의 것으로 여겨지지는 않을 것이다. 진리와 고차적 생명이 모든 사람의 영혼 속에 내재해 있다는 것, 그리고 **각자**는 그것을 **스스로** 찾을 수 있으며 또 그렇게 해야 한다는 것은 전적으로 맞는 말이다. 그러나 그것은 깊숙한 곳에 있어서, 장애물들을 치우고 난 뒤에만 그 깊은 구렁에서 끌어낼 수 있다. 어떻게 그럴 수 있는가에 관해서는 신비학에 경험이 있는 사람만이 충고할 수 있다. 그런 충고를 제공하는 것이 정신학이다.

정신학은 그 누구에게도 진리를 강요하지 않으며, 도그마를 큰소리로 공표하지도 않는다. 그러나 정신학은 하나의 길을 보여 준다. 누구나 다, 아마도 수많은 윤회 전생을 거친 뒤에야, 이 길을 혼자서 발견할 수 있을 것이다. 그렇지만 신비 수행을 통해 얻어지는 지름길이 있다. 이 길을 통해 우리는 인간의 행복과 발달이 정신적 활동에 의해 촉진되는 세계 속에서 우리 서로가 협력할 수 있는 지점에 좀더 일찍 도달한다.

이로써 고차적 세계 경험의 획득에 관해 맨 먼저 전해야 할 사항들이 암시되었다. 다음 장에서는, 이러한 발전 과정 동안에 인간 본성의 고차적인 구성 부분 속에서(영혼 조직 또는 아스트랄 체 속에서, 그리고 정신 또는 사고체 속에서)[16] 어떤 일이 일어나는지가 제시됨으로써 위의 설명이 계속될 것이다. 이를 통해 지금까지 전한 말들은 새롭게 조명되고 보다 깊이 있게 탐구될 수 있을 것이다.

---

16) 옮긴이 주 : '아스트랄 체'는 'Astralleib'를, '사고체'는 'Gedankenleib' 를 옮긴 말이다.

6. 정신계 입문의 몇 가지 영향에 대하여

신비학에 몸을 던지는 사람은 충만한 의식을 갖고서 그렇게 해야 한다. 이는 진정한 신비학의 원칙 가운데 하나이다. 어떤 영향을 끼칠지 모르는 것은 행해서도 익혀서도 안 된다. 충고를 하거나 가르침을 줄 때 스승은, 그것을 따르면 고차적인 인식을 추구하는 사람의 몸과 영혼과 정신에 어떤 일이 생기는지에 관해서도 항상 같이 말한다.

여기에서는 신비 수행자의 영혼에 가해지는 몇 가지 영향만 언급하도록 하겠다. 여기에서 말해지는 사안들을 알고 있는 사람만이, 초감각적 세계의 인식에 이르는 수행을 온전한 의식을 가지고 행할 수 있다. 그리고 그러한 사람만이 참된 신비 수행자이다. 암중모색은 진정한 신비 수행에서는 엄격히 금지되어 있다. 눈을 크게 뜨고 수행을 행하려 하지 않는 사람은, 영매(靈媒)가 될 수 있을지는 모르지만, 신비학적 의미에서 투시자는 될 수 없다.

이러한 의미에서 (초감각적 인식 획득에 관하여) 앞 장에 서 술된 대로 수행을 행하는 사람에게는, 맨 먼저 이른바 영혼 조직 속에서 모종의 변화가 일어난다. 영혼 조직은 투시자에 게만 지각될 수 있다. 영혼 조직은, 그 한가운데에 인간의 물 리적 신체가 있는, 다소간 정신적·영혼적인 빛을 발하는 구 름에 비교될 수 있다.[17] 이 조직체 속에서 충동, 욕망, 열정, 표상 등등은 정신적으로 가시화된다. 예컨대 그 속에서 감각 적 욕망은 암적색의 빛을 방사하면서 일정한 형태를 띠는 것 으로 감지된다. 순수하고 고귀한 생각은 붉은색을 띤 보라색 의 빛을 방사하는 것으로 표현된다. 논리적 사유가 파악하는 날카로운 개념은 윤곽이 매우 뚜렷한 노란색의 형상처럼 느 껴진다. 명석하지 못한 두뇌의 혼란스러운 생각은 흐릿한 윤 곽을 띤 형상으로 나타난다. 단면적이고 완고한 견해를 지닌 사람의 생각은 날카롭고 움직임 없는 윤곽을 띠고 나타난다. 다른 사람들의 견해에 대해 마음을 열어 두고 있는 사람들의 생각은 변화하는 동적인 윤곽을 띠고 있다. 이런 식으로 계 속 이어질 수 있다.[18]

---

17) 필자의 『신지학』에 이에 관한 묘사가 있다.
18) 아래의 모든 기술에서 주의해야 할 것은, 가령 어떤 색을 '본다'고 했 을 때 그것은 **정신적인 봄**[응시]을 뜻한다는 것이다. 정신적 인식이 '나는 붉은색을 본다'고 하는 것은, '나는 붉은색의 인상을 받았을 때 의 물리적 체험과 비슷한 체험을 영혼적·정신적인 것 속에서 한다'

영혼이 발달한 사람일수록 그의 영혼 조직체는 그만큼 더 규칙적으로 정렬된다. 영혼의 활동이 발달되지 못한 사람의 경우, 그의 영혼 조직은 정렬되지 않은 혼란스러운 모양을 하고 있다. 하지만 투시자는 그와 같이 정렬되지 않은 영혼 조직에서도 주변과 뚜렷이 구분되는 어떤 구성체를 지각할 수 있다. 그 구성체는 뇌 속에서부터 물리적 신체의 중심부에 이르기까지 이어져 있다. 그것은 특정한 기관들을 지니고 있는, 일종의 독자적인 몸처럼 나타난다.

여기에서 맨 먼저 말해야 할 기관들은 다음과 같은 신체 부분 근처에서 정신적으로 지각된다. 곧 첫 번째 기관은 양 미간에, 두 번째 기관은 후두(喉頭) 근처에, 세 번째 기관은 심장 주변에, 네 번째 기관은 이른바 명치 근처에, 그리고 다섯 번째와 여섯 번째 기관은 하체에 있다. 이러한 구성체들은 신비학에 정통한 이들에 의해서 '바퀴'(차크라)[19] 또는 '연꽃'으로 불린다. 바퀴나 꽃 모양과 비슷하기 때문에 그렇게 불린다. 그렇다고 하더라도 그와 같은 표현은 폐의 두 부분

는 뜻이다. 그러한 경우에 '나는 붉은색을 본다'고 말하는 것이 정신적 인식에는 아주 자연스럽기 때문에, 이런 표현이 사용되는 것이다. 이 점을 깊게 생각지 않는 사람은, 색채의 환영과 진정한 정신적인 체험을 쉽게 혼동할 수 있다.

19) 옮긴이 주 : '차크라(Chakra)'는 정신적 힘과 육체적 기능이 합쳐져 상호 작용하는 초점을 일컫는 말로서, 인간의 신체에는 약 8만 8천 개의 차크라가 있는 것으로 추정된다. 슈타이너는 이 가운데 여섯 가지 차크라를 가장 중요한 것으로 파악했다.

을 '폐엽(肺葉)'이라 부르는 것과 다르지 않다는 것을 분명히 알아야 한다. '폐엽'이 '잎〔葉〕'과는 아무런 관계도 없듯이, 그것 또한 비유적 표현에 불과하다는 것을 잊지 말아야 한다. 이 '연꽃'은 영혼이 발달하지 못한 사람의 경우, 그 색깔이 어둡고 아무런 움직임 없이 조용히 있다. 하지만 투시자의 경우는 환하게 빛나는 색채의 명암을 띠고 있으며 움직인다. 영매의 경우에도 유사점이 있으나 그 방식이 다르다. 이 자리에서는 이 점에 관해서 더 자세히 다루지 않겠다.

신비 수행자가 수행을 시작하면 우선 연꽃이 빛나기 시작한다. 이윽고 그것은 회전하기 시작하는데, 여기에 이르면 투시 능력이 시작되었다고 할 수 있다. 이 '꽃'이 영혼의 감각 기관이기 때문이다.[20] '연꽃'의 회전은 초감각적인 것 속에서 지각이 이루어짐을 표현하는 것이다. 이러한 방식으로 자신의 아스트랄적 감각을 기르기 전에는 그 누구도 초감각적인 것을 볼 수 없다.

후두 근처에 있는 정신적 감각 기관은 다른 영혼 존재들의 **사고 방식**을 훤히 투시할 수 있게 한다. 그것은 또한 자연 현상의 진정한 법칙을 보다 깊이 통찰할 수 있게 한다. 심장 근처에 있는 기관은 다른 영혼들이 지닌 **의향의 양상**을 훤히 인식할 수 있게 한다. 그 기관을 육성한 사람은, 동식물에게

---

20) '회전'은 물론이고 '연꽃' 자체의 이 같은 지각과 관련해서도 '색깔을 봄'에 관한 앞의 주에서 말한 것이 그대로 적용된다.

보다 깊숙이 있는 특정한 힘 역시 인식할 수 있다. 이른바 명치 가까이에 있는 감각을 통해서는 영혼들이 지닌 **능력**과 **재능**을 알게 된다. 이 기관으로 동물과 식물과 돌과 금속과 대기 현상 등등이 자연의 체계에서 어떤 역할을 하는지 투시할 수 있다.

후두 주변의 기관은 '꽃잎' 또는 '바퀴살'을 열여섯 개 가지고 있으며, 심장 근처의 기관은 열두 개, 명치 가까이에 있는 기관은 열 개 가지고 있다.

영혼의 특정한 활동은 이러한 감각 기관들의 육성과 관련되어 있다. 이런 활동을 정해진 방식으로 수행하는 사람은, 해당하는 정신적 감각 기관들의 육성에 뭔가 기여한다. '열여섯 장의 꽃잎을 지닌 연꽃'에서 여덟 장의 꽃잎은 태곳적에 이루어진 인간의 초기 발달 단계에서 이미 형성되어 있었다. **이러한** 형성에서 인간 자신이 기여한 바는 전혀 없다. 그가 아직 몽환적이고 흐릿한 의식 상태에 있었을 때 그 여덟 장의 꽃잎을 자연의 선물로 받은 것이기 때문이다. 그 당시의 인류 발달 단계에서부터 그 꽃잎들은 활동하고 있었다. 그렇지만 이러한 종류의 활동은 저 흐릿한 의식 상태와 화합하는 것이었다. 그 후 의식이 밝아졌을 때, 그 꽃잎들은 어두워지고 활동은 정지된다. 다른 여덟 장의 꽃잎은 인간 자신의 의식적인 수행을 통해 형성될 수 있다. 수행을 통해 연꽃 전체는 환하게 빛을 내며 움직일 수 있게 된다. 특정한 능력의 획득은 열여섯 장의 꽃잎이 각각 다 발달하는 데 달려 있

146

다. 그렇지만, 이미 암시되어 있듯이, 인간이 발달시킬 수 있는 것은 그 가운데 여덟 장뿐이다. 그 여덟 장을 발달시키면 나머지 여덟 장은 저절로 나타난다.

꽃잎들의 발달은 다음과 같은 방식으로 이루어진다. 보통 때에는 관심을 기울이지 않는 영혼의 어떤 특정한 과정에 주목하고 관심을 기울여야 하는데, 그 과정은 여덟 가지가 있다.

첫 번째 과정은 관념을 자기 것으로 만드는 방식이다. 이와 관련하여 보통 인간은 전적으로 우연에 자기를 내맡긴다. 그는 이러저러한 것을 듣고 보며, 그에 따라 자신의 개념을 만들어 낸다. 그가 그런 식으로 처신하는 한, 열여섯 장의 꽃잎을 지닌 그의 연꽃은 아무런 활동도 하지 않은 채 있다. 여기서 말하는 방향에 따라 자기 교육에 착수할 때 비로소 그의 연꽃은 활동적으로 되기 시작한다. 이를 목적으로 그는 자신의 관념에 주의를 기울여야 한다. 각각의 관념이 그에게 의미를 갖게끔 되어야 한다. 그 속에서 그는 외부 세계의 사물들에 관한 특정한 메시지나 정보를 보아야 한다. 그는 그와 같은 의미를 지니지 못하는 관념에 만족해서는 안 된다. 그는 자신의 개념 생활 전체를 조정해서, 그것이 외부 세계의 충실한 거울이 되게끔 해야 한다. 그는 잘못된 관념을 자신의 영혼에서 멀리 떼어놓기 위해 노력해야 한다.

영혼의 두 번째 과정은, 첫 번째 과정과 비슷한 방향에서, 인간의 결단과 관계 있다. 아무리 사소한 일이라도 충분히 숙고하여 근거를 가지고 스스로 결정해야 한다. 아무런 생각도 없는 모든 행동, 아무런 의미도 없는 모든 행위를 자기 영혼에서 멀리 떼어놓아야 한다. 모든 일에 대해 그는 충분히 숙고된 근거를 가져야 한다. 그리고 그는 의미 있는 근거가 없는 일이라면 그만두어야 한다.

세 번째 과정은 말과 관계 있다. 신비 수행자는 의미와 중요성을 지닌 말만을 해야 한다. 말을 위한 말은 그를 수행의 길에서 멀어지게 할 뿐이다. 수행자는 무분별하고 잡다하게 모든 것이 뒤죽박죽 말해지는 통상적인 대화를 피해야 한다. 그렇다고 해서 주위 사람과 교류하지 말라는 뜻은 아니다. 바로 그 교류 속에서 그의 말이 의미 있게 전개되도록 해야 한다는 뜻이다. 그는 어떤 사람과도 대화를 나누지만 생각을 충분히 하고 모든 방향에서 숙고하여 그렇게 하는 것이다. 그는 근거 없는 말은 결코 하지 않는다. 그는 말을 너무 많이 하려 하지 않으면서 너무 적게 하려고도 하지 않는다.

영혼의 네 번째 과정은 **외적** 행동의 조절이다. 신비 수행자는 주위 사람의 행동과 주변 상황에 걸맞게 행동하려고 노력한다. 그는 다른 사람에게 방해되거나 자기 주위에서 일어나는 일과 모순되는 행동은 자제한다. 그는 자기 행동이 주변과 생활 상황 등등에 조화롭게 편입되도록 행동하려고 한다. 자기에게 속하지 않는 무언가 다른 것에 의해 행동이 유발될 때, 그는 어떻게 하면 그 유발 동기에 가장 잘 부합할 수 있을지를 깊게 생각하고 신중하게 관찰한다. 자발적으로 행동할 때에는 자신의 행위 방식이 끼치는 효과를 아주 명확하게 고려한다.

여기에서 고찰되는 다섯 번째 과정은 생활 전체의 수립과 관련된다. 신비 수행자는 자연과 정신에 부합되게 살려고 노력한다. 그는 너무 서두르지도 않고 너무 게으르지도 않다. 지나치게 많이 일하는 태도와 지나치게 게으른 태도 모두 다 그와는 거리가 멀다. 그는 생활을 수련의 수단으로 여기며, 이에 부합하도록 살아간다. 건강 관리, 습관 등등을 조정해서 조화로운 생활이 되도록 한다.

여섯 번째 과정은 인간적인 노력과 관계 있다. 신비 수행자는 자신의 역량과 능력을 시험하며, 그러한 자기 인식의 의미에서 행동을 취한다. 그는 자기 힘이 닿지 않는 일은 하려고도 하지 않지만, 자기 힘이 미치는 일을 그만두려고도 하지 않는다. 다른 한편 그는 여러 가지 이상, 인간의 위대한 의무와 관련된 목표를 설정한다. 그는 아무런 생각도 없이 자기를 하나의 톱니바퀴로서 인간 동력 장치 속에 끼워 넣는 것이 아니라, 일상적인 차원을 넘어서 있는 자신의 과제를 파악하고자 한다. 그는 자신의 의무를 점점 더 훌륭하고 완벽하게 수행하고자 노력한다.

영혼 생활에서의 일곱 번째 과정은, 인생에서 가능한 한 많은 것을 배우려는 노력과 관계 있다. 신비 수행자에게는, 그의 삶에 유익한 경험을 모을 계기를 제공하지 않고 지나가는 일이라고는 단 하나도 없다. 그가 어떤 일을 부정확하고 불완전하게 행했다 하더라도 그것은 나중에 비슷한 일을 정확하게 또는 완벽하게 하는 하나의 계기가 된다. 다른 사람들이 행동하는 것을 볼 때에도 그는 이와 비슷한 목표를 가지고 그들을 관찰한다. 그는 경험이라는 풍성한 보물을 모으고, 그것을 끊임없이 신중하게 이용하고자 한다. 그는 결단을 내리고 실행에 착수할 때 도움이 될 수 있는 체험들을 되돌아보지 않고는 아무 일도 하지 않는다.

신비 수행자가 매순간 자기 내면을 응시해야 한다는 것이, 마지막 여덟 번째 과정이다. 그는 자기 안에 깊이 들어가 신중하게 자기 자신을 성찰하고, 생활 원칙을 세우고 시험하며, 경험적 지식을 철저히 사고하고 그의 의무를 숙고하며 인생의 내용과 목적에 관해서 깊게 사유하는 등등의 일을 해야 한다.

이 모든 일은 이미 앞에 있는 장에서 말했다. 여기에서는 열여섯 장의 꽃잎을 지닌 연꽃의 발달과 관련해서 열거할 따름이다. 수행을 통해서 연꽃은 점점 더 완전하게 된다. 투시 능력의 육성이 그러한 수행에 달려 있기 때문이다. 예컨대 어떤 사람이 생각하고 말하는 것이 외부 세계에서의 발전 과정과 일치하면 할수록, 투시 능력은 더 빨리 개발된다. 참되지 않은 것을 생각하거나 말하는 사람은, 열여섯 장의 꽃잎을 지닌 연꽃의 싹을 죽이는 행위를 하는 사람이다. 진실성, 올곧음, 정직성은 이러한 측면에서 건설적으로 작용하는 힘이며, 허위, 기만, 불성실은 파괴적으로 작용하는 힘이다.

신비 수행자는 이때 '좋은 의도' 뿐만 아니라 현실적인 행동도 중요하다는 것을 알아야만 한다. 내가 현실과 부합하지 않는 것을 사고하고 말하면, 비록 여전히 좋은 의도를 갖고 있다는 믿음이 있더라도, 정신적 감각 기관 속에 있는 무언가를 파괴하는 것이다. 이는 마치 어린아이가 비록 모르고 한 일이라도 불 속에 손을 집어 넣으면 화상을 입는 것과 같다.

앞서 말한 영혼의 과정이 그 특징이 묘사된 방향으로 실행된다면, 열여섯 장의 꽃잎을 지닌 연꽃은 장려한 색채로 빛을 발하게 되고 합법칙적인 운동을 부여받게 된다. 그렇지만 이때 주의해야 할 것은, 영혼이 일정 정도 육성되기 전에는 투시 능력이 나타날 수 없다는 사실이다. 생활을 이러한 방향으로 이끌려고 여전히 애쓰는 동안에는 이러한 능력이 드러나지 않는다. 앞서 서술된 과정에 각별한 주의를 기울여야 하는 한, 그는 아직 성숙하지 않은 것이다. 언급된 방식의 삶을, 마치 습관적으로 하듯이, 그렇게 살 수 있게 되었을 때에야 비로소 투시의 첫 흔적이 나타난다. 그러면 그런 일들은 더 이상 애쓸 필요가 없는 자명한 생활 방식이 되었음에 틀림없다. 자기 자신을 계속 관찰하고 몰아쳐 가며 그런 식으로 살도록 할 필요가 없게 된다. 모든 것은 습관이 되었음에 틀림없다.

열여섯 장의 꽃잎을 지닌 연꽃을 다른 방식으로 발달시키는 모종의 지침들이 있다. 참된 신비학은 그러한 모든 지침들을 포기한다. 왜냐하면 그것들은 몸의 건강을 파괴하고 도덕적 파탄을 낳기 때문이다. 그 지침들은 여기에서 서술되는 것보다 실행하기가 더 쉽다. 여기에서 서술되는 것은 시간이 걸리고 노력이 필요하다. 그러나 이것은 확실한 목표로 인도해 주며 도덕적인 힘을 강화시킬 수 있다.

연꽃의 왜곡된 육성은 모종의 투시 능력이 나타날 경우에 환상과 공상적 관념을 낳을 뿐만 아니라 일상 생활을 미망에 빠뜨리고 불안정하게 만든다. 그런 식의 육성을 통해서 사람들은 겁이 많고 질투와 허영심이 강하며 거만하고 아집에 가득 찬 사람이 되는데, 이 모든 속성은 이전에는 없었던 것이다.

열여섯 장의 연꽃잎 가운데 여덟 장은 이미 아주 오래 전에 개발되었으며 이것들이 신비 수행 과정에서 다시 저절로 나타난다는 것은 앞에서도 말했다. 이제 신비 수행자의 노력에서 모든 관심은 다른 여덟 장의 꽃잎에 쏟아져야 한다. 잘못된 수행에서는 이전에 개발된 꽃잎들만 쉽게 나타나며 새로이 형성되어야 하는 꽃잎들은 위축되어 있다. 이는 수행 과정에서 논리적, 이성적 사유에 너무 무관심할 때 특히 자주 생기는 일이다. 신비 수행자가 명료한 사유를 중시하는 합리적 인간이라는 것은 더할 나위 없이 중요한 일이다. 그리고 말을 할 때 최대한 분명하게 하려고 노력하는 것은 더더욱 중요하다. 뭔가 초감각적인 것을 예감하기 시작하는 사람들은 이에 관해 말하기를 좋아하게 된다. 그로써 그들은 자신들의 올바른 발달을 가로막는다. 이 일에 관해 말을 적게 하면 적게 할수록 더 낫다. 어느 정도 분명한 인식을 얻게 되었을 때 비로소 말해야 할 것이다.

보통 가르침을 처음 받는 신비 수행자들은, 이미 정신적 수행을 거친 사람에게 자신들의 체험을 아무리 말해도 그가 별 '호기심'을 보이지 않는 데에 놀란다. 자신들의 체험에 관해 일체 침묵하고자 하는 경우, 그리고 수행을 하거나 지침을 따르는 일의 성공 여부에 관해 더 이상 말하려 하지 않는 경우가 그들에게 가장 유익하다. 이미 정신적 수행을 거친 사람이 진보를 판단할 때 수행자들이 하는 직접적인 말과는 다른 전거(典據)를 가지고 있기 때문이다. 열여섯 장의 꽃잎을 지닌 연꽃에서 문제가 되는 여덟 장의 꽃잎은 부드럽고 유연하게 유지되어야 하는데도, 수행자의 그와 같은 말을 통해 늘 다소 딱딱하게 굳어진다.

이를 설명하기 위해 하나의 예를 들도록 하자. 명료성을 띠도록 그 예를 초감각적 생활이 아니라 일상 생활에서 취하고자 한다. 내가 어떤 소식을 듣고 그에 관해 곧바로 어떤 판단을 내린다고 가정하자. 그 후 얼마 지나지 않아 나는 동일한 사태에 관해 첫 번째 소식과는 일치하지 않는 더 많은 소식을 듣게 된다. 이 때문에 나는 이미 내린 판단을 바꾸지 않을 수 없게 된다. 그 결과, 열여섯 장의 꽃잎을 지닌 나의 연꽃에는 불리한 영향이 미친다. 맨 처음에 판단을 자제했더라면, 완전히 확실한 판단 근거를 가질 때까지 일 전체에 관해 내적으로 생각하는 데에서나 외적으로 말하는 데에서 '침묵' 했었더라면, 사태는 전혀 다르게 되었을 것이다. 판단하고 말할 때 신중을 다하는 것은 점차 신비 수행자의 특징이 된다.

이에 반해 인상과 경험에 대한 그의 감수성은 성장하는데, 어쩔 수 없이 판단해야 할 때 그는 가능한 한 많은 근거를 만들어 내기 위해 조심스럽게 마음속에서 그런 인상과 경험을 떠올린다. 그와 같은 신중함을 통해 나타나는 연꽃잎들에는 청색이 깃든 적색과 장밋빛 색조가 있다. 다른 경우에는 암적색과 오렌지 빛 색조가 나타난다. 열여섯 장의 꽃잎을 지닌 연꽃[21]과 비슷한 방식으로 열두 장의 꽃잎을 지닌 연꽃이 심장 근처에서 형성된다. 이 경우에도 꽃잎의 절반은 인간의 지나간 발전 단계에 이미 활동하던 것이다. 그렇기 때문에 이 여섯 장의 꽃잎은 신비 수행에서 특별히 육성될 필요가 없다. 그것들은 다른 여섯 장의 꽃잎이 활성화되면 저절로 나타나 회전하기 시작한다. 이러한 발달을 촉진하기 위해서 거듭 특정한 영혼 활동들에 일정한 방향을 의식적으로 부여해야 한다.

---

21) 정통한 사람이라면 열여섯 장의 꽃잎을 지닌 연꽃을 발달시키기 위한 조건들 속에서 부처가 제자들에게 '오솔길'을 위해 주었던 지침을 재인식할 것이다. 그렇지만 여기에서 중요한 것은 '불교'를 가르치는 것이 아니라 신비학 자체에서 생겨나는 발달 조건들을 서술하는 것이다. 그것들이 부처의 어떤 가르침과 일치한다는 사실이, 그것들 **자체**를 참된 것으로 여기는 것을 방해할 수는 없다.

각각의 정신 감각 또는 영혼 감각이 지각하는 것들이 서로 다른 성격을 띤다는 사실을 이제 분명히 알아야 한다. 열두 장의 꽃잎을 지닌 연꽃은 열여섯 장의 꽃잎을 지닌 연꽃과는 다른 지각을 매개한다. 후자의 연꽃은 형태들을 지각한다. 한 영혼이 지니고 있는 사고 방식과 자연 현상이 전개될 때 따르는 법칙들을 열여섯 장의 꽃잎을 지닌 연꽃은 형태로 지각한다. 이것은 고정되고 움직이지 않는 형태가 아니라 생명으로 충만한 역동적 형식이다. 이러한 감각의 개발이 이루어진 투시자는 어떠한 사고 방식, 어떠한 자연 법칙에 대해서도 그 표현 형식을 말해 줄 수 있다. 이를테면 복수심은 끝이 뾰족한 화살 같은 모습을 띠며, 호의적인 생각은 활짝 핀 꽃 모양을 하는 경우가 많다. 명확하고 의미 있는 생각은 규칙적이고 균형 잡힌 모습을 하고 있으며, 분명하지 않은 개념은 주름잡힌 윤곽을 지니고 있다.

열두 장의 꽃잎을 지닌 연꽃을 통해서는 전혀 다른 지각들이 나타난다. 이러한 지각의 양상은 영혼의 온기와 영혼의 냉기와 같은 표현을 통해 근사치로 특징지어질 수 있다. 이러한 감각을 겸비한 투시자는 열여섯 장의 꽃잎을 지닌 연꽃을 통해 지각하는 형태들에서 그와 같은 영혼의 온기나 냉기가 발산되는 것을 느낀다.

어떤 투시자가 열여섯 장의 꽃잎을 지닌 연꽃만 개발했을 뿐, 열두 장의 꽃잎을 지닌 연꽃은 개발하지 않았을 경우를 한번 생각해 보라. 그럴 경우 그는 호의적인 생각을 접하면 단지 위에서 기술된 형태만을 보는 데 그칠 것이다. 두 가지 감각을 다 육성한 투시자는 영혼의 온기라 부를 수 있는 생각의 발산도 같이 느낀다. 신비 수행에서는 어느 한쪽의 감각만 육성되는 법이 결코 없다. 따라서 위에서 든 예는 사태를 분명히 하기 위한 가정에 지나지 않는다는 말을 덧붙여야 겠다. 열두 장의 꽃잎을 지닌 연꽃의 육성을 통해서 투시자에게는 자연의 운행 과정에 대한 깊은 이해도 나타난다. 성장과 발전에 근거를 두고 있는 것은 모두 영혼의 온기를 발산한다. 쇠퇴와 파괴와 몰락 가운데 있는 것은 모두 영혼의 냉기라는 특성을 띠고 나타난다.

이러한 감각의 육성은 다음과 같은 방식으로 촉진된다. 이와 관련하여 신비 수행자가 준수하는 첫 번째 일은, 사고의 진행 과정을 통제하는 것이다(이른바 사고의 제어). 열여섯 장의 꽃잎을 지닌 연꽃이 의미 있는 진실한 사고를 통해 개발되듯이, 열두 장의 꽃잎을 지닌 연꽃은 사고의 진행을 내적으로 지배함으로써 개발된다. 의미 없고 논리적이지 못하고 순전히 우연적으로 어우러져 오락가락하는 사고가 이 연꽃의 형태를 망쳐 놓는다. 하나의 생각이 다른 생각에서 논리적으로 전개되면 될수록, 비논리적인 것이 배제되면 될수록, 이 감각 기관은 그만큼 더 그에 합당한 형태를 띠게 된다. 비논리적인 생각을 듣게 될 경우 신비 수행자는 곧바로 올바른 것을 차근히 생각한다. 그는 자신의 발달을 촉진할 목적으로, 어쩌면 비논리적일 수 있는 주변 환경으로부터 아무런 애정도 없이 벗어나서는 안 된다. 또 자기 주변에 있는 비논리적인 것을 즉각 교정하고자 하는 충동을 느껴서도 안 된다. 그는 오히려 아주 조용하게 자신의 내면 속에서, 외부로부터 자기에게 밀려들어 오는 생각들에 대해 논리적이고 시종일관한 방향을 부여한다. 그리고 그는 자기 자신의 생각 속에서 늘 이러한 방향을 엄수하려고 노력한다.

두 번째 일은 자신의 행동에도 그와 똑같은 일관성을 부여하는 것이다(행동의 제어). 행동에서의 불안정과 부조화는 지금 말하고 있는 연꽃을 망쳐 놓는다. 신비 수행자가 어떤 행동을 할 때, 이어지는 행동이 앞선 행동에 대해 논리적인 일관성을 가지도록 한다. 어제와는 다른 의미에서 오늘 행동하는 사람은, 앞서 그 특징을 말한 감각을 결코 개발하지 못한다.

세 번째 일은 지속력을 강화하기 위한 교육이다. 신비 수행자는 이런저런 영향 때문에 자신이 설정한 목표에서 멀어질 수 없는 법이다. 그가 그 목표를 올바른 것으로 여기는 동안에는 말이다. 그에게 장애란 그것을 극복하라는 요구이지, 포기의 이유가 될 수 없다.

네 번째 일은 인간들, 다른 존재와 사실들에 대한 관대함(관용)이다. 신비 수행자는 불완전한 것, 악한 것과 나쁜 것에 대한 불필요한 비판을 일체 억제하며, 오히려 자신에게 다가오는 모든 것을 파악하고자 애쓴다. 태양이 나쁜 것과 악한 것 모두에 두루두루 그 빛을 던지듯이, 그는 모든 일에 대해 이해심에 찬 관심을 보인다. 어떤 불쾌한 일을 당하더라도 그는 부정적인 판단을 내리는 것이 아니라 거기에 내포되어 있는 필연적인 것을 의연히 받아들이고 그의 힘이 미치는 한 사태를 좋은 쪽으로 돌리고자 노력한다. 자신과는 다른 의견들을 자신의 입장에서만 관찰하는 것이 아니라 처지를 바꾸어서 생각하려고 한다.

다섯 번째 일은 생활 현상에 얽매이지 않는 것이다. 이와 관련하여 '믿음' 또는 '신뢰'라고들 말하기도 한다. 신비 수행자는 어떤 인간, 어떤 존재에 대해서도 이러한 신뢰로써 대한다. 행동할 때 그는 그러한 신뢰로 가득 차 있다. 어떤 일을 전해 듣게 될 경우, 신비 수행자는 그것이 기존의 자기 견해에 맞지 않는다고 해서 믿지 못하겠다고 생각하는 법이 결코 없다. 오히려 그는 자신의 생각과 견해를 새로운 견해에 비추어 항상 시험하고 바로잡을 태세가 되어 있다. 그는 자신에게 다가오는 모든 일에 대해 늘 마음을 열어 두고 있다. 그리고 그는 자기가 하는 일의 유효성을 신뢰한다. 소심증과 의심벽을 자신의 존재에서 추방한다. 어떤 의도를 가지고 있다면, 그는 이러한 의도의 힘에 대한 믿음 역시 가지고 있다. 수백 번 실패한다 하더라도 그는 이러한 믿음을 잃지 않는다. 이것이 바로, '산이라도 옮길 수 있는 믿음'이다.

여섯 번째 일은 생활에서 확실한 균형(침착함)을 획득하는 것이다. 신비 수행자는 고통이 닥치든 기쁜 일이 닥치든 한

결같은 기분을 유지하려고 노력한다. '하늘을 오를 듯이 기뻐함과 죽고 싶을 만큼 슬퍼함' 사이를 오가는 버릇을 버린다. 그는 불행이나 위험에 처해도 행운이나 후원을 만난 것과 마찬가지의 마음가짐을 가진다.

정신학의 글들을 읽는 독자는 이상에서 서술된 것이 이른바 '여섯 가지 특성'으로 열거되고 있는 것을 발견할 것이다. 정신계에 입문하고자 하는 사람은 그 특성을 발달시켜야 한다. 여기에서는 열두 장의 꽃잎을 지닌 연꽃이라 불리는 영혼 감각과 그러한 특성이 지닌 연관 관계가 설명될 것이다.

신비 수행은 이러한 연꽃을 성숙시키는 특별한 지침들을 제공할 수도 있다. 하지만 이 경우에도 이런 감각 기관의 규칙적인 형식을 육성하는 일은 앞서 열거한 특성의 발달에 달려 있다. 이러한 발달이 간과될 경우, 그 기관은 일그러진 모양으로 형성된다. 그리고 이 때문에 이러한 방향으로 어떤 투시 능력이 육성되면 앞서 말한 특성이 좋은 쪽이 아니라 나쁜 쪽으로 향할 수도 있다. 그렇게 되면 사람은 주위 환경에 대해 특히 관대함과 참을성을 잃게 되고 거부하는 태도를 지니게 될 수 있다. 예컨대, 그는 다른 영혼의 의향에 너무 민감해져서 그것을 무시해 버리거나 증오할 수도 있다. 자기와 다른 견해를 대하면 그에게 덮쳐 오는 영혼의 냉기 때문에 상대방의 말을 전혀 경청할 수 없게 되거나 배척하는 태도를 취하게 될 정도로 나아갈 수도 있다.

앞서 말한 모든 것에 덧붙여서 수행자가 스승으로부터 구두로만 전해 받을 수 있는 특정한 지침들도 잘 지키면, 연꽃의 개발은 적절하게 촉진된다. 이때 주어지는 지침들은 철두철미하게 진정한 신비 수행으로 이끈다. 신비 수행을 철저히 행할 의사나 그럴 능력이 없는 사람에게도, 앞서 말한 방향에서 생활을 꾸려 나가는 것은 유익하다. 그도 그럴 것이, 영혼 조직에 가해진 영향은 비록 오랜 시간이 걸린다 하더라도 반드시 나타나기 때문이다. 그러므로 신비 수행자는 이러한 원칙들을 반드시 지켜 나가야 한다.

그런 원칙들을 준수하지 않은 채 신비 수행을 시도할 경우, 부족함이 많은 사고의 눈을 가지고 고차 세계에 들어갈 수도 있다. 그렇게 되면 그는 진리를 인식하는 대신에 환각과 환상에 사로잡히게 된다. 그가 어떤 측면에서는 투시 능력을 지닐 수 있게 된다 하더라도 근본적으로는 이전보다 더 큰 맹목성에 빠져 있을 따름이다. 그도 그럴 것이, 예전에 그는 적어도 감각 세계 내부에 견실히 자리를 잡았고 또 거기에서 확실한 발판을 가졌기 때문이다. 하지만 이제 그는 이러한 감각 세계 뒤쪽을 보게 되는 것이며, 확실하게 고차 세계에 있기 전에는 이 감각 세계에서마저 헷갈리게 된다. 이렇게 되면 그는 참된 것과 그릇된 것을 더 이상 구분할 수 없게 되고, 생활에서 일체의 방향을 잃어버리고 만다.

바로 이러한 이유 때문에 **인내심**이 이런 일들에서 필요하다. 정신학이 그 지침들을 통해, '연꽃들'을 적절히 제어하는

160

가운데 개발하려고 열심인 태도 그 이상으로 나아가서는 안 **된다**는 점을 항상 명심해야 한다. 이 꽃들이 각각에 할당된 **형식**을 안정된 방식으로 획득하기 전에 **성숙**해 버린다면, 피어나는 것은 이 꽃들의 진정한 희화(戲畵)일 것이다. 정신학의 특수한 지침들은 그 꽃들이 **성숙되게** 하지만, 형식은 앞서 서술된 생활 방식을 통해 주어지는 것이기 때문이다.

열 장의 꽃잎을 지닌 연꽃의 개발을 위해 필요한 영혼의 육성은 특히 섬세한 성질을 지니고 있다. 여기에서는 감각 인상 자체를 의식적으로 다스리는 법을 배우는 것이 중요하기 때문이다. 수행 중에 있는 투시자에게는 이것이 특히 필요하다. 그는 이를 통해서만 무수한 환상 및 정신적 자의성의 원천을 피할 수 있다. 통상적으로 사람들은 자신들의 착상과 기억이 무엇에 의해 지배되고 있으며 무엇을 통해 야기되는지에 관해 아무것도 모르고 있다.

다음과 같은 경우를 상정해 보라. 누군가가 기차를 탄다. 그는 어떤 생각에 몰두해 있다. 갑자기 그의 생각이 전혀 다른 방향으로 나아간다. 그는 수년 전에 있었던 어떤 체험을 기억해 내며, 그것을 지금의 상념과 뒤엉키게 만든다. 그러나 그때 그는 자신의 눈길이 차창 밖을 내다보면서 예전의 체험에 결부되었던 어떤 사람과 닮은 한 인물에게 향해 있음을 전혀 알아채지 못한다. 그가 보았던 것은 그에게 전혀 의식되지 않고, 단지 그 효과만이 의식된다. 그래서 그는 그 일이 '저절로 떠올랐다'고 생각한다. 생활에서 그와 같은 식으로 나타나는 경우가 얼마나 많은가.

　우리가 경험하고 읽었던 것들이, 그 연관 관계가 의식되지 않은 채 우리 생활에 얼마나 깊이 작용하고 있는가. 예를 들면, 어떤 사람은 특정한 색깔만 보면 못 견디는 수가 있다. 하지만 그는, 몇 년 전에 자신을 괴롭혔던 선생이 바로 그 색깔의 정장 윗옷을 입었기 때문에 그렇다는 사실을 전혀 깨닫지 못한다. 수많은 환상들이 그와 같은 연관 관계에서 생겨난다. 많은 일이 의식화되지는 않은 채 영혼에 새겨진다. 다음과 같은 경우가 일어날 수 있다. 누군가가 신문에서 저명 인사의 부고를 읽게 된다. 그는 이 죽음을 이미 '어제', 비록 그렇게 생각할 수 있게 하는 어떤 정보를 듣지도 보지도 못했지만, 예감했노라고 강력하게 주장한다. 그 사람이 죽으리라는 생각이 '어제', '저절로' 그에게 떠오른 것은 사실이다. 그는 단지 한 가지 일에 주의하지 않았을 뿐이다. '어제' 그 생각이 떠오르기 몇 시간 전에 그는 아는 사람 집을 방문했었다. 그 집 책상 위에는 신문 한 장이 놓여 있었다. 그는 그 신문을 읽지 않았다. 하지만 무의식적으로 그의 눈길은 그 저명 인사가 중병에 걸렸다는 기사로 갔다. 그 인상이 그에게 의식되지는 않았다. 하지만 '예감'은 그것의 효과였다.

　그러한 일들을 곰곰이 생각해 보면, 그 같은 상황에서 생기는 환상과 공상의 원천이 어떤 것인지를 알아낼 수 있을 것이다. 열 장의 꽃잎을 지닌 연꽃을 육성하고자 하는 사람은 바로 그 원천을 봉쇄해야 한다. 이 연꽃을 통해 사람들은 깊숙이 숨겨져 있는 영혼의 특성을 지각할 수 있는데, 앞서 말한 착각에서 완전히 자유로워질 때에만 이 지각에 진실성이 부여될 수 있기 때문이다. 그러기 위해서는 외부 세계가 가해 오는 작용을 자유자재로 다스릴 수 있어야 한다. 받아들이고 **싶은 의사**가 없는 인상을 실제로도 받아들이지 않는 정도가 되어야 한다. 그와 같은 능력은 엄격한 내면 생활을 통해서만 획득될 수 있다. 주의를 기울이는 사물들만이 자신에게 영향을 끼치도록, 그럴 의사도 없는데 그냥 쏠리게 되는 인상에서 벗어날 수 있게끔 의지를 키워야 한다. 보는 것을 **보고자** 해야 하며, 아무런 주의도 기울이지 않는 것은 실제로 존재하지 않아야 한다. 영혼의 내적 활동이 생생하고 활기차게 되면 될수록, 그 상태에 그만큼 더 많이 도달하게 될 것이다.

신비 수행자는 아무런 생각도 없이 이런저런 일들을 보고 듣는 태도를 일체 삼가야 한다. 그에게는 귀를 기울이고 눈길을 보내는 것만이 존재해야 한다. 아무리 큰 소동이 벌어지더라도 그가 듣고 싶지 않을 때에는 아무것도 들을 필요가 없도록 단련해야 한다. 굳이 응시하지 않는 사물들에 대해서는 그의 눈이 둔감하도록 만들어야 한다. 말하자면, 모든 무의식적 인상에 대해서 영혼의 갑옷을 두르고 있어야 한다는 말이다.

그는 특히 사고 생활 자체를 이러한 방향에 따라 신중히 다루어야 한다. 어떤 생각을 계속할 때 그는 자기가 완전히 의식적으로, 전적으로 자유롭게 그 생각에 연결시킬 수 있는 것만을 사고하려고 시도한다. 그는 임의적인 착상들을 피한다. 어떤 생각을 또 다른 생각과 연결하고자 할 때, 그에게 후자의 생각이 든 곳이 어디인지를 신중하게 숙고한다.

그는 더 앞으로 나아간다. 예컨대, 어떤 일에 일정한 반감을 갖게 되면, 그는 그 반감에 맞서 싸우고 그 일에 대해 **의식적인** 관계를 만들어 내고자 노력한다. 이런 식으로 무의식적인 요소들이 그의 영혼 생활 속에 뒤섞여 들어가는 정도가 점점 더 줄어든다. 열 장의 꽃잎을 지닌 연꽃은 그와 같이 엄격한 자기 훈육을 통해서만 바람직한 형태를 얻게 된다. 신비 수련생의 영혼 생활은 주의력이 기울어진 생활이 되어야 한다. 주의력을 기울이고 싶지 않거나 그렇게 해서는 안 되는 것을 실제로 멀리할 줄 알아야 한다.

신비학의 지침에 부합하는 명상이 그와 같은 자기 훈육에 더해지면, 명치 부근에 있는 연꽃이 올바른 방식으로 성숙된다. 그리고 앞서 서술한 정신적 감각 기관들을 통해서는 형태와 온기만을 가졌던 것이, 이제 정신적인 빛과 색깔을 띠게 된다. 이를 통해, 예컨대 영혼이 지닌 재능이나 능력, 자연의 힘이나 숨겨진 특성이 그 모습을 드러낸다. 활기찬 존재가 지닌 색의 아우라가 이를 통해 가시화되며, 우리 주위에 존재하는 것은 이를 통해 자신의 영혼적 특성을 드러낸다.

사람들은 바로 이 영역에서 개발이 이루어질 때 가장 신중해야 한다는 점을 인정할 것이다. 여기에서 무의식적 기억의 유희가 엄청나게 활발해지기 때문이다. 만약 그런 일이 벌어지지 않는다면, 여기에서 문제가 되는 감각을 많은 사람들이 곧바로 지니게 될 것이다. 우리가 감각 인상을 실제로 완벽하게 지배하여 우리의 주의력이 그 인상을 자유롭게 처리할 수 있다면, 그 감각은 거의 즉각적으로 나타날 것이기 때문이다. 외적 감각의 힘이 이 영혼의 감각을 약화시키고 무디게 하는 동안에만, 후자의 감각은 제대로 작동하지 않는다.

복부에 있는 여섯 장의 꽃잎을 지닌 연꽃을 육성하는 일은 앞서 기술한 연꽃을 육성하기보다 더 어렵다. 여섯 장의 꽃잎을 지닌 연꽃을 육성하기 위해서는 자기 의식을 통해서 인간 전체를 완벽하게 지배하려는 노력이 이루어져야 하며, 그리하여 몸과 영혼과 정신이 완벽한 조화 속에 있어야 하기 때문이다. 몸이 하는 일, 영혼의 성향과 정열, 정신의 사고와 이념이 서로 완벽하게 조화되어야 한다. 몸은, 영혼과 정신을 위해 발생하지 않은 일에 기관들이 쏠리는 일이 없도록 정제(精製)되고 정화되어야 한다. 영혼이 몸 때문에 순수하고 고귀한 생각에 모순되는 욕망과 열정으로 쏠리는 일이 있어서는 안 된다. 한편, 정신은 마치 노예 관리인처럼 계명과 법칙을 통해 영혼을 지배해서는 안 된다. 영혼은 자기 자신의 자유로운 성향에서 비롯되어 의무와 명령을 따라야 한다. 신비 수행자에게 의무는 마지못해 하는 일이 아니라 좋아서 하는 일 같은 것이어야 한다.

신비 수행자는 감성과 정신성 사이에서 균형을 이루는 자유로운 영혼을 개발해야 한다. 감성이 그를 자기 쪽으로 끌어내릴 힘을 잃어버렸을 정도로 순화되어 있기 때문에, 그는 마음놓고 감성에 몸을 내맡겨도 될 정도로 성취를 이루어야 한다. 정열이 저절로 올바른 길을 따르기 때문에 거기에 족쇄를 채울 일은 더 이상 필요 없게 되어야 한다. 정욕을 억제하는 일을 필요로 하는 한, 그 사람은 일정한 단계에 오른 신비 수행자라고 할 수 없다. 자기 강제의 대상으로 삼을 수밖에 없는 미덕은 신비 수행자에게 아무런 가치도 없다. 어떤 욕망을 지니고 있는 한, 비록 그 욕망에 따르지 않으려 노력한다 할지라도, 그 욕망은 수행을 방해한다. 이 욕망이 몸에 더 많이 속하는 것인지, 아니면 영혼에 더 많이 속하는 것인지는 아무래도 상관없다.

예를 들어, 누군가가 향락을 멀리하여 자기를 정화하기 위해 특정한 자극 수단을 피할 경우, 그의 몸이 절제하더라도 아무런 부담을 느끼지 않을 때에만 그것은 그에게 도움이 된다. 만일 부담을 느낀다면, 몸은 그 자극 수단을 **욕망하며** 절제는 아무런 가치도 없다는 것이 드러난다. 이 경우에는 일단 노력의 목표를 포기하고, 보다 유리한 감각적 상황이—아마도 다른 생애에서야 그럴 텐데—그에게 주어질 때까지 기다리는 것이 좋다. 어떤 상황에서는 합리적인 포기가, 지금 상황에서는 도저히 얻어질 수 없는 사안을 얻고자 노력하는 것보다 훨씬 더 큰 성취이다. 정말이지 그와 같은 합리적인 포기는 반대의 경우보다 한층 더 발달을 촉진한다.

여섯 장의 꽃잎을 지닌 연꽃을 개발한 사람은 고차 세계에 속하는 존재들과 교류하기에 이른다. 단, 고차 세계의 현존재가 영혼 세계 속에 나타날 때에만 그렇게 된다. 신비 수행은, 수행자가 자신의 **정신**을 한층 더 높은 세계로 고양시킬 수 있는 길 위에서 많이 전진해 있기 전에는 이 연꽃의 개발을 추천하지 않는다. 왜냐하면 본래의 정신 세계에 이같이 입문하는 것은 항상 다른 연꽃들의 육성도 동반해야 하기 때문이다. 그렇지 않을 경우 수행자는 혼란과 불안에 빠진다. 실제로 그가 **보는** 법을 배울는지는 몰라도 보이는 것을 올바른 방식으로 판정하는 능력은 그에게 결여되어 있다.

여섯 장의 꽃잎을 지닌 연꽃을 양성하기 위해 요구되는 일에는 혼란과 불안정에 대한 어떤 방어 기제가 포함되어 있다. 감성(몸)과 정열(영혼)과 이념(정신) 사이에서 완벽한 균형을 획득한 사람은 이 같은 혼란에 쉽게 빠질 수 없을 터이기 때문이다. 그렇다 하더라도 이러한 방어 기제 이상의 것이 필요하다. 물리적 감각의 세계와는 완전히 다른 세계에 속해 있으면서 생명과 독자성을 지닌 존재들이 여섯 장의 꽃잎을 지닌 연꽃의 개발을 통해 사람에게 지각될 수 있으려면 말이다. 이러한 세계에서 확실성을 지니기 위해서는 연꽃들을 양성하는 것만으로는 부족하며, 보다 고차적인 기관(器官)들을 관장해야 한다. 이제, 보다 고차적인 이 기관들의 개발에 관해 말해야겠다. 그러면 다른 연꽃들과 영혼체[22]의 다른 조직에 관해서도 논의할 수 있을 것이다.

꧁꧂

바로 위에서 서술된 것과 같은 영혼체의 육성을 통해 초감각적 현상은 지각될 수 있다. 하지만 이 세계 속에서 진실로 올바른 것을 찾아내고자 하는 사람은, 이 같은 발전 단계에 머물러 있어서는 안 된다. 연꽃의 단순한 역동성만으로는 부족하다. 자신의 정신적 기관들의 운동을 독자적으로, 충만한 의식을 가지고 규제하고 지배할 수 있어야 한다. 그러지 못할 경우 그는 외적인 힘과 세력의 노리갯감이 될 것이다. 그렇게 되지 않으려면, 이른바 '내적인 말'을 들을 수 있는 능력을 획득해야 한다. 그러기 위해서는 영혼체뿐만 아니라 에테르 체도 개발되어야 한다.

에테르 체란, 투시자의 눈에 물리적 신체의 일종의 분신처럼 보이는 저 영묘한 몸이다. 말하자면 그것은 물리적 신체와 영혼체 사이에 있는 중간 단계이다.[23] 투시 능력을 갖추

---

22) 단어의 의미로 볼 때 '영혼체(Seelenleib)'와 같은 표현이 (정신학의 많은 유사 표현과 마찬가지로) 모순을 내포하고 있음은 자명하다. 그래도 이런 표현이 사용되는 까닭은, 투시적 인식이 정신적인 것 속에서 체험되는 것을 마치 물리적인 것 속에서 몸이 지각되는 것처럼 지각하기 때문이다.

23) 여기서의 서술과 필자의 『신지학』에서의 서술을 비교해 보기 바란다.

고 있는 사람은, 자기 앞에 있는 한 인간의 물리적 신체를 완전히 의식적으로 지워 버릴 수 있다. 고차 단계에서 행해지는 이것은, 보다 낮은 단계에서 행해지는 주의력 수행과 다르지 않다. 마치 사람이 자기 앞에 있는 어떤 사물이 자기에게는 존재하지 않는 듯 다른 쪽으로 주의력을 돌릴 수 있는 것과 같다. 이와 마찬가지로 투시자는 물리적 신체를 자기 지각에서 완전히 지워 버림으로써 그것이 자기에게 물리적으로 완전히 투명하게 되도록 할 수 있다. 그가 자기 앞에 있는 한 인간을 대상으로 실행하면, 그의 영혼의 눈앞에는 이른바 에테르 체뿐만 아니라 물리적 신체 및 에테르 체보다 더 크고 그 둘을 꿰뚫고 있는 영혼체가 현존하게 된다.

에테르 체의 크기와 형식은 물리적 신체의 그것과 **비슷한데**, 그것은 물리적 신체가 차지하고 있는 것과 거의 동일한 공간을 채우고 있다. 에테르 체는 지극히 섬세하고 미묘하게 조직된 구성물이다.[24] 그것의 기본 색깔은 무지개에 포함되어 있는 일곱 가지 색깔과 다르다. 그것을 관찰할 수 있는 사람은, 감각적으로 보면 전혀 존재하지 않는 색깔을 알게 된다. 그 색깔은 일단 어린 복숭아꽃 색깔에 비할 수 있다. 에테르 체 자체만을 관찰하고자 하는 사람은, 위에서 말한 것과 비

---

24) '에테르 체(Ätherleib)'라는 표현에 부디 놀라지 말기를 물리학자들에게 부탁 드린다. '에테르'라는 말은, 문제가 되는 구성체의 미묘함을 암시하기 위해서 사용할 따름이다. 물리학적 가설로서의 '에테르'와 여기에서 말하는 '에테르'가 연결될 필요는 전혀 없다.

숫한 행법을 통해 영혼체의 현상도 시야에서 지워 버려야 한다. 이를 행하지 않을 경우, 에테르 체의 모습은 그 전체에 파고 들어오는 영혼체 때문에 변하게 된다.

인간에게 있어서 에테르 체의 부분들은 끊임없이 운동하고 있다. 무수한 흐름들이 에테르 체의 모든 측면을 관통한다. 이러한 흐름들을 통해 생명은 유지되고 조절된다. **살아 있는** 모든 신체는 그와 같은 에테르 체를 지니고 있다. 식물과 동물도 그것을 지니고 있다. 광물에서조차 주의 깊은 관찰자는 그 흔적을 감지할 수 있다.

앞서 말한 흐름은 처음에는 인간의 의지나 의식과는 전혀 무관하게 존재한다. 물리적 신체 속에서 심장이나 위의 활동이 의지와 상관없이 움직이는 것처럼 말이다. 초감각적 능력의 획득이라는 의미에서 자기 연마에 착수하지 않는 한, 이러한 무관성은 존속한다. 의식과는 무관한 에테르 체의 흐름과 운동에다 인간이 직접 의식적인 방식을 통해 생겨나게 한 흐름이나 운동을 추가하는 행위, 바로 여기에 특정한 단계에서 이루어지는 고차적 개발의 본질이 있다.

앞 장에서 묘사된 연꽃들이 움직이기 시작할 정도로 신비 수행이 진척되었다면, 이미 수행자는 자신의 에테르 체 속에서 아주 특정한 흐름이나 운동을 불러일으키는 많은 일을 행한 것이다. 이러한 개발의 목적은, 심장이 있는 부근에 극히 다양한 정신적 색채와 형태를 띤 흐름과 운동이 흘러 나오는 중심점을 형성하는 것이다.

이 중심점은 실제로는 단순한 점이 아니라 아주 복잡한 구성체, 하나의 경이로운 기관이다. 그것은 정신적으로 극히 다양한 색채를 띠면서 빛을 발하며 아주 규칙적인 형태를 보여주는데, 그 형태는 급속하게 변할 수 있다. 계속해서 형태와 색채의 흐름이 이 기관에서 신체의 나머지 부분뿐만 아니라 더 나아가 그 부분을 넘어서까지 퍼져 간다. 영혼체 전체를 꿰뚫고 환히 빛나게 함으로써 말이다. 이러한 흐름 가운데 가장 중요한 흐름은 연꽃들을 향해 간다. 그것은 연꽃들의 꽃잎 하나하나에 삼투하며 그 회전을 통제한다. 그러고 나서 그 흐름은 꽃잎들의 뾰족한 끝에서 바깥쪽으로 흘러가 외부 공간 속에서 사라진다. 어떤 사람이 발전되어 있으면 있을수록, 이 흐름이 퍼져 나가는 범위는 더 커진다.

열두 장의 꽃잎을 지닌 연꽃은 위에서 서술된 중심점과 특히 가까운 관계에 있다. 그 연꽃 속으로 흐름이 바로 흘러들어온다. 그리고 이를 통과해 흐름은 한편에서는 열여섯 장의 꽃잎을 지닌 연꽃과 두 장의 꽃잎을 지닌 연꽃으로 흘러가며, 다른 한편(아래쪽)에서는 여덟 장의 꽃잎을 지닌 연꽃과 여섯 장의 꽃잎을 지닌 연꽃 그리고 네 장의 꽃잎을 지닌 연꽃으로 흘러간다. 이렇게 배열되어 있기 때문에, 신비 수행에서 열두 장의 꽃잎을 지닌 연꽃 개발에 아주 각별한 주의를 기울여야 한다. 만약 여기에 결함이 생기면, 그 체제의 전체적 육성은 질서를 잃고 만다.

이상의 점들을 감안할 때, 신비 수행이 얼마나 섬세하고 내밀한 양상을 띠고 있는지, 모든 것이 적합한 방식으로 개발 되려면 얼마나 정확하게 진행되어야 하는지를 이해할 수 있을 것이다. 또 이로부터 곧바로 알 수 있는 것은, 다른 사람에게서 육성해야 하는 모든 것을 몸소 경험했고 또 자신의 지침이 완전히 올바른 결실을 맺을지 맺지 않을지 완벽하게 인식할 수 있는 사람만이 초감각적 능력의 육성을 위한 지침에 관해 말할 수 있다는 사실이다.

지침을 통해 규정되어 있는 것을 수행하는 신비 수행자는, 인간 세계의 법칙 및 발전과 조화 속에 있는 흐름이나 운동을 자신의 에테르 체에 가져온다. 따라서 지침은 항상 세계 발전의 위대한 법칙과 꼭 닮은 것이다. 지침의 본질은 앞서 말한 명상과 집중의 수행 속에 있으며, 적절하게 활용될 경우 앞서 서술한 효과를 지닌다. 정신 수행자는 특정한 시간 동안 자기 영혼을 수행의 내용들로 가득 채워야 한다. 내면을 그 내용들로 완전히 채워야 하는 것이다.

우선 단순한 것에서 시작하는데, 이는 합리적이고 이성적인 두뇌 사고를 깊게 하고 내면화하기에 특히 적합하다. 그리하여 이 사고는 모든 감각적 인상이나 경험에서 자유롭게, 독립적으로 된다. 그것은 수행자 자신이 완전히 장악하고 있는 **한** 점에 집중된다. 이를 통해 에테르 체의 흐름과 관계하는 하나의 **잠정적인** 중심점이 창조된다. 처음에 이 중심점은 아직 심장 부근이 아니라 머리 속에 있다. 투시자에게 이 점은 운동의 출발점으로서 나타난다.

맨 먼저 이러한 중심점을 만들어 내는 그러한 신비 수행만이 완전히 성공한다. 중심점이 처음부터 바로 심장 부근에 놓인다면, 초보 투시자가 고차 세계를 어느 정도 일별하는 일이 있을 수도 있다. 하지만 그는 이 고차 세계와 우리의 감각적 세계의 연관 관계를 제대로 통찰할 수는 없을 것이다. 세계 발전의 현 단계에 있는 인간에게 이러한 통찰은 **무조건적으로** 필요한 일이다. 투시자는 몽상가가 되어서는 안 된다. 그는 발 아래 확고한 지반을 지니고 있어**야 한다.**

머리 속에 있는 중심점은, 적절히 견고해지고 나면 아래쪽으로, 구체적으로 말하면 후두 부분으로 옮겨진다. 이는 집중 수행을 계속한 결과이다. 그러면 에테르 체의 특징적인 운동들이 후두 부분에서 환한 빛을 쏟아 낸다. 그 운동들은 그 사람 주위에 있는 영혼 공간을 환히 밝힌다.

수행이 진전되면 신비 수행자는 에테르 체의 상태를 스스로 규정할 수 있는 힘을 얻게 된다. 이전에는 이 상태가 외부에서 오는 힘과 물리적 신체에서 유래하는 힘에 의존하고 있었다. 더 발전하게 되면 그는 에테르 체를 모든 방향으로 회전시킬 수 있게 된다. 이러한 능력은, 양미간에 있는 두 장의 꽃잎을 지닌 연꽃 속에 그 중심점을 지니고 있으며 대체로 두 손을 따라 흐르는 흐름을 통해 생겨난다. 이 모든 것은 후두에서 나오는 방사선이 둥근 모양새를 갖추게 됨으로써 생겨나는데, 그 가운데 몇몇이 두 장의 꽃잎을 지닌 연꽃쪽으로 가서, 거기에서 물결치는 흐름 모양을 띤 채 두 손을 따라 길을 만들면서 흐르는 것이다.

그 결과, 이 흐름은 더할 나위 없이 섬세하게 여러 갈래로 나누어져, 하나의 망상(網狀) 조직처럼 에테르 체 전체를 에워싸는 일종의 그물이 된다. 이전에 이 에테르 체는 외부와 차단되어 있지 않아서 생명의 흐름은 보편적인 생명의 바다에서 직접 흘러 나오고 흘러 들어갔다. 이에 반해 지금은 외부의 영향들이 이러한 막을 통과해야만 한다. 이를 통해 인간은 이 같은 **외부의** 흐름에 민감해진다. 그 흐름을 지각할 수 있게 된다.

이제 흐름 및 운동 체계 전체에 심장 부근의 중심점을 부여할 시점이 다가왔다. 이는 거듭 집중과 명상의 수행을 계속함으로써 일어난다. 이로써 인간이 **'내적인 말'**을 갖추는 단계에 도달한다. 이제부터 모든 사물은 그에게 새로운 의미를 띠게 된다. 그것들의 가장 내적인 본질을 정신적으로 들을 수 있게 되는 것이다. 그것들의 본래의 본질이 그에게 말을 걸어 온다. 앞에서 설명한 흐름이, 그가 속해 있는 세계의 내면과 그를 연결시켜 준다. 그는 자기 주변의 생명을 함께 체험하기 시작하며, 그 생명을 자신의 연꽃들의 운동 속에서 울려 퍼지게 할 수 있다.

이로써 인간은 정신 세계에 발을 들여놓는다. 이만큼 나아가면 그는 인류의 위대한 스승들이 했던 말을 새롭게 이해하게 된다. 예컨대 부처의 말씀이나 복음서는 이제 그에게 새로운 방식으로 작용한다. 그것들은, 예전에는 생각지도 못했던 행복으로 그를 가득 채운다. 그 말씀의 음색이 이제 그 스스로 자기 안에 형성했던 운동과 리듬을 따르기 때문이다. 이제 그는, 부처나 복음서를 쓴 사람들과 같은 사람들이 하는 말은 그들 **자신의** 계시가 아니라 사물의 가장 내적인 본질에서 그들에게 흘러 들어온 계시임을 바로 **알** 수가 있다.

위에서 언급한 것을 통해서만 이해될 수 있을 한 가지 사실이 여기에서 주목되어야 한다. 우리의 현재적 교양 단계에 있는 사람들은 부처의 말씀에서 수없이 많이 나타나는 반복을 제대로 파악할 수 없다. 신비 수행자는 내적인 감각으로써 그 반복 속에 즐겨 머물러 안식한다. 그 반복은 에테르체의 리드미컬한 운동에 부합하기 때문이다. 완전한 내적 평정 속에서 그 반복에 몰입하면 그와 같은 운동과 조화롭게 일치하게 된다. 이 운동은, 어떤 지점들에서 반복과 규칙적인 회귀를 나타내는 특정한 세계 리듬을 닮은 것이다. 그렇기 때문에 부처의 지혜에 귀를 기울이는 가운데 우리는 세계의 비밀에 입문할 수가 있다.

정신학은, 고차적인 인식에 오르기 위해 이른바 시련의 오솔길에서 얻어야만 하는 **네 가지** 특성에 관해 말하고 있다. **첫 번째** 특성은, 사고 속에서 참된 것과 현상, 진리와 단순한 생각을 나누는 능력이다. **두 번째** 특성은 현상에 비해 참된 것과 현실적인 것을 제대로 평가하는 것이다. **세 번째** 능력은, 이미 앞 장에서 거론된 여섯 가지 속성, 곧 사고의 제어, 행동의 제어, 지속성, 인내, 믿음, 침착함 등을 행하는 데 있다. **네 번째** 특성은 내적 자유에 대한 사랑이다.

이러한 특성들에 포함되어 있는 것을 단지 오성적으로 파악하는 것은 아무런 소용도 없다. 그것들은 내적인 **습관**의 토대를 확립하도록 영혼에 배어들어야 한다. 첫 번째 특성, 곧 참된 것과 현상을 구분하는 것을 예로 들어 보자. 수행자는 자기에게 다가오는 모든 일에서 비본질적인 것과 의미 있는 것 사이를 완전히 자명하게 구별할 수 있도록 단련되어 있어야 한다. 외부 세계를 고찰할 때 평정과 인내를 다하는 가운데 거듭해서 앞서 말한 대로 시도할 때에만 그런 식으로 단련될 수 있다. 마침내 시선은, 예전에 비본질적인 것에서 만족을 얻었던 것과 마찬가지로 이제는 참된 것에 자연스럽게 밀착된다. "모든 무상(無常)한 것은 하나의 비유에 지나지 않는다." 이 진리는 영혼의 자명한 확신이 된다. 앞서 말한 네 특성 가운데 다른 세 특성도 이런 식으로 단련되어야 한다.

이제 인간의 섬세한 에테르 체는 이러한 네 가지 영혼 습관의 영향을 받는 가운데 확실히 변하게 된다. 첫 번째 특성, 곧 '참된 것과 현상의 구별'을 통해, 앞서 설명한 중심점이 머리 부분에서 생겨나는 동시에 후두 부분에도 그 중심점이 준비된다. 물론 후두의 중심점이 **실제로** 형성되기 위해서는 위에서 말한 집중 수행이 필요하다. 집중 수행이 그것을 형성하며, 네 가지 습관이 그것을 성숙시킨다.

후두 부분에 중심점이 준비되어 있으면, 에테르 체는 앞서 암시한 것처럼 자유로이 지배되고 그물 조직으로 덮여 그 경계가 지워진다. 이는 비본질적인 현상에 비해 참된 것을 제대로 **평가함**으로써 일어나는 일이다. 수행자가 그렇게 평가하게 되면, 정신적인 사실들이 그에게 점차 지각된다. 그렇지만 그가 오성적으로 평가할 때 의미 있는 것으로 나타나는 행동만 해야 한다고 생각해서는 안 된다. 사소하기 그지없는 행동, 자그마한 손짓 하나하나도 세계 전체의 거대한 체계에서 뭔가 의미를 지니는 법이다. 이러한 의미에 대한 **의식**을 지니는 것이 중요하다. 일상적인 생활사를 **과소** 평가하는 것이 아니라 **올바로** 평가하는 것이 중요하다.

세 번째 특성을 구성하는 여섯 가지 미덕에 관해서는 이미 말했다. 그것들은 심장 부근에 있는 열두 장의 꽃잎을 지닌 연꽃의 육성과 관련되어 있다. 실제로 에테르 체의 생명 흐름은, 앞서 제시했다시피 이 연꽃 쪽으로 이끌려져야 한다.

그러면 네 번째 특성, 곧 **해방에 대한 열망**은 심장 부근의 에테르 기관을 성숙시키는 데 도움이 된다. 이 특성이 영혼의 습관이 되면, 인간은 단지 개인적 본성의 능력들과 연관되어 있을 뿐인 모든 것으로부터 **해방**된다. 그는 사물들을 **자신의** 특수한 관점에서 관찰하기를 그친다. 그를 이러한 관점에 속박하는 협소한 자기(自己)의 경계들이 사라진다. 정신 세계의 비밀은 그의 내면으로 들어가는 통로를 얻게 된다. 이것이 해방이다. 저 속박은 그로 하여금 사물과 존재를 그의 개인적인 성질에 따라서 보도록 강제하기 때문이다. 신비 수행자는 사물들을 고찰하는 이 같은 개인적 성질에서 벗어나

자유롭게 되어야 한다.

여기에서 우리는 다음의 사실, 곧 정신학이 제시하는 지침들은 인간의 가장 내적인 본성 깊숙한 데까지 규정적으로 작용한다는 사실을 알게 된다. 앞서 말한 네 가지 특성에 관한 지침들이 그러한 것들이다. 그것들은 정신 세계를 고려하는 모든 세계관 속에 이런저런 형태로 존재한다. 그러한 세계관들의 창시자들이 어떤 어두운 감정에서 그와 같은 지침들을 인간에게 제공한 것은 아니다. 오히려 그들이 정신계에 입문한 위대한 자들이기 때문에 그렇게 한 것이다. 그들은 인식을 통하여 인륜적 지침들을 형성했다. 그들은 이 지침들이 인간의 미묘한 본성에 어떻게 영향을 끼치는지를 알고 있었으며, 신봉자들이 이 미묘한 본성을 점차 갈고 닦아 나가길 원했다. 그러한 세계관의 뜻대로 살아간다는 것은, 자기 자신의 정신적 완성을 위해 수양함을 의미한다. 그리고 그렇게 할 때에만 사람은 세계 전체에 도움이 된다. 자기 완성은 결코 이기심이 아니다. 불완전한 인간은 또한 인류와 세계의 불완전한 시종(侍從)이다. 자기 자신이 완전하면 완전할수록 전체에 더 유익하게 된다. 이 지점에서, '장미가 자기 자신을 치장하면 정원도 치장하는 것이다.'라는 말은 유효하다.

의미 있는 세계관의 창시자들은 정신계에 입문한 위대한 자들이다. 그들에게서 유래하는 것이 인간의 영혼 속으로 흘러 들어가고 이를 통해 인류와 더불어 세계 전체가 진보한다. 정신계에 입문한 자들은 인류의 이 같은 발달 과정을 위해 아주 의식적으로 활동해 왔다. 그들의 가르침이 인간의 깊숙한 내적 본성을 통찰함으로써 얻어진 것임을 인지할 때에만 사람들은 그 가르침의 내용을 이해한다. 정신계 입문자는 위대한 **통찰자**였다. 그들은 자신들의 통찰에서 인류의 이상을 주조해 냈다. 하지만 인간은 자기 자신의 발달을 통해 이 지도자들의 높이로 스스로를 고양시킬 때, 그들 가까이 가게 된다.

어떤 사람에게 에테르 체의 육성이 앞에서 설명한 것과 같은 식으로 시작되었을 때, 그에게는 완전히 새로운 삶이 열린다. 그러면 그는 신비 수행을 통해 적절한 시기에, 그로 하여금 이 새로운 삶 속에서 제대로 살아갈 수 있게 하는 해명을 얻어야 한다. 예를 들면, 그는 열여섯 장의 꽃잎을 지닌 연꽃을 통해 정신적으로 고차 세계의 형상들을 본다. 이제 그는 이 형상들이 그것들을 야기한 대상 또는 존재에 따라 얼마나 다른지를 명료하게 이해해야 한다.

그가 주의를 기울일 수 있는 첫 번째 사실은, 그가 자신의 생각이나 느낌을 통해 어떤 종류의 형상에는 강력한 영향력을 행사할 수 있으며, 다른 종류의 형상에는 전혀, 아니면 조금밖에 영향력을 행사할 수 없다는 것이다. 어떤 종류의 형상이 나타날 때 관찰자가 '그것은 아름답다'는 생각을 가졌다가, 보는 과정에서 이 생각을 '그것은 유용하다'는 생각으로 바꾸면, 그 형상은 즉각 모습을 바꾼다.

특히 광물이나 인공물에서 유래하는 형상은, 그것에 대한 관찰자의 어떠한 생각이나 어떠한 감정에 의해서도 변하는 특성을 가지고 있다. 이는 식물에 수반되는 형상에도 해당하는데, 이 경우 그 정도는 덜하다. 동물에 부합하는 형상에서는 이 일이 훨씬 더 적게 일어난다. 이 형상도 활동적이며 생명으로 충만하다. 그렇지만 이 활동성은 단지 일부만 인간의 생각이나 느낌의 영향력에서 유래할 뿐, 다른 부분은 인간이 아무런 영향력도 지니지 못하는 원인을 통해 야기된다.

이제, 인간 쪽에서 가하는 영향에서 처음에는 거의 완전히 벗어나 있는 모종의 형태가 이 형상 세계 전체 내부에서 나타난다. 신비 수행자는 이 형상이 광물이나 인조물, 식물이나 동물에서 유래하는 것이 아님을 확신할 수 있다. 이제 그는 명확히 알기 위해서 형상을 관찰해야 한다. 그는 그것이 다른 사람들의 감정, 충동, 열정 등등을 통해 생겨난다는 것을 알 수 있다. 하지만 이러한 형상에 대해서도 그는, 자기 자신의 생각이나 느낌이 비록 상대적으로 미약하기는 해도 아직 어느 정도 영향력을 지닌다는 것을 발견할 수 있다. 형상 세계 내부에는 이러한 영향력이 보이지 않을 만큼 작게 작용하는 잔여물이 항상 남아 있다.

이 잔여물은 행로의 출발점에 선 신비 수행자가 보는 것의 아주 큰 부분을 이룬다. 자기 **자신**을 관찰할 때에만 그는 이 부분의 본성에 관해 이해할 수 있다. 이때 그는 어떤 형상들이 자기 자신에 의해 야기되었는지를 발견한다. 그 자신이 행하고 의도하고 소망하는 등등의 것이 이 형상들 속에 표현된다. 그의 내면에 있는 충동, 그가 지니고 있는 욕망, 그가 품고 있는 의도 등등과 같은 모든 것이 그러한 형상들에서 드러난다. 그의 성격 전체가 그러한 형상 세계 속에서 표현된다.

이렇게 인간은 자신의 의식적인 생각과 느낌을 통해, 자기 자신에서 유래하지 않는 모든 형상에 영향력을 행사할 수 있다. 하지만 그가 고차 세계에 있는 자기 자신의 본질을 통해 생겨나게 한 형상에 대해서는, 그것이 그에 의해 창조되자마자 더 이상 영향력을 지니지 못한다. 앞서 말한 것에서 이제 다음과 같은 점이 드러난다. 즉 고차적 차원에서 보면, 인간의 내면, 고유의 충동 세계, 욕망 세계, 표상 세계는 다른 대상이나 본질과 마찬가지로 **외적인** 형상으로 나타난다. 고차적 인식에서, 내면 세계는 외부 세계의 한 부분이 된다. 마치 물리적 세계 속에서 거울로 빙 둘러싸여 있으면 자신의 신체적 형상을 볼 수 있듯이, 고차 세계 속에서 인간의 영혼적 본질이 거울에 비친 형상으로 그에게 다가온다.

이 발전 단계에 이르면, 개인적인 편협함에서 생겨나는 환상을 극복하는 시점이 신비 수행자에게 다가온 것이다. 이제 그는 자신의 인격 내부에 존재하는 것을 외부 세계로서 관찰할 수 있다. 예전에 그가 자기 감각에 작용했던 것을 외부 세계로서 관찰했듯이 말이다. 그리하여 그는, 이전에 자기 주변의 존재를 다루었던 식으로 자기 자신을 다루는 법을 점차 경험을 통해 배워 나간다.

정신 세계의 존재를 위해 충분히 준비되기도 전에 그 세계에 대한 시야가 트인 사람은, 처음에 자기 영혼의 그림을 마치 수수께끼처럼 대할 것이다. 이때, 자기 자신의 충동과 열정의 형상은, 동물이나—이는 한층 더 드문 일인데—인간의 형상으로 느껴지는 그런 형태로 그에게 다가온다. 사실 이 세계의 동물 형상들은 물리적 세계의 동물 형상들과 전혀 같지 않지만, 그래도 어렴풋한 유사성을 지닌다. 수행이 부족한 관찰자에게는 그것들이 아마도 같은 것으로 여겨질 것이다.

이 세계에 발을 디디면 이제 완전히 새로운 종류의 판단을 습득해야 한다. 본디 인간의 내면에 속하는 것들이 외부 세계로 현상하는 것은 둘째 치고라도, 그것들은 실제 존재하는 모습으로가 아니라 거울에 비친 상(像)으로 나타나기 때문이다. 예컨대 그곳에서 어떤 숫자를 볼 경우, 우리는 그것을 거울에 비친 상을 읽듯이 거꾸로 읽지 않으면 안 된다. 가령 265는 실제로는 562를 의미한다. 어떤 구(球)는 마치 그 중심점에서 본 듯한 모습으로 나타난다. 그러면 이 내면에서 바라보는 시각을 먼저 올바른 방식으로 번역해야 한다. 영혼의 특성 또한 거울에 비친 상으로 나타난다. 외적인 것과 연관되어 있는 어떤 소망은, 소망하는 사람 자신을 향해 오는 형상으로 나타난다. 인간의 저차적인 본성 속에 자리잡고 있는 열정은, 인간에게 덤벼드는 동물이나 그와 비슷한 형상물의 형태를 띨 수 있다. 실제로 이 열정은 외부를 향해 있으며, 자신을 만족시킬 대상을 외부 세계에서 찾는다. 하지만 이 외부를 향한 추구는, **거울에 비친 상** 속에서는 열정의 소유자를 덮치는 것으로 나타난다.

신비 수행자가 고차적인 직관에 오르기 전에 고요하고 냉철한 자기 관찰을 통해 자신의 속성을 알게 되었다면, 그는 내면이 바깥에 있는 거울에 비친 상으로 다가오는 순간에도 올바른 방식으로 태도를 취하기 위한 용기와 힘을 찾을 것이다. 그와 같은 자성(自省)을 통해 자신의 내면을 충분히 알게 되지 못한 사람들은, 거울에 비친 그 상 속에서 **자신**을 인식하지 못하고 그 상을 낯선 현실로 여길 것이다. 또 그들은 그 모습 때문에 불안에 빠져 들며, 실상을 견딜 수 없기 때문에 전체는 아무런 근거도 없는 공상의 산물에 불과하다고 치부할 것이다. 두 가지 경우에 인간은 어떤 발전 단계에 미성숙한 채 도달함으로써 자신의 고차적인 육성을 치명적으로 가로막는다.

고차적인 곳으로 나아가기 위해서는 신비 수행자가 자기 영혼의 정신적인 주시를 통과해 가는 것이 절대적으로 필요하다. 자기 자신 속에 그가 가장 잘 판단할 수 있는 정신적·영혼적인 것이 있기 때문이다. 물리적 세계에서의 자기 인격에 관한 유용한 인식을 먼저 획득한 상태로 고차 세계에서 이 인격의 **영상**을 **처음** 대할 경우, 그는 이 둘을 비교할 수 있다. 그는 고차적인 것을 이미 잘 알고 있는 것과 관련 지음으로써 확고한 지반에서 출발할 수 있다. 이에 반해, 그가 다수의 다른 정신적 본질을 대할 경우, 그것들의 특성과 본질에 관해 처음에 아무런 해명도 할 수 없을 것이다. 그는 곧장 발로 딛고 있는 지반이 사라지는 것을 느낄 것이다. 그렇기 때문에, 고차 세계로 들어가는 확실한 통로라는 것은 자기 자신의 본질에 대한 견실한 인식과 판단을 거쳐 가는 것임을 아무리 강조해도 지나치지 않다.

이렇게 수행자가 고차 세계로 가는 길 위에서 맨 먼저 만나는 것은 정신적인 **영상들**이다. 이러한 영상들에 조응하는 현실이 그 **자신** 속에 있기 때문이다. 이 최초의 단계에서 단단한 실재들을 요구하지 않고 이 영상들을 올바른 것으로 여길 수 있으려면 수행자가 성숙되어 있어야 한다. 그러나 이 영상 세계 **내부에서** 그는 곧 뭔가 새로운 것을 알게 된다. **낮은 차원의 자기**는 단지 거울에 비친 상으로서 앞에 있을 따름이다. 하지만 이 거울상 한가운데에서 **고차적인 자기**의 참된 현실이 나타난다. 낮은 차원의 인격적 영상에서 정신적 자아의 형상이 보이는 것이다. 그리고 후자로부터 비로소 다른 고차적인 정신적 현실들로 이어지는 실이 자아져 나온다.

이제, 눈 부근에 있는 두 장의 꽃잎을 지닌 연꽃을 활용할 때가 되었다. 그 연꽃이 자체적으로 움직이기 시작하면 수행자는 고차적인 자기를 상위의 정신적 본체와 연결시킬 가능성을 발견한다. 이 연꽃에서 나오는 흐름이 고차적인 현실 쪽으로 흘러 나가, 그 운동이 인간에게 완전히 의식화된다. 빛이 물리적 대상들을 볼 수 있게 만들듯이, 이 흐름은 고차 세계의 정신적 존재를 볼 수 있게 만든다.

정신학에 깊이 몰두하면 근본적인 진리를 내포하고 있는 표상들이 생겨난다. 이 표상들을 통해 수행자는 눈 부근에 있는 연꽃의 흐름을 가동시키고 제어하는 법을 배운다.

건전한 판단력과 명료하고 논리적인 훈련이 무엇인지 특히 발전의 이 단계에서 밝혀진다. 지금까지 맹아 상태로, 무의식적으로 인간 속에 잠들어 있었던 고차적인 자기가 의식적인 현존재로 탄생하는 과정만 생각해 보아도 된다. 여기에서 우리는, 가령 단순히 영상적 의미에서가 아니라 전적으로 현실적인 의미에서, 정신 세계에서의 **탄생**과 관계를 가진다. 그렇게 탄생하는 존재, 곧 고차적인 자기는 살아가는 데 필요한 모든 기관과 소질을 지니고 세상에 나와야 한다.

한 아이가 건강한 귀와 눈을 가지고 세상에 나오도록 자연이 미리 대비해야 하듯이, 한 인간의 독자적 발전의 법칙들은 그의 고차적인 자기가 필요한 능력을 갖추고 세상에 나오도록 배려해야만 한다. 정신 자체의 고차적인 기관들이 잘 자라도록 배려하는 이 법칙들은, 물리적 세계의 건전한 이성 법칙 및 도덕 법칙과 다르지 않다. 모태 속에서 태아가 자라나듯이, 물리적인 자기 속에서 정신적인 인간이 성숙한다. 태아의 건강은 모태 속 자연 법칙의 정상적인 작용에 달려 있다. 이와 마찬가지로, 정신적 인간의 건강은 일상적 오성과 물리적 생활에서 작용하는 이성의 법칙들에 의해 제약받는다. 물리적 세계에서 건강하게 살지 않고 건강하게 생각지 않는 사람은, 결코 건강한 고차적인 자기를 낳을 수 없다. 자연과 이성에 부합하는 생활이 모든 진정한 정신 발전의 기초이다.

태아가 이미 모태 속에서 자연의 힘(태어난 후 감각 기관들을 통해 지각하게 되는)에 따라 살아가듯이, 인간의 고차적인 자기도 이미 물리적 현존재를 영위하는 동안에 정신 세계의 법칙에 따라 살아간다. 태아가 어렴풋한 생명 감정에 의존하여 적합한 힘을 습득하는 것처럼, 인간도 고차적인 자기가 태어나기 이전에 정신 세계의 힘을 그렇게 할 수 있다. 아니, 그는 그렇게 **하지 않으면 안 된다**. 고차적인 자기가 충분히 발달된 존재로서 태어나야 한다면 말이다.

누군가가 나 스스로 보기 전에는 정신학의 가르침을 받아들일 수 없노라고 말한다면, 그것은 옳지 못한 것일 터이다. 정신 연구에 깊이 몰두하지 않고서는 진정한 고차적 인식을 결코 얻을 수 없을 테니까 말이다. 이는 마치 모태 속의 태아가 어머니를 통해 자기에게 주어지는 힘들을 활용하기를 거부하고 그 힘들을 스스로 만들어 낼 수 있을 때까지 기다리고자 하는 것과 같은 상황에 있는 것이다. 태아가 자기에게 제공되는 것의 올바름을 생명 감정 속에서 경험하듯이, 아직 정신적인 눈으로 보지 못하는 사람도 정신학적 교의의 진리를 경험한다. 아직 정신적인 사물들을 직관하지는 못하지만, 정신학적 교의에 대한 다음과 같은 통찰, 곧 진리 감정과 명료하고 건강하며 전면적으로 판단하는 이성 위에 세워진 통찰이 존재한다.

우리는 우선 신비적인 인식들을 배워야 하며, 바로 이러한 배움을 통해 정신적 직관을 준비해야 한다. 만약 이러한 방식으로 배우기 전에 정신적 직관에 이른 사람이 있다면, 그는 눈과 귀는 있으나 뇌가 없이 태어난 아이와 같다. 색채와 소리의 세계 전체가 그의 앞에 펼쳐진다 하더라도, 그것을 가지고 어떠한 것도 시작할 수 없다.

이렇게 진리 감정을 통해 그리고 오성과 이성을 통해 이전에 깨달았던 것은, 앞서 설명한 신비 수행의 단계에서는 고유한 체험이 된다. 이제 수행자는 고차적인 자기에 대한 직접적인 지식을 가지고 있다. 그는 이 고차적인 자기가 고차적인 정신적 본체와 연관되어 있으며 그것들과 통일체를 이루고 있다는 것을 인식하게 된다. 따라서 그는 낮은 차원의 자기가 어떻게 고차적인 세계에서 파생되어 나오는지를 보게 된다. 그리고 그의 고차적인 본성이 낮은 차원의 본성보다 오래 지속된다는 것이 그에게 드러난다. 이제부터 그는 자기에게 있는 무상한 것과 지속적인 것을 스스로 구별할 수 있다.

다시 말해서 고차적인 자기가 낮은 차원의 자기로 체현〔현현(顯現)〕된다는 교의를 그가 자신의 직관으로 이해하게 된다. 그가 어떤 고차적인 정신적 연관 관계 속에 있다는 것, 그의 속성이나 운명은 이러한 연관 관계에 따른 결과라는 것이 이제 그에게 분명해진다. 그는 **그의 삶의 법칙**, 곧 카르마(Karma)[25]를 인식하게 된다. 그는 현재 자신의 현존재를 구성하고 있는 낮은 차원의 자기는 그의 고차적인 존재가 취할 수 있는 형상 가운데 하나에 불과하다는 것을 깨닫는다. 그리고 그는 자신이 보다 완전하게, 점점 더 완전하게 되도록 고차적인 자기에서 출발하여 수양할 수 있는 가능성이 자기 앞에 있음을 인식한다.

이제부터 그는 완전성의 정도와 관련하여 인간들 사이에 큰 차이가 있다는 것도 알 수 있다. 그는, 여전히 자기 앞에 있는 단계에 벌써 도달한, 자기보다 높은 단계에 있는 인간들이 존재한다는 사실을 깨닫는다. 그는 그러한 인간들의 가르침과 행동은 고차 세계의 계시에서 나온다는 것을 통찰한다. 이러한 통찰은, 그 자신이 고차 세계를 처음 흘끗 본 덕분에 생긴 것이다. 사람들이 '인류의 위대한 입문자'라고 부르는 것이, 이제 그에게 사실이 되기 시작할 것이다.

신비 수행자가 이러한 발전 단계에 도달함으로써 얻게 되는 능력으로는 다음과 같은 것들이 있다. 곧 고차적인 자기에 대한 깨달음, 이러한 고차적 자기가 낮은 차원의 자기로 체현되거나 현현한다는 교의에 대한 깨달음, 물리적 세계에서의 삶이 정신적 연관 관계들(카르마의 법칙)에 따라 규제될 때 의거하는 법칙에 대한 깨달음, 마지막으로, 위대한 입문자의 현존재에 대한 깨달음 등이 그것이다.

---

25) 옮긴이 주 : 보통 '업보(業報)' 또는 '과보(果報)'로 번역되는데, 과거의 업인(業因)에 따른 결과를 일컫는 말이다.

그렇기 때문에 사람들은, 이 단계에 도달한 수행자를 두고서 그에게는 **의심**이 완전히 사라졌다고 말한다. 이전에 그가 이성적 근거와 건전한 사유 위에 세워진 믿음을 습득할 수 있었다면, 이제 완전한 지식과 어떠한 것에 의해서도 흔들릴 수 없는 깨달음이 그 믿음을 대체한다.

제식(祭式)과 성사(聖事)와 의식(儀式)을 통해 종교는, 고차적인 정신적 운행과 존재를 외적으로 볼 수 있게 하는 모상(模像)들을 제공해 왔다. 위대한 종교의 심오함을 아직 통찰하지 못한 사람만이 이를 오인할 수 있다. 하지만 정신적 현실 자체를 통찰하는 사람은, 저 외적으로 눈에 보이는 행위들이 지닌 커다란 의미도 이해할 것이다. 그러한 사람에게 종교적인 의식 자체는, 정신적으로 상위에 있는 세계와 자신 사이에 벌어지는 교류의 모상이 될 것이다.

우리는 신비 수행자가 이 단계에 도달함으로써 실제로 어떤 식으로 새 사람이 되었는지를 보게 된다. 이제 그는 점차 성숙하여, 자신의 에테르 체의 흐름을 통하여 본래의 고차적인 생명 요소를 제어할 수 있게 되고, 그럼으로써 물리적 신체로부터 고도의 자유를 획득할 수 있게 된다.

7. 신비 수행자의 꿈에서 일어나는 변화

신비 수행자가 앞 장에서 기술된 발전 단계에 도달했다거나 곧 도달하리라는 징후는, 그의 꿈에서 일어나는 변화이다. 이전에 꿈은 혼란스러웠고 자의적이었으나 이제는 규칙적인 성격을 띠기 시작한다. 꿈의 영상은 일상 생활의 표상처럼 의미 있는 연관성을 띠게 된다. 꿈에서 법칙, 원인과 결과가 인식될 수 있다. 꿈의 내용도 변한다. 예전에는 일상 생활의 여운이나, 주변 환경 또는 몸 상태의 변형된 인상만 지각되었던 반면에, 지금은 예전에 알지 못했던 세계에서 생기는 영상이 나타난다. 물론 처음에는 꿈의 **일반적인 성격**이 남아 있으며, 그런 한에서 꿈은 표현하고자 하는 것을 **상징적으로** 제시한다는 점을 통해 깨어 있는 생각과 구분된다.

꿈을 주의 깊게 판단하는 사람이라면 이러한 상징성을 놓칠 리 없다. 예를 들어, 추한 동물을 잡아 손에 불쾌감이 드는 꿈을 꾸었다고 하자. 눈을 뜨고 보니, 이불 한 귀퉁이를 손으로 말아 쥐고 있었다. 이렇게 지각은 있는 그대로가 아니라 특징적인 상징을 통해 표현된다.

또 다른 예로서, 추적자를 피해 달아나는 꿈을 꾼다고 하자. 이때 그는 불안을 느낀다. 깨어나서 보니, 잠자는 동안 심장이 심하게 고동쳤다는 것이 밝혀진다. 소화가 잘 안 되는 음식으로 가득 찬 위장은, 불안에 떨게 하는 꿈의 영상을 일으킨다. 잠자는 사람의 주변에서 일어나는 일들도 꿈에서 상징으로 투영된다. 시계의 종소리는, 북소리에 맞추어 행진하는 군대의 영상을 낳을 수 있다. 넘어진 의자는 한 편의 드라마 같은 꿈을 야기할 수 있다. 의자가 넘어지면서 들리는 쿵, 소리가 총성으로 반영되는 등등의 그런 드라마 말이다.

에테르 체가 발달하기 시작한 사람의 규칙적인 꿈 또한 이같이 상징적인 표현 방식을 띤다. 하지만 그 꿈은 물리적 환경이나 자신의 감각적 신체에서 일어나는 단순한 일들을 반영하는 것이 더 이상 아니다. 이러한 일들에 원천을 두고 있는 꿈이 규칙적으로 되는 한편, 다른 세계의 사물과 관계의 표현인 꿈의 영상도 끼여든다. 여기에서 먼저, 일상적인 낮의 의식으로는 접할 수 없는 경험이 만들어진다.

이제 우리는 다음과 같은 말, 곧 진정한 신비주의자는 그와 같은 식으로 꿈에서 체험하는 것을 고차 세계에 대한 어떤 결정적인 전언(傳言)의 기초로 삼는다는 말을 결코 믿어서는 안 된다. 그와 같은 꿈의 체험은 고차적인 발전의 최초의 **징후**로만 여겨져야 한다.

곧이어 다음과 같은 사실이 후속 단계로서 나타난다. 즉, 꿈을 꾸고 있는 신비 수행자의 영상은 더 이상 예전처럼 사려 깊은 오성의 지도에서 벗어나는 것이 아니라, 마치 깨어 있는 의식의 표상이나 감각과 마찬가지로 그 오성에 의해 조절되고 질서 정연하게 조망되는 것이다. 꿈의 의식과 이렇게 깨어 있는 상태 사이의 구별이 점점 더 사라진다. 꿈꾸고 있는 수행자는, 꿈꾸는 동안에도 말 그대로 깨어 있다. 다시 말해 그는 스스로를 자신의 영상적 표상의 주인이자 주재자로 느낀다.

꿈을 꾸고 있는 동안 인간이 물리적 의미의 세계와는 다른 세계 속에 있는 것은 사실이다. 미발달된 정신적 기관들을 지닌 인간은, 후자의 세계에 관해 혼란스러운 표상을 만들어 낼 수 있을 따름이다. 그에게 그 세계는, 마치 감각 세계가 기껏해야 눈의 가장 원초적인 형태를 지닌 존재에 대하여 존재하는 것과 같은 식으로 현존할 따름이다. 그렇기 때문에 그는 그 세계 속에서 일상 생활의 잔상과 반영 이외에는 다른 어떤 것도 볼 수 없다. 그가 꿈에서 이런 것을 볼 수 있다면 그 까닭은, 그의 영혼이 낮의 지각 자체를 저 다른 세계를 구성하고 있는 소재 속에 영상으로 그려 넣기 때문이다.

말하자면, 인간은 일상의 의식적인 낮 생활 외에도, 제2의 무의식적인 생활을 앞서 암시된 다른 세계 속에서 영위한다. 이 점을 분명히 알아야 한다. 그는 자기가 지각하고 생각하는 모든 것을 후자의 세계 속에 각인해 넣는다. 사람들은 연꽃이 발달되어 있을 때에만 이러한 각인을 볼 수 있다. 모든 인간에게는 연꽃들의 미발달한 소질이 항상 존재한다. 낮에 의식하는 동안에는 인상이 아주 약하기 때문에 아무것도 지각할 수 없다. 낮 동안에 별을 보지 못하는 것과 비슷한 이유에서 그렇다. 별들은 강력하게 작용하는 태양 광선을 마주하고 있으면 지각되지 못한다. 이와 같이, 약한 정신적 인상들은 물리적 감각의 강력한 인상들을 마주하면 효력을 발하지 못한다. 잠에 빠져 외적 감각의 문이 닫혀 있으면, 전자의 인상들은 혼란스레 빛을 발한다. 그러면 꿈을 꾸고 있는 사람은 다른 세계에서 만들어진 경험을 지각하게 된다. 하지만 이미 말했다시피, 처음에는 이 경험이 물리적 감각에 결부된 심상 자체를 정신 세계 속에 새겨 넣은 것에 지나지 않는다.

연꽃들이 피어날 때에야 비로소 물리적 세계에 속하지 않는 정보가 그곳에 기록되는 일이 가능해진다. 그러면 발달한 에테르 체를 통하여, 다른 세계에서 유래하는 이 기록에 관한 충만한 지식이 생겨난다.

이로써 새로운 세계에서의 인간의 교류가 시작된다. 이

제 수행자는 신비 수행의 안내를 통해 먼저 이중적인 일을 성취해야 한다. 제일 먼저, 꿈에서 행해지는 관찰을 깨어 있을 때와 마찬가지로 완전하게 인지할 수 있어야 한다. 이 일을 성취했다면, 이제 그는 일상에서 깨어 있는 동안에도 동일한 관찰을 계속해야 한다. 이때 정신적 인상들에 대한 그의 주의력은, 이 인상들이 물리적 인상들을 마주하더라도 더 이상 사라지지 않도록, 그리고 그가 전자의 인상들을 후자의 인상들과 **나란히**, 늘 함께 지닐 수 있도록 조절된다.

신비 수행자가 이러한 능력을 획득했다면, 이제 그의 눈앞에는 앞 장에서 기술된 것과 같은 광경이 펼쳐진다. 이제부터 그는 정신 세계 속에서 물리적 세계에 대한 원인으로 존재해 있는 것을 지각할 수 있다. 그리고 무엇보다도 자신의 고차적인 자기를 물리적 세계 속에서 인식할 수 있다.

그의 다음 과제는 이 고차적인 자기에 익숙해지는 것, 곧 고차적인 자기를 자신의 진정한 본질로 여기고 그에 걸맞은 태도를 취하는 것이다. 이제 그는, 자신의 물리적 신체와 그가 이전에 '자아'라고 불렀던 것이 고차적인 자기의 도구에 지나지 않는다는 생각이나 생생한 감정을 점점 더 많이 품게 된다. 낮은 차원의 자기를 대하여 그는, 마치 감각 세계에 갇혀 있는 사람이 자기가 이용하는 도구나 탈것을 대할 때 지니는 것과 같은 느낌을 받는다.

어떤 사람이 'Ich gehe'처럼 'Ich fahre'라고 말한다고 해서[26] 자기가 타는 차를 자신의 '자아'로 여기지 않듯이, 정신적으로 발전한 인간이 '나는 문으로 들어간다'고 말할 때 그의 본래 생각은 '나는 내 몸을 문 쪽으로 나른다'는 것이다. 이는 그에게는 아주 자명한 개념이다. 그래서 그는 단 한 순간도 물리적 세계의 확고한 지반을 잃지 않으며, 따라서 감각 세계에 대한 소외의 감정도 결코 생겨나지 않는다. 신비 수행자가 몽상가나 공상가가 되어서는 안 된다면, 그는 고차적인 의식을 통해 물리적 세계에서의 생활을 빈곤하게 하는 것이 아니라 오히려 풍성하게 만들어야 한다. 마치 먼 길을 가기 위해 걷지 않고 기차를 이용하는 사람이 그렇게 하듯이 말이다.

신비 수행자가 고차적인 자기의 차원에서 그같이 삶을 살 정도로 성취를 이루었다면—또는 이미 고차 의식을 습득하는 과정에서—어떻게 심장 부근에서 산출된 기관에서 정신적 지각 능력을 개발할 수 있는지, 그리고 그것을 앞서 설명된 흐름을 통해 어떻게 이끌어 갈 수 있는지가 그에게 분명해진다. 이 지각 능력은 고차적인 소재의 한 요소로서, 앞서 거론한 기관에서 나와, 자체 운동하는 연꽃들과 형성된 에테르체의 다른 통로들을 통해 아름다운 빛을 발하면서 흘러간다.

---

26) 옮긴이 주 : 'Ich gehe'가 '나는 (걸어서) 간다'는 의미라면, 'Ich fahre'는 '나는 (탈것을 타고) 간다'는 의미이다. 후자에서 사용된 동사 'fahren'은 예컨대 '기차가 간다'라고 할 때처럼 사람이 아니라 탈것(마차, 자동차, 기차, 비행기, 배 등등)이 가는 것을 의미할 수 있다.

그것은 외부로 나아가 주위의 정신 세계를 환히 밝히며, 그 세계를 볼 수 있게 만든다. 마치 외부로부터 대상들 위로 떨어지는 태양 광선이 그 대상들을 물리적으로 볼 수 있게 만드는 것처럼.

어떻게 이러한 지각 능력이 심장 부근에서 생겨나는지는, 수련 과정 자체에서 점차적으로 이해될 (수 있을) 따름이다.

앞서 말한 방식으로 지각 기관을 자신의 에테르 체를 통해 외부 세계로 내보내 대상들을 환히 밝힐 수 있는 사람에게 비로소 정신 세계는 대상과 존재로서 명료하게 지각될 수 있다. 이로부터 우리는 다음과 같은 사실, 곧 정신 세계의 어떤 대상에 대한 완전한 의식은 인간 스스로 정신적인 빛을 그 대상에 던지는 조건 아래에서만 생겨날 수 있다는 사실을 알게 된다.

이러한 지각 기관을 창출하는 '자아'가 실제로 거주하는 곳은 결코 인간의 물리적인 신체가 아니라, 이미 밝혔다시피, 그 바깥이다. 심장 기관은, 인간이 바깥에서 이 정신적인 빛을 내는 기관에 불을 지피는 장소에 지나지 않는다. 만약 여기가 아니라 다른 장소에서 점화한다면, 이를 통해 생겨난 정신적 지각은 물리적 세계와 아무 관계도 지니지 않을 것이다. 하지만 인간은 모든 고차 정신적인 것을 물리적 세계와 연관 지어야 하며, 자신을 통해 후자에 작용하도록 만들어야 한다. 심장 기관은 고차적인 자기가 감각적인 자기를 자신의 도구로 만드는 매체이며, 감각적인 자기를 조종하는 장소이다.

정신적으로 발달한 인간이 정신 세계의 사물들을 마주하여 갖는 느낌은, 감각주의자가 물리적 세계를 대해 지니는 느낌과는 다르다. 감각주의자는 자신이 감각 세계의 특정한 장소에 있다고 느끼며, 지각된 대상들은 그에게 '외적인' 것이다. 이에 반해 정신적으로 발달한 인간은 스스로를 자기 지각의 정신적 대상들과 하나인 듯이, 그 대상의 '내부에 있는' 듯이 느낀다. 그는 실제로 정신 공간에서 이리저리 옮겨 다닌다. 그래서 사람들은 그를 정신학의 언어로 '방랑자'라고 부른다. 처음에 그는 그 어디에도 머무르지 않는다.

이같이 방랑만 하고 있다면, 그는 정신적 공간에서 어떠한 대상도 실제로 규정할 수 없을 것이다. 물리적 공간에서 어떤 대상 또는 어떤 장소를, 특정한 한 지점을 잣대로 삼아 규정하듯이, 정신 세계에서도 사정은 마찬가지이다. 정신 세계에서도, 먼저 아주 정확히 탐구하고 나서 자신을 위해 정신적으로 점유할 만한 장소를 그 어딘가에서 찾아내야 한다. 이 장소에서 정신적 고향의 터전을 만든 다음 다른 모든 것이 이 고향과 관계 맺도록 해야 한다.

물리적 세계에서 살아가는 사람도 모든 것을, 마치 자신의 물리적 고향의 표상들이 그것들에 동반되는 것처럼 본다. 베를린 사람은 본의 아니게 파리 사람과는 다르게 런던을 묘사한다. 그렇지만 정신적 고향에는 물리적 고향과는 다른 점이 있다. 우리는 우리 자신의 관여 없이 물리적 고향 속에 태어났다. 그리고 그 속에서 유년기 동안 일련의 표상들을 본능적으로 받아들이는데, 향후 모든 것은 자기도 모르는 사이에 그 표상들의 조명을 받는다. 하지만 정신적 고향은 완전히 의식적으로 본인 스스로 형성한다. 그렇기 때문에 이를 잣대로 완전하고 환한 자유 속에서 판단한다. 정신적 고향의 이러한 형성을 정신학의 언어로 '오두막 짓기'라고 부른다.

이 단계에서 행해지는 정신적 응시는 우선 물리적 세계의 정신적 대응물로 향한다. 이 대응물이 이른바 아스트랄 계에 있는 한에서 말이다. 아스트랄 계에는 그 본질상 인간의 충동, 감정, 욕망, 열정 등과 같은 모든 것이 존재한다. 인간을 에워싸는 모든 감각적 사물에는 이 인간적 속성과 유착된 힘도 포함되기 때문이다. 이를테면 수정(水晶)은, 고차적 직관으로 보면, 인간 속에 작용하는 충동처럼 인식되는 힘에 의해서 주조되어 형식을 얻는다. 이와 비슷한 힘에 의해서 수액(樹液)은 식물의 맥관(脈管)을 타고 흐르며, 꽃들이 피어나고 포자낭이 터져 열린다. 발달한 정신적 지각 기관에 대해 이 모든 힘은 형식과 색채를 띠고 나타나는데, 이는 마치 물리적 세계의 대상들이 육안에 형식과 색깔을 띤 존재로 드러나는 것과 같다.

신비 수행자는 앞서 기술한 발달 단계에서 수정과 식물뿐만 아니라 특징적인 정신적 힘도 본다. 그는 동물적이거나 인간적인 충동을, 그 충동을 지니고 있는 존재의 물리적 생활 표현을 통해서뿐만 아니라, 마치 그가 물리적 세계에서 책상과 의자를 보듯이, 직접적인 대상으로 본다. 동물이나 인간의 본능, 충동, 소망, 열정 등의 세계 전체는 그 존재를 감싸고 있는 아스트랄적 구름, 곧 아우라가 된다.

이러한 발전 단계에 들어선 투시자는, 감각적으로는 거의 또는 전혀 파악될 수 없는 사물들도 지각한다. 예컨대 그는 저속한 생각을 하는 사람들로 대부분 채워져 있는 공간과 고상한 생각을 하는 사람들이 있는 공간 사이의 아스트랄적 차이를 알아챈다. 병원과 무도장은 그 물리적 분위기뿐만 아니라 정신적 분위기도 다르다. 상업 도시는 대학 도시와는 다른 아스트랄적 공기를 지닌다. 이제 막 투시 능력을 얻은 사람의 지각 능력은, 그러한 사물들에 대해 처음에는 아주 미약하게 발달되어 있다. 그것은, 마치 감각주의자의 꿈속 의식이 깨어 있는 의식과 관계하듯이 그렇게, 앞서 거론한 대상들과 관계할 것이다. 그러나 이 단계에서도 점차 완전한 각성이 일어난다.

앞서 기술한 정도로 응시할 수 있게 된 투시자의 최고 성취는, 동물이나 인간의 충동과 열정의 아스트랄적 반작용이 그에게 나타나는 것이다. 사랑에서 비롯되는 행동은 증오에서 비롯되는 행동과는 다른 아스트랄적 현상을 동반한다. 아무런 의미 없는 욕망은 그 자체 말고도 추한 아스트랄적 대응물을 내보이는 반면, 고매한 감각은 아름다운 아스트랄적 대응물을 나타낸다. 이러한 대응물들은 물리적 인간 생활을 영위하는 동안에는 미약하게 보일 뿐이다. 그 강도가 물리적 세계에서의 생활에 의해 침해받기 때문이다. 예컨대 어떤 대상을 소유하고자 하는 바람은, 아스트랄 계에 나타나는 그 바람 자체의 형상 외에도, 하나의 거울상을 산출한다. 하지만 그 바람이 물리적 대상을 손에 넣음으로써 충족되거나 적어도 충족될 가능성이 존재할 경우, 대응물은 아주 미약한 가상으로만 존재할 것이다.

그 대응물은 인간이 죽은 뒤, 곧 영혼이 그 본성에 따라 여전히 그러한 바람을 품을 수밖에 없지만 대상 및 이에 걸맞는 물리적 기관이 없기 때문에 더 이상 그 바람을 충족시킬 수 없을 때, 비로소 완전한 효력을 발휘한다. 이를테면, 미식가는 죽은 뒤에도 식탐을 할 수 있지만 이제 그에게는 그것을 충족시킬 가능성이 없다. 더 이상 미각이 없기 때문이다. 그 결과, 그의 바람은 아주 강력한 대응물을 산출하며, 그 때문에 그의 영혼은 고통받게 된다. 죽은 이후에 저차원의 영혼 본성의 대응물을 통해 얻게 되는 이러한 경험을 '영혼 영역, 특히 욕망의 장소에서의 체험'이라 부른다. 그것은 영혼이 물리적 세계를 지향하는 일체의 욕망으로부터 정화되었을 때 비로소 사라진다. 그럴 때에야 비로소 이 영혼은 고차적인 영역(정신 세계)으로 상승한다.

비록 이 대응물이 아직 물리적으로 살아가는 사람들에게는 미약하지만, 어쨌든 그것은 존재하며 욕망의 소질로서 그를 따라다닌다. 마치 혜성이 꼬리를 달고 다니듯이 말이다. 적절한 발전 단계에 도달했을 때 투시자는 그것을 볼 수 있다.

앞서 기술한 단계에서 신비 수행자는 그러한 경험들 속에서 그리고 이와 비슷한 모든 것 속에서 살아가고 있다. 아직 이러한 발전 단계에서는 더 고차적인 정신적 체험을 할 수가 없다. 여기에서부터 더 높은 단계로 전진해 가야 한다.

8. 의식의 연속성 획득

인간의 삶은 세 가지 상태가 바뀌는 가운데 진행된다. 그 세 가지 상태란, 깨어 있는 상태, 꿈으로 가득 찬 잠, 꿈이 없는 깊은 잠을 말한다. 고차적인 인식을 추구하고자 하는 사람에게 이 세 가지 상태와 관련하여 일어날 수밖에 없는 변화에 관해 감(感)을 잡는다면, 정신 세계의 고차적인 인식에 어떻게 도달하는지를 이해할 수 있다.

고차적인 인식을 위한 수련을 마치기 전의 의식은 잠의 휴식 시간에 의해 계속해서 단절된다. 이러한 휴식 시간에 영혼은 외부 세계와 자기 자신에 관해서 아무런 의식도 갖지 않는다. 단지 특정한 시간에만, 외부 세계의 진행 과정이나 자신의 몸 상태와 결부되어 있는 꿈이 몰의식(沒意識)의 망망 대해에서 솟아오른다. 처음에 사람들은 꿈을 잠의 특수한 표현으로만 본다. 그렇기 때문에 대체로 우리는 잠자고 있음과 깨어 있음이라는 두 가지 상태에 관해서만 말한다. 하지만 신비학에서 꿈은 이 두 가지 상태와 나란히 하나의 독자적인 의미를 지닌다. 고차적인 인식으로 상승하는 사람의 꿈에서 어떤 변화가 생기는지에 관해서는 이미 앞서 설명하였다. 그의 꿈은 아무런 의미도 연관도 없는 불규칙한 성격에서 벗어나, 점점 더 규칙적이고 서로 연관된 세계가 된다. 수행이 진전되면 꿈의 세계에서 태어나는 이 새로운 세계는 그 내적인 진실성에서 외적인 감각적 현실에 전혀 뒤지지 않으며, 오히려 그 속에서 참다운 고차적 현실을 표현하는 사실들이 드러난다. 감각 세계에서는 여기저기에 신비와 수수께끼가 숨겨져 있다. 물론 이 세계가 특정한 고차적 사실의 결과를 보여 주더라도, 자신의 지각을 감각에만 국한시키는 사람은 이 결과의 **원인** 속으로 파고들 수가 없다. 신비 수행자에게는 앞서 말한 상태, 곧 꿈에서 생겨났으나 결코 꿈에 머물러 있지 않는 상태에서부터 이러한 원인이 부분적으로 드러난다.

물론 그는, 이렇게 드러나 보이는 것들이 일상의 깨어 있는 생활 동안 자신에게 모습을 보이지 않는 한, 그것들을 현실적인 인식으로 여겨서는 안 된다. 하지만 그는 그 상태에 도달한다. 그는, 처음에 꿈에서 만들어 냈던 상태를 깨어 있는 의식 속으로 옮겨 올 정도로 발전한다. 그러면 그에게 감각 세계는 뭔가 완전히 새로운 것으로 풍성해진다. 선천적으로 눈먼 사람이 수술을 받아서 개안(開眼)한 이후, 눈으로 지각한 모든 것만큼 주위의 사물들이 풍성해짐을 인식하듯이, 투시 능력을 얻게 된 사람은 주위 세계 전체가 새로운 속성, 새로운 사물, 새로운 존재 등등으로 풍성해짐을 보게 된다.

이제부터 그는 새로운 세계 속에 살기 위해 꿈을 기다릴 필요가 없다. 고차적인 지각을 위해서 적당한 때에 언제든지 자신을 앞서 말한 상태로 옮길 수 있다. 그러면 그에게 이 상태는, 일상 생활에서 감각이 활발하지 않을 때 사물을 지각하는 것에 비해 감각이 활발할 때 사물을 지각하는 것이 지니는 의미와 비슷한 의미를 갖는다. 우리는 진정한 의미에서 다음과 같이 말할 수 있다. 신비 수행자는 자기 영혼의 감각을 열어, 신체적 감각에는 은폐된 채 있을 수밖에 없는 사물들을 응시한다.

이러한 상태는 신비 수행자가 더욱더 고차적인 인식 단계로 나아가는 하나의 과도기일 뿐이다. 수행자가 신비 수행을 계속해 나가노라면, 적당한 시간이 흐른 뒤 그는 다음과 같은 것을 발견할 것이다. 즉, 그의 꿈에 앞서 말한 확연한 변화가 일어날 뿐만 아니라 이 변화가 꿈이 없는 깊은 잠에도 영향을 미친다는 것을 말이다. 꿈이 없는 깊은 잠을 자는 동안 아무런 의식도 없었던 상태는 이제는 산발적인 의식적 체험들에 의해 중단된다. 잠의 전반적인 암흑 상태 속에서, 그가 이전에는 알지 못했던 종류의 지각 내용이 솟아오른다. 이 지각 내용을 묘사하는 것은 물론 쉬운 일이 아니다. 우리의 언어는 감각 세계를 위해서만 만들어진 것으로, 이 감각 세계에 전혀 속하지 않는 것에 대해서는 근사치의 표현만 가능하기 때문이다.

그렇지만 고차 세계를 묘사하기 위해서는 일단 말을 사용하지 않을 수 없다. 그러한 묘사는 많은 것이 비유로 말해지는 방식을 통해서 이루어질 수밖에 없다. 이 세상의 모든 것이 서로 공통점을 지니고 있기 때문에 가능한 일이다. 어쨌든 하고자 하는 의지만 있다면 이 고차 세계의 표상은 감각 세계를 위해 쓰이는 말을 통해서도 획득될 수 있다. 그럴 수 있을 정도로 고차 세계의 사물과 본질은 감각 세계의 그것과 공통점을 지닌다. 초감각적 세계를 묘사할 때 많은 것이 비유와 상징일 수밖에 없다는 점을 항상 의식하고 있어야 한다.

그렇기 때문에 신비 수행 자체는 단지 부분적으로만 일상 언어의 말로 이루어진다. 더 발전하기 위해 수행자는 자명한 듯이 나타나는 상징적 표현 방식도 배운다. 신비 수행을 하는 동안 그것을 몸소 익혀야 한다. 그렇다고 해서, 사람들이 이 글에서 제시되는 것과 같은 일상적인 묘사를 통해서도 고차 세계의 본성에 관해 뭔가를 경험한다는 사실이 부인되는 것은 아니다.

앞서 거론한 체험들, 곧 깊은 잠을 자는 동안 아무런 의식도 없는 상태의 망망 대해에서 솟아오르는 체험들에 관해 어떤 심상을 제시하고자 한다면, 그것을 일종의 **듣기**와 비교하는 것이 가장 나을 것이다. 지각된 소리와 말에 관해 우리는 이야기할 수 있다. 꿈꾸는 잠의 체험들을 감각적 지각과 비교하여 일종의 **보기**로 적절히 표시할 수 있듯이, 깊은 잠의 사실들은 귀의 인상들과 비교될 수 있다.(여기에 덧붙여, **보기**는 정신 세계에서도 고차적인 행위라는 점을 말해야겠다. **이 세계**에서도 색채는 소리나 말보다 고차적인 것이다. 그러나 신비 수행자가 수행을 하면서 이 세계에 관해 **먼저** 지각하는 것은, **아직** 고차적인 색채가 **아니라** 낮은 차원의 소리이다. 수행자가 꿈꾸는 잠 속에서 곧바로 색채를 지각하는 까닭은, 그가, 전반적인 발전을 이루고 나면 꿈꾸는 잠 속에서 드러나는 세계에 적합해지기 때문이다. 그는, 깊은 잠 속에서 드러나는 고차 세계에는 아직 부적합하다. 그렇기 때문에 그에게 이 세계는 먼저 소리와 말로 드러난다. 시간이 지나면, 이 세계에서도 색채와 형태를 지각할 수 있다.)

자기가 깊은 잠 속에서 그러한 체험들을 한다고 깨닫게 된 신비 수행자의 다음 과제는, 우선 그 체험들을 가능한 한 분명하고 명확하게 하는 것이다. 처음에 이 일은 아주 힘들게 이루어진다. 이 상태에서 체험되는 것의 지각 내용이 처음에는 극히 사소한 것이기 때문이다. 사람들은 잠에서 깨어난 후에 뭔가 체험했다는 것을 안다. 하지만 그때 있었던 것에 관해서는 전혀 불명확한 상태로 있다. 최초의 이 상태에서 무엇보다도 중요한 것은, 평정과 침착함을 유지한 채 단 한 순간이라도 불안과 초조에 빠지지 않는 것이다. 불안이나 초조는 어떠한 경우든 나쁜 영향을 끼칠 뿐이다. 특히 그것들은 고차적인 발전을 결코 촉진할 수 없으며, 오히려 필연적으로 방해하게 마련이다.

이른바 주어진 것 또는 선사받은 것에 조용히 자기를 내맡겨야 한다. 억지스러운 것은 일체 중단되어야 한다. 이 시점에서 잠의 체험을 지각할 수 없다면, 그것이 가능해질 때까지 참을성 있게 기다려야 한다. 그 순간은 반드시 한 번은 찾아온다. 이전에 참을성 있고 침착하게 있었다면 지각 능력은 안전하게 지속된다. 이에 반해, 억지스러운 방식으로 그러한 지각 능력이 나타날 경우, 그것은 어느 정도 시간이 지나면 다시 완전히 사라져 버릴 수 있다.

지각 능력이 일단 생기고 잠의 체험이 완전히 명료하게 의식되면, 이 체험 중에서 두 가지 종류의 체험이 아주 정확하게 구별되도록 주의를 기울여야 한다.

그 한 가지 종류는, 지금까지 알아 왔던 모든 것과 완전히 다르다. 처음에는 이러한 체험에서 기쁨을 느끼고 감동할지도 모른다. 하지만 일단 그 체험을 내버려두어야 한다. 그 체험은, 나중에서야 제대로 임하게 될 고차적인 정신 세계에 대한 최초의 전조(前兆)이다.

한편, 또 다른 종류의 체험은, 주의 깊은 관찰자에게 그가 살고 있는 일상 세계와의 확실한 친화성을 보여 줄 것이다. 이 잠의 체험은 그가 생활하면서 숙고하는 것, 주변의 사물들에서 파악하고자 하나 일상적 오성으로는 파악할 수 없는 것에 대해서 해명해 준다. 사람은 일상 생활을 하는 동안 주변의 것에 관해 생각한다. 사물들의 연관 관계를 파악하기 위해 이런저런 생각을 하는 것이다. 그는 감각이 지각하는 것을 개념을 통해 이해하고자 한다. 이 잠의 체험은 그러한 생각 및 개념과 관련이 있다. 지금까지는 어렴풋하고 그림자 같았던 개념은, 감각 세계의 소리와 말에 비교될 수 있는 낭랑함과 생생함을 획득한다. 그가 깊이 생각해야 했던 수수께끼의 해답은 고차 세계로부터 그에게 소리와 말을 통해 조용히 속삭여 올 때처럼 점점 더 낭랑하고 생생해진다. 그러면 그는 다른 세계로부터 그에게 오는 것을 일상 생활과 연결시킬 수 있다.

예전에는 단지 그의 사고만이 도달할 수 있었던 것을 이제는 체험도 하게 된다. 이 체험은 감각 세계의 그 어떤 체험 못지않게 생생하고 내용이 풍부한 것일 수 있다. 이 감각 세계의 사물과 존재가 감각적 지각에 나타나는 것만은 결코 아니다. 그것들은 정신 세계의 표현이자 유출이다. 예전에는 숨겨져 있던 이 정신 세계가 이제는 신비 수행자의 주변 전체에서 그를 위해 울려 나온다.

수행자에게 열려 있는 영혼 감각 속에서 모든 것이 질서 정연할 때에만 이 같은 고차적 지각 능력이 그에게 축복이 될 수 있다는 것은 쉽게 알 수 있는 일이다. 세계의 참된 고찰을 위해 일상적인 감각 도구들을 사용하기 위해서는, 그것들이 합법칙적으로 갖추어져 있어야 하는 것과 마찬가지 이치다. 이제 수행자는 신비 수행이 지시하는 수련을 통해 그와 같은 고차적 감각을 몸소 일궈 내야 한다.

이러한 수련에는 집중이 포함된다. 이는 세계 비밀과 연관되어 있는 아주 특정한 표상과 개념으로 주의력을 모으는 것이다. 또 명상도 이러한 수련에 포함된다. 이는 그러한 이념들 속에서 살아가는 것, 곧 앞서 말한 방식으로 그러한 이념들 속에 완전히 몰입하는 것이다. 집중과 명상을 통해 수행자는 자기 영혼을 연마한다. 이를 통해 그는 영혼 속에서 영혼적 지각 기관을 발달시킨다. 그가 집중과 명상의 과제에 전념하는 동안 그의 몸 내부에서는, 마치 어머니의 몸 속에서 태아가 자라나듯이, 그의 영혼이 성장한다. 그리고 잠자는 동안 앞서 말한 몇몇 체험들이 나타날 때, 자유로워진 영혼의 탄생 순간이 다가온다. 이 영혼은 말 그대로 다른 존재가 되었다. 이 존재는 인간이 자기 속에서 싹틔우고 성숙시킨 것이다.

그렇기 때문에 집중과 명상을 위한 노력은 조심스럽게 이루어져야 하며, 집중과 명상 그 자체는 엄격하게 지켜져야 한다. 집중과 명상이 앞서 말한 고차적인 인간·영혼 존재를 싹틔우고 성숙시키기 위한 법칙이기 때문이다. 고차적인 이 인간·영혼 존재 자체는 조화롭고 올바르게 정렬된 유기체로 태어나야 한다. 하지만 수련 지침에 뭔가 결함이 있으면, 그와 같은 합법칙적 생명체가 아니라 정신 영역에서 생명력을 지니지 못하는 유산된 태아가 생겨난다.

이 고차적인 영혼 존재의 탄생은 처음에 깊은 잠 속에서 이루어진다. 아직 저항력 없는 연약한 유기체가 불시에 감각적 일상 생활 속에 나타난다 하더라도 가혹한 일상 생활에서 결코 살아갈 수 없으리라는 것을 생각해 보면, 당연해 보이기도 한다. 그 유기체의 활동은 몸의 활동에 비해 눈에 띄지 않는다. 그 활동이 감각적 **지각**에 의존해 있는 신체가 쉬는 잠 속에서, 처음에는 그토록 연약하고 눈에 띄지 않던 고차 존재의 활동이 나타날 수 있다.

하지만 거듭 주의해야 할 점이 있다. 깨어난 고차적 영혼을 낮의 의식 속으로 가지고 올 수 없는 한, 신비 수행자는 잠의 체험을 완전히 효력 있는 인식으로 여겨서는 안 된다. 그가 할 수 있을 때, 그는 낮의 체험들 사이에서, 그리고 그 내부에서 정신 세계를 그 특성에 따라 지각할 수 있다. 다시 말해서, 주변의 비밀을 영혼의 차원에서 소리와 말로써 파악할 수 있다.

이제 이 발전 단계에서 분명히 알아야 할 것이 있다. 그가 다소간 연관성 없는 개별적인 정신적 체험들과 관계하고 있다는 것이 그것이다. 따라서 그 체험들에서 완결되거나 서로 연관된 어떤 인식 구조물을 구성해 내려고 하는 행위는 경계해야 한다. 만약 그럴 경우, 온갖 종류의 환상적 관념과 이념이 영혼 세계 속으로 섞여 들어올 수밖에 없을 터이다. 또 현실적인 정신 세계와는 아무런 관계도 없는 세계를 아주 쉽게 구성해 낼는지도 모른다. 신비 수행자는 늘 더없이 엄격하게 자기를 제어하지 않으면 안 된다. 가장 올바른 태도는,

개개의 현실적 체험에 관해 명확성을 더해 가면서, 새로운 체험들이 전혀 억지스럽지 않게 생겨나 기존의 체험들과 저절로 결합될 때까지 기다리는 것이다.

그럴 때에, 그가 이제 그 속으로 들어온 정신 세계의 힘과 적합한 수행을 통해 깊은 잠 속에서의 의식은 점점 더 퍼져 나간다. 체험들이 아무 의식 없는 상태 속에서 점점 더 많이 솟아오르며, 수면 생활에서 의식 없는 부분은 점점 더 줄어든다. 그리하여 수면 중에 생겨나는 개개의 경험은 저절로 점점 더 많이 결합되는데, 이것의 진정한 결합은 감각 세계에 익숙한 오성에 의해서 생겨날 뿐인 온갖 종류의 추리와 추론에 의해 방해받지 않을 것이다. 감각 세계의 사고 습관이 부당한 방식으로 고차적 체험에 뒤섞이는 정도가 덜하면 덜할수록 더 좋다. 이런 식으로 태도를 취하면, 그는 고차적 인식의 도정에 있는 다음과 같은 단계, 곧 예전에는 수면 생활 속에서 단지 무의식적으로만 존재했던 상태가 완전히 의식적인 상태로 바뀌는 단계에 점점 더 가까이 다가가게 된다. 그러면 그는 신체가 쉬고 있을 때에도 깨어 있을 때와 똑같은 현실 속에서 살아간다.

잠자는 동안 그가 관계하는 현실이, 신체가 처해 있는 감각적 주변과는 다를 수밖에 없다는 것은 새삼 말할 필요가 없다. 그는 고차적인 수면 체험을 감각적인 주변과 결합하는 것을 배우는데, 감각 세계의 지반 위에 확고하게 서서 몽상가가 되지 않기 위해서라도 그것을 배워야만 한다. 하지만 처음에는 잠 속에서 체험된 세계야말로 하나의 완전히 새로운 계시이다. 신비학에서는 수면 생활의 의식성에 그 본질이 있는 이 중요한 단계를 의식의 연속성〔부단성(不斷性)〕이라 부른다.[27]

이 단계에 도달한 사람에게는, 물리적인 신체가 쉬고 있고 감각 기관을 통해 영혼에 어떠한 인상도 부여되지 않는 시간에도 체험과 경험이 끊이지 않는다.

---

27) 여기에서 암시되는 것은, 발전의 어떤 단계에서 기나긴 도정 끝에 놓여 있는 일종의 '이상'이다. 신비 수행자가 처음에 알게 되는 것은 두 가지 상태이다. 이전에는 단지 불규칙적인 꿈들만 가능했던 영혼 상태에서의 의식과 아무런 의식도 꿈도 없는 잠에서만 가능했던 영혼 상태에서의 의식이 그것이다.

9. 정신 수행 중에 일어나는 인격의 분열

잠자는 동안 인간 영혼은 물리적 감각 기관에서 오는 전달 사항을 받아들이지 않는다. 일상적인 외부 세계의 지각 내용은 이 상태에 있는 인간 영혼에게는 흘러 들어오지 않는다. 어떤 면에서 보면 실로 영혼은 인간의 본체적 부분 **바깥에**, 곧 깨어 있으면서 감각적 지각과 사고를 매개해 주는 이른바 물리적 신체 **바깥에** 있는 셈이다. 그렇다면 인간 영혼은, 물리적 감각으로는 관찰할 수 없는, 보다 미묘한 몸체들(에테르체와 아스트랄 체)하고만 연결되어 있다. 하지만 이 미묘한 몸체들의 활동은 잠자는 동안에도 중단되지 않는다.

물리적 신체가 물리적 세계의 사물 및 존재와 결합되어 있으면서 그 영향을 받고 거기에 작용을 가하듯이, 영혼도 고차 세계에서 그렇게 살아간다. 그리고 이 삶은 잠자는 동안에도 계속된다. 실제로 영혼은 잠자는 동안 아주 활동적이다.

정신적 지각 기관을 지니고 있지 못한 사람만이 그 자신의 이 같은 활동에 관해 전혀 알지 못한다. 정신적 지각 기관을 통해서 사람은 잠자는 동안에 자기 주변에서 일어나는 일과 자기 자신이 하는 일을 관찰할 수 있다. 낮 생활에서 물리적 주변에 대해 일상적 감각들을 가지고 할 수 있는 것과 마찬가지로 말이다. 신비 수행은 (앞 장들에서 이미 밝혔다시피) 그와 같은 정신적 감각 기관들의 육성에 그 본질이 있다.

이제 신비 수행을 통해 인간의 수면 생활이 앞 장에서 묘사된 바와 같이 바뀐다면, 그는 이 상태에서 자기 주변에 일어나는 모든 일을 의식적으로 추구할 수 있다. 그는 자기 주변을 마음대로 다룰 수 있다. 마치 깨어 있는 일상 생활 동안 일상적 감각을 통해 이루어지는 체험의 경우에 그렇듯이 말이다. 물론 이때, 일상의 감각적 환경의 지각은 이미 상당한 정도의 투시를 전제로 한다는 점을 유념해야 한다.(이미 앞 장에서 이를 시사한 바 있다.) 발전 초기의 신비 수행자는 다른 세계에 속하는 사물들만을 지각한다. 이때 그는 일상의 감각적 환경의 대상들과 그 사물들의 연관 관계를 아직 인식하지 못한다.

꿈과 수면 생활의 특징적인 예들에서 명백해지는 일이 그에게 계속해서 일어난다. 영혼은 고차 세계 속에서 단절 없이 삶을 영위하며, 고차 세계 내부에서 활동하고 있다. 영혼은 이 고차 세계에서 자극을 만들어 내며 이를 통해 그것은 지속적으로 물리적 신체에 영향을 끼친다. 인간에게 이 같은 고차적 삶이 **의식되지 않은 채** 있을 따름이다. 하지만 신비 수행자는 그것을 의식한다. 그로써 그의 삶 전반은 달라진다. 영혼이 고차적인 의미에서 **보지** 못하는 동안, 그것은 상위의 세계 존재에 의해 이끌린다. 수술을 통해 눈을 뜨게 된 맹인이, 이끌리는 대로 몸을 맡길 수밖에 없었던 이전의 삶과는 다른 삶을 살게 되듯이, 그렇게 인간의 삶은 신비 수행을 함으로써 변화한다. 그는 더 이상 다른 사람의 지도를 필요로 하지 않을 것이며, 그때부터 자기 관리를 스스로 떠맡아야 한다. 이렇게 되자마자 당연히 일상 의식이 생각지도 못하는 오류에 빠져 든다. 이제 그는, 예전에 그 자신에게 의식되지 않은 채 그에게 영향을 미쳤던 고차적인 힘이 유래하는 세계에서 벗어나 행동하게 된다. 이 고차적인 힘은 세계의 보편적 조화를 통해 질서를 얻게 되지만 신비 수행자는 세계의 이러한 조화에서 벗어난다. 이제부터 그는, 지금까지 그의 개입 없이 그를 위해 행해졌던 일들을 스스로 행해야 한다.

사정이 그렇기 때문에 그러한 일을 다루는 글들은, 고차 세계를 향한 상승에 연루되어 있는 위험에 관해 많이 말하고 있다. 이따금 그러한 위험이 묘사되는데, 그러한 묘사는 불안에 찬 마음으로 하여금 공포에 떨면서 이 같은 고차적 삶을 엿보게 하기에 알맞다. 그렇지만 이러한 위험은 필요한 준비 조치가 무시될 때에만 존재한다. 이에 반해, 참된 신비 수행이 조언의 차원에서 제공하는 모든 것에 진정으로 유의한다면, 감각적 인간의 가장 대담한 공상이 그려 낼 수 있는 그 무엇보다도 힘과 위대성의 측면에서 탁월한 체험을 함으로써 고차 세계로 올라갈 수 있다. 그렇다고 건강이나 생명이 위험에 처하는 일은 없다. 수행자는 생명을 속속들이 위협하는 소름 끼치는 힘을 알게 된다. 그는 감각적 지각으로는 포착할 수 없었던 어떤 힘과 존재를 이용할 수 있게 된다. 그래서 이러한 힘을 자신의 정당치 못한 이해 관계를 위해 차지하거나 아니면 고차 세계에 대한 부족한 인식에 기초하여 잘못된 방식으로 그 힘을 이용하려는 유혹이 크다. 그와 같이 특히 중요한 체험 가운데 몇 가지(예컨대 '문지방의 수호령'과의 만남)는 뒤에서 서술될 것이다.

이때 반드시 고려해야 할 점이 있다. 우리가 비록 그 존재를 모르고 있다 하더라도, 생명에 적대적인 세력이 존재한다는 것이 그것이다. 그 세력과 인간의 관계는 고차적인 힘에 의해 규정되며, 예전에는 자기에게 숨겨져 있었던 세계 속에 인간이 의식적으로 들어갈 때 그 관계도 변한다. 이는 물론 의심할 것 없는 사실이다. 하지만 그 대신에 인간 자신의 현존재가 고양되며, 삶의 범위도 엄청나게 확장된다. 진정한 위험은, 신비 수행자가 고차 세계의 경험을 마주하여 초조감이나 불손함 때문에 너무 일찍 자기 자신에게 어떤 독자성을 부여할 때, 초감각적 법칙에 대한 충분한 통찰이 그에게 실제로 주어지기까지 기다릴 수 없을 때, 그럴 때에만 생겨난다. 이 영역에서는 겸허함과 겸손함이 일상 생활에서보다 훨씬 덜 공허한 말이다. 수행자가 겸허함과 겸손함을 최상의 의미에서 자기 소유로 할 때, 일상적으로 건강과 생활이라 부르는 것이 일체 위험해지는 일 없이 고차적 삶으로 상승할 수 있다. 이는 틀림없는 일이다.

무엇보다도 고차적인 체험과 일상 생활의 진행 과정이나 요구 사이에 불협화음이 생겨나서는 안 된다. 인간의 사명은 철저하게 이 지상에서 찾아져야 한다. 이 지상에서의 사명에서 벗어나 다른 세계로 달아나고자 하는 사람은, 틀림없이 자기 목표를 이루어 내지 못한다.

하지만 감각이 지각하는 것은 세계의 한 부분일 따름이다. 그리고 감각 세계의 사실에서 표현되는 본체는 정신적인 것 속에 있다. 정신적인 계시를 감각 세계 안에 가지고 들어가기 위해서는 정신에 관여되어 있어야 한다. 인간은 정신의 나라에서 탐색한 것을 지상에 심음으로써 지상을 변형시킨다. 여기에 그의 사명이 있다. 감각적 지상은 정신 세계에 의존한다. 창조적인 힘들이 숨겨져 있는 저 세계에 관여할 때에만 사람들은 지상에 진정한 영향을 미칠 수 있다. 바로 이것이 정신 세계로 상승하고자 해야 하는 이유이다. 이러한 의향을 가지고 신비 수행에 접근하고 이를 통해 설정된 방향에서 단 한 순간도 벗어나지 않을 때에는, 일말의 위험도 두려워할 필요가 없다. 위험이 예상된다고 해서 신비 수행을 멀리할 수는 없는 법이다. 각자에게 그런 예상은, 참된 신비 수행이 지녀야 하는 저 특성을 철저하게 습득하라는 엄격한 요구여야 한다.

모든 끔찍한 것을 제거하는 이러한 전제 아래에, 이제 여기에서는 소위 '위험' 몇 가지를 서술하도록 하겠다. 물론 큰 변화는 위에서 말한 신비 수행자의 미묘한 몸체들(에테르 체와 아스트랄 체)에서 일어난다. 그러한 변화는 영혼의 세 가지 기본적인 힘의 어떤 발전 과정, 곧 **의지**, **느낌**, **사고**와 연관되어 있다. 신비 수행 전에 이 세 가지 힘은 고차적인 세계 법칙에 의해 조절되는 특정한 결합을 유지하고 있다. 사람은 제멋대로 **의도하고 느끼거나 생각지** 않는다.

예컨대 어떤 특정한 표상이 의식 속에 떠오르면, 자연스러운 법칙에 따라 어떤 감정이 표상에 연결되거나 표상과 합법칙적으로 연관되어 있는 어떤 결단이 뒤따른다. 어느 방에 들어갔다가 그 방이 습기 차 있다고 느끼면 창문을 연다. 자기 이름을 부르는 소리를 들으면 그 부름에 따른다. 질문을 받으면 대답을 한다. 악취 풍기는 쓰레기를 보면 불쾌감을 느낀다. 이것이 사고와 느낌과 의지 사이의 간단한 연관 관계이다.

인간 생활을 조망해 보면, 이 생활에서 모든 일이 그와 같은 연관 관계로 구축되어 있음을 발견할 것이다. 한 인간의 생활 속에 사고와 느낌과 의지 사이의, 인간 본성의 법칙에 그 기초를 두고 있는 그와 같은 결합이 있을 때에만 그 생활을 '정상적'이라고 부른다. 만약 어떤 사람이 예컨대 악취 풍기는 쓰레기를 보고 쾌감을 느끼거나 아니면 질문에 대답하지 않을 경우, 사람들은 이를 그러한 법칙에 어긋나는 것으로 여길 것이다. 올바른 교육이나 적절한 가르침을 통해 성과를 기대하는 것은, 학생의 사고와 느낌과 의지 사이에 인간 본성에 부합하는 결합을 만들어 낼 수 있다는 것을 전제하기에 가능하다. 학생에게 특정한 관념을 가르칠 경우, 나중에 그 관념이 학생의 감정 및 결단과 합법칙적으로 결합되리라는 가정 아래에 그렇게 하는 것이다.

이 모든 것은, 인간의 보다 미묘한 영혼체들 속에 사고, 느낌, 의지라는 세 가지 힘의 중심점이 합법칙적으로 서로 결합되어 있기에 가능한 일이다. 보다 미묘한 영혼 조직에서의 이 같은 결합은 조야한 물리적 신체 속에도 반영되어 있다. 물리적 신체 속에서도 의지 기관은 사고 기관 및 느낌 기관과 합법칙적으로 결합되어 있다. 그렇기 때문에 특정한 사고가 어떤 감정이나 의지 활동을 규칙적으로 불러일으킨다.

인간의 고차적인 발전이 이루어지면 세 가지 기본적인 힘을 서로 결합하는 실이 끊어져 버린다. 처음에 이 단절은 앞서 그 특징이 묘사된 미묘한 영혼 조직에서만 일어난다. 하지만 더욱더 고차적인 상승이 이루어지면 그 단절은 물리적인 신체에도 일어난다.(인간이 고도의 정신적 발전을 이루면, 예를 들어, 두뇌는 서로 분리된 세 부분으로 나누어진다. 물론 이러한 분리는 통상적인 감각적 관찰로는 지각할 수 없으며, 아무리 정교한 관측기를 사용한다 하더라도 증명할 수 없는 그런 것이다. 하지만 이 분리는 실제로 일어나며, 투시자는 그것을 관찰할 수단을 가지고 있다. 뛰어난 투시자의 두

뇌는 각각 독립적으로 작용하는 세 가지 본체, 곧 사고 두뇌, 느낌 두뇌, 의지 두뇌로 나누어진다.)

그리하여 사고 기관, 느낌 기관, 의지 기관은 서로서로에 대해 완전히 자유로운 상태로 있다. 이제부터는 이 세 부분의 결합이 그것들 자체에 심어진 법칙을 통해서 만들어지는 것이 아니라 인간 자신의 각성된 고차적 의식을 통해서 마련되어야 한다.

이것은 수행자가 자기 자신에게서 깨닫게 되는 변화로서, 관념과 감정 사이, 또는 감정과 결단 사이 등등의 연관 관계는 수행자 스스로 창조해 내지 않으면 생겨나지 않는다. 어떠한 동인도, 만일 그가 이 동인을 자기 속에서 자유로이 생기게 하지 않는다면, 그로 하여금 생각에서 행동으로 나아가도록 하지 않는다. 이제부터 그는, 수행 전에 그에게 불타는 사랑이나 격렬한 증오를 불러일으켰던 사실 앞에서 아무런 감정 없이 서 있을 수 있다. 예전에 그로 하여금 자기도 모르는 사이에 행동하도록 고취했던 그런 생각을 접하더라도, 아무 짓도 하지 않고 가만히 있을 수 있다. 신비 수행을 거치지 않은 사람에게는 없는 동기로써 결단력 있게 행동할 수 있다. 신비 수행자에게 주어지는 위대한 성취는, 그가 영혼의 이 세 가지 힘의 협동 작용을 완전히 지배한다는 것이다. 이 협동 작용은 완전히 수행자 자신의 책임 아래에 놓인다.

존재의 이 같은 변화를 통해 비로소 인간은 어떤 초감각적 힘 및 초감적 본체와 의식적으로 결합될 수 있다. 그 자신의 영혼적 힘이 세계의 어떤 기본적 힘과 적합한 친화성을 지니기 때문이다. 예컨대 의지에 있는 힘은 고차 세계의 특정한 사물 및 본체에 작용할 수 있으며 이를 지각할 수도 있다. 그러나 이것은, 그 힘이 영혼 내부의 느낌 및 사고와의 결합에서 자유롭게 되었을 때, 비로소 가능하다. 이 결합이 풀어지자마자, 외부를 향한 의지의 작용이 나타난다.

사고와 느낌의 힘에 대해서도 같은 말을 할 수 있다. 어떤 사람이 내게 증오의 감정을 보낸다면, 투시자에게 이 감정은 특정한 색깔을 띤 미묘한 빛의 구름으로 가시화될 수 있다. 그와 같은 투시자는, 마치 감각적 인간이 자기에게 가해지는 물리적 타격을 막듯이, 이 증오의 감정을 막을 수 있다. 초감각적 세계에서 증오는 눈에 보이는 현상이다. 하지만 그가 자기 감정 속에 있는 힘을, 마치 감각적 인간이 눈을 외부로 돌리듯, 바깥쪽으로 보낼 수 있을 때, 투시자는 이러한 증오를 지각할 수 있다. 감각 세계의 의미 있는 일에 관해서도 증오의 경우와 마찬가지로 말할 수 있다. 인간은 자기 영혼의 기본적인 세 가지 힘을 자유롭게 함으로써 그러한 일들과 의식적으로 교류할 수 있다.

신비학의 지침을 무시할 경우, 앞서 서술한 세 가지 힘의 분리, 곧 사고와 느낌과 의지의 세 힘의 분리 때문에 인간의 발전 과정에서는 삼중의 오류가 일어날 수 있다. 그와 같은 오류는, 고차적 의식이 분리된 힘의 자유롭고 조화로운 협동 작업을 만들어 내는 고삐를 잘 다룰 수 있을 만큼 인식을 갖추기도 전에 연결 통로가 파괴될 경우에 생겨난다.

왜냐하면, 일반적으로 인간의 세 가지 기본적인 힘 모두가 삶의 특정 단락에서 똑같은 수준으로 진보하는 것은 아니기 때문이다. 어떤 사람의 경우에는 사고가 감정과 의지보다 진보해 있으며, 또 다른 사람의 경우에는 다른 한 힘이 나머지 두 힘보다 우세할 수 있다. 고차적인 세계 법칙을 통해 형성된 힘의 연관 관계가 유지되는 동안에는, 특정한 힘이 두드러진다고 해서 고차적인 의미에서 방해되는 불균등성이 일어날 수 없다.

예를 들어, 의지적 인간의 경우에 사고와 감정은 그 법칙을 통해 완화 작용을 하며, 강렬한 의지가 특별나게 타락하지 않도록 한다. 하지만 그와 같은 의지적 인간이 신비 수행에 들어서면, 강력한 힘을 끊임없이 행사하려는 의지에 끼치는 감정과 사고의 합법칙적인 영향력은 완전히 중단된다. 인간이 스스로 조화를 이루어 낼 수 있을 만큼 고차적 의식을 완전히 지배하지 못한다면, 의지는 고삐 풀린 채 자신의 길을 갈 수밖에 없다. 의지는 그것을 지니고 있는 사람을 계속 압도한다. 감정과 사고는 아무런 힘도 없는 상태로 전락한다. 인간은 자신을 노예처럼 지배하는 의지의 힘에 의해 채찍질 당한다. 아무런 구속도 받지 않고 행동에서 행동으로 질주하는 **폭력적 본성**이 생겨나는 것이다.

감정이 합법칙적인 고삐에서 무절제하게 벗어날 때, 두 번째 잘못된 길이 발생한다. 다른 사람들을 숭배하는 성향을 지닌 사람은 무한한 의존 상태에 빠져서 자기 자신의 의지와 생각을 완전히 잃어버릴 지경에 이른다. 고차적인 인식 대신에, 지극히 가련한 텅 빈 무기력 상태가 그러한 인물의 운명이 되고 만다. 또 다른 경우로, 그와 같이 감정 생활이 앞설 경우에, 경건함과 종교적 고양의 자질이 있는 본성은 종교적 탐닉에 송두리째 빠질 수 있다.

세 번째 나쁜 일은 사고가 압도적일 때 일어난다. 그럴 경우, 생활에 적대적이고 자기 폐쇄적인 정관(靜觀)이 등장한다. 그러한 사람들에게 세계는, 지혜를 향한 무한히 강렬해진 욕망을 만족시키기 위한 대상들을 제공하는 한에서만 의미를 지니는 것으로 여겨진다. 그들은 어떠한 생각에 의해서도 행동을 하거나 감정을 지니도록 자극받지 않는다. 그들은 모든 일에 무관심하고 차가운 본성으로서 나타난다. 그들은 일상 현실의 사물들과 일체의 접촉을 피한다. 그러한 접촉은 마치 구토를 일으키게 하거나 적어도 그들에게 모든 의미를 잃어버리는 일과 같은 것이다.

이것이 신비 수행자가 빠질 수 있는 세 가지 사도(邪道), 곧 폭력적인 인간 본성, 감정 탐닉, 아무런 사랑도 없는 냉정한 지혜 추구이다. 외면적인 고찰 방식에서, 또 강단 의학의 유물론적인 고찰 방식에서 보면, 그와 같이 사도에 빠진 인간의 형상은 미친 사람이나 적어도 중증의 '신경병 환자'의 형상과 특히 그 정도에서 그렇게 많이 차이나지 않는다. 물론 신비 수행자와 그들이 같다는 것은 용납할 수 없는 일이다. 신비 수행자에게 중요한 것은, 영혼의 세 가지 기본적 힘인 사고, 느낌, 의지가 자체 내에 심어진 결합에서 떨어져 나와 각성된 고차적 의식에 종속될 수 있기 이전에, 조화롭게 발전한다는 것이다.

그도 그럴 것이, 일단 오류가 발생해서 한 가지 기본적 힘이 아무런 구속 없는 상태에 빠지게 되면, 고차적인 영혼이 유산된 태아로 나타나기 때문이다. 그러면 제어되지 않은 힘이 그 인간의 인격 전체를 가득 채운다. 모든 것이 다시 균형을 이룬다는 것은 오랫동안 생각도 할 수 없는 일이 되고 만다. 신비 수행을 하지 않는 동안에는 아무런 해도 없는 기질로 나타나는 것, 곧 그가 의지 체질이냐 감정 체질이냐 사유 체질이냐 하는 것이 신비 수행자에게 몹시 중요해진 나머지 삶에 꼭 필요한 보편 인간적인 것은 하찮은 것이 되고 말 지경이다.

물론 그것은, 수행자가 수면 의식에서 겪은 체험을 깨어 있는 상태에서도 지닐 수 있는 능력을 얻는 순간에 틀림없이 진짜 심각한 위험이 된다. 잠의 휴식기를 밝게 비추는 데 그치는 한, 깨어 있는 동안에 일반적인 세계 법칙에 의해 규제되는 감각 생활은 거듭 교란된 영혼의 균형을 되잡도록 반작용한다. 그렇기 때문에, 신비 수행자의 깨어 있는 생활이 모든 방향에서 규칙적이고 건강하지 않으면 안 된다. 몸과 영혼과 정신의 건강하고 강력한 형성을 요하는 외부 세계의 요구에 그가 부응하면 할수록 그에게 더 좋다.

이에 반해서, 일상의 깨어 있는 생활이 그에게 자극적이거나 소모적으로 작용할 때, 따라서 그의 내면에서 일어나는 비교적 큰 변화들에 대해 외적 생활이 파괴적이거나 교란적인 영향력을 미칠 때, 사정은 나빠질 수 있다. 그는 자기 힘에 부합하며, 그로 하여금 주변과 조화롭게 잘살아 가도록 하는 모든 것을 찾아내야 한다. 이러한 조화를 해치고 그의 삶에 불안과 초조를 가져오는 것이라면 모두 피해야 한다. 이때, 이러한 불안과 초조를 외적인 의미에서 제거하기보다는 기분, 의도와 생각, 몸의 건강이 계속해서 불안정해지지 않도록 배려하는 것이 더 중요하다.

신비 수행 동안에 이 모든 것은 예전만큼 쉽게 이루어지지 않는다. 이제부터 생활 속에 작용해 들어오는 고차적 체험이 그의 현존재 전체에 끊임없이 영향을 끼치기 때문이다. 이 고차적인 체험 중에서 뭔가가 정상적이 아닐 때, 불균등성이 계속해서 잠복해 있으며 그로 하여금 매번 정상적인 궤도에서 벗어나게 할 수 있다. 그렇기 때문에 신비 수행자는 그에게 자기 존재 전체의 지배를 확실하게 해 주는 것을 한순간도 방기해서는 안 된다. 문제가 되는 모든 생활 상황에 대한 조용한 조망 또는 침착함이 그에게 결여되어서는 결코 안 된다. 그런데 진정한 신비 수행은 이 모든 특성을 근본적으로 수행 자체를 통해서 만들어 낸다. 그와 같은 신비 수행 동안에 사람들은 위험을 알게 됨과 동시에 그 위험을 이겨내는 충만한 힘도 제때에 획득한다.

10. 문지방의 수호령

'문지방의 수호령'과의 만남은 고차 세계로 올라갈 때 겪게 되는 중요한 체험이다. '문지방의 수호령'은 하나만 있는 것이 아니다. 그 본질상 두 존재, 곧 '문지방의 소수호령'과 '대수호령'이 있다. 보다 미묘한 몸체(아스트랄 체와 에테르 체) 내부에서 의지와 사고와 느낌 사이를 연결하는 실이 앞에서 기술된 식으로 풀어지기 시작할 때, 인간은 '문지방의 소수호령'과 만나게 된다. 결합의 해체가 몸체의 물리적 부분(특히 맨 먼저 뇌)에도 미칠 때, 인간은 '문지방의 대수호령'을 마주하게 된다.

'문지방의 소수호령'은 자립적인 존재이다. 이 존재는 인간이 상응하는 발전 단계에 도달하기 전에는 인간에게 존재하지 않는다. 여기에서는 이 존재의 몇 가지 가장 본질적인 특성만이 묘사될 수 있다.

먼저, 신비 수행자와 문지방의 수호령과의 만남을 이야기 형식으로 서술해 봄직하다. 수행자는 이 만남을 통해서 비로소 다음과 같은 사실, 곧 사고, 느낌, 의지에 심어져 있던 결합에서 그것들이 풀려져 나왔다는 사실을 의식할 수 있게 된다.

소름 끼치는 유령 같은 존재가 수행자 앞에 서 있다. 그것과 마주하고 선 수행자는 지극히 침착하며 지금까지의 수행 생활 동안 충분하게 습득할 수 있었던 확실한 인식에 대한 완전한 자신감을 가지고 있다.

'수호령'은 자신의 의미를, 예컨대 다음과 같은 말로 알린다. "그대 눈으로 볼 수 없었던 힘이 여태껏 그대를 지배해 왔다. 그 힘은 지금까지의 그대 인생에서 그대의 선행은 상을 받고 그대의 악행은 나쁜 결과를 갖도록 영향을 끼쳐 왔다. 그 영향력을 통해, 그대의 인생 경험과 그대의 생각을 기초로 그대의 성격이 형성되었다. 그 힘은 그대의 운명을 불러일으켰다. 그것은 그대의 윤회 전생의 한 시기에 할당된 기쁨과 고통의 정도를, 전생(前生)에서의 그대의 행동에 따라 규정하였다. 그것은 모든 것을 포함하는 카르마 법칙의 형식을 띠고 그대를 지배했다. 이제 그러한 힘이 그대에 대한 지배권의 일부를 포기할 것이다. 그것이 그대에게 행했던 일을 이제 그대 스스로 행해야 한다.

지금까지 몇 번의 심각한 운명의 타격이 그대에게 가해졌다. 그대는 그 이유를 알 수 없었다. 그것은 그대의 전생의

한 시기에 그대가 행한 해로운 행동의 결과였다. 그대는 행복과 기쁨을 찾고 받아들였다. 행복과 기쁨 역시 예전에 했던 행동의 결과였다. 그대의 성격에는 몇 가지 좋은 측면도 있고 몇 가지 추한 오점도 있다. 그대는 이 두 가지를, 그대의 앞선 체험과 생각을 통해 스스로 만들어 낸 것이다. 지금까지 그대는 이 체험과 생각을 깨닫지 못했다. 단지 그 결과만이 그대에게 드러났던 것이다. 하지만 그 결과, 곧 카르마의 힘은 이전에 그대가 행했던 행동, 그대의 가장 은밀한 생각과 감정 일체를 보아 왔다. 그리고 이에 따라 그것은, 그대의 현재 존재 양상과 생활 양태를 규정했다.

하지만 이제, 그대의 과거 인생의 좋은 측면과 나쁜 측면 모두가 그대 자신에게 드러나야 한다. 그것들은 지금까지 그대 자신의 본체 속에 짜 넣어져 있었다. 그것들은 그대 속에 있었으나, 마치 물리적으로 그대 자신의 뇌를 볼 수 없는 것처럼, 그대는 그것들을 볼 수 없었다. 하지만 이제 그것들은 그대에게서 떨어져 나와 그대의 인격 밖으로 나간다. 그것들은 그대가 마치 외부 세계의 돌이나 식물을 보듯이 그렇게 볼 수 있는 독자적인 형상을 띤다.

나야말로 그대의 고귀한 행동과 나쁜 행동을 기초로 몸을 형성해 냈던 바로 그 본체이다. 유령 같은 내 형상은 그대 자신이 살아온 삶의 회계 장부로 만들어졌다. 그대는 지금까지 나를 그대 자신 속에서 눈에 보이지 않게 지녀 왔다. 하지만 그렇게 한 것이 그대를 위해서는 다행스러운 일이었다.

그랬기 때문에 그대에게 숨겨져 있는 운명의 지혜가 그대 속에 있는 내 형상의 추악한 오점을 지우는 일을 지금껏 해 온 것이다. 내가 그대 밖으로 나간 지금, 이 숨겨진 지혜도 그대에게서 멀어졌다. 그것은 더 이상 그대를 배려하지 않을 것이다. 그리하여 지혜의 작업은 전적으로 그대 자신의 손에 맡겨질 것이다. 내가 타락해서는 안 된다면, 나는 자체적으로 완전하고 훌륭한 본체가 되어야 한다. 만약 타락하게 된다면, 나는 나와 더불어 그대 역시 어둡고 타락한 세계 속으로 끌고 들어갈 것이다.

타락이 일어나서는 안 된다면, 그대 자신의 지혜는 그대로부터 멀어져 은폐된, 저 지혜의 과제를 떠맡을 수 있을 정도로 커야 한다.

그대가 나의 문지방을 넘어섰다면, 나는 그대에게 가시적인 형상으로서 더 이상 그대의 눈앞에서 사라지지 않을 것이다. 그대가 앞으로 옳지 못한 짓을 행하거나 생각한다면, 그 즉시 그대는 그대의 죄를 이러한 나의 형상에 대한 추하고 마성적인 왜곡으로 지각할 것이다. 그대가 과거에 행한 모든 그릇된 일을 개선하고 그대에게 더 이상 나쁜 일이 일체 일어나지 않도록 그대를 정화했을 때에야 비로소 나의 존재는 빛을 발하는 아름다운 존재로 변하게 될 것이다. 게다가 나는 그대가 계속 그럴 수 있도록 하기 위해 다시 그대와 하나의 존재로 합일될 수 있을 것이다.

하지만 나의 문지방은 아직 그대 속에 있는 모든 공포감으로, 그대의 행동과 생각 일체에 대해 전적인 책임을 떠맡는 힘에 대한 두려움으로 짜여져 있다. 그대가 그대 운명을 스스로 이끌어 가는 일에 대한 모종의 두려움을 여전히 지니고 있는 동안에는 이 문지방이 보존해야 하는 모든 것이 이 문지방 속에 다 짜 넣어지지 않을 것이다. 이 문지방에 단 하나의 벽돌이라도 빠져 있는 한, 그대는 홀린 듯이 이 문지방에 주저앉거나 걸려 넘어질 수밖에 없을 것이다. 그대가 두려움에서 완전히 벗어나고 어떠한 책임이라도 질 태세가 되어 있다고 느끼기 전에는 이 문지방을 넘어서려고 하지 말지어다.

지금까지 나는, 죽음이 그대를 지상의 삶에서 불러냈을 때에만 그대 자신의 인격에서 빠져 나갔다. 하지만 그때에도 나의 형상은 그대의 시야에는 감추어져 있었다. 그대를 지배했던 운명의 힘만이 나를 보았고 죽음과 새로운 탄생 사이의 중간 휴식 동안에 나의 외관에 따라 그대에게 힘과 능력을 길러 줄 수 있었다. 이는, 그대가 새로운 지상 생활에서 무사히 전진하도록 나의 형상을 미화할 수 있었기에 가능한 일이었다. 운명의 힘이 그대로 하여금 지상에 새로이 태어나도록 거듭 강제했던 것은 나 자신의 불완전함 탓이기도 했다. 그대가 죽었을 때 나는 거기에 있었다. 그리고 나 때문에 카르마의 조정자들이 그대의 재생을 규정했다. 만일 그대가 이런 식으로 거듭되는 전생(轉生)을 통해 무의식적으로나마 나를 완전한 상태로 개조했더라면, 그대는 죽음의 힘에서 벗어

낳을 것이다. 그대는 그대를 나와 완전히 합일시키고 나와 통일된 상태에서 불멸의 상태로 넘어갔을 것이다.

죽음의 순간에 내가 눈에 보이지 않는 모습으로 늘 그대 옆에 서 있었던 것처럼, 오늘은 눈에 보이는 모습으로 그대 앞에 서 있다. 그대가 나의 문지방을 넘어서게 되었다면, 다른 때에는 물리적 죽음 이후에 들어섰던 그런 세계에 들어가는 것이다. 그대는 완전한 지식을 가진 채 그 세계에 들어서는 것이며, 앞으로 그대는 외적으로 가시적인 상태로 지상에서 살아감은 물론이요 영생의 왕국이기도 한 죽음의 왕국에서도 삶을 영위한다. 사실 나는 죽음의 천사이기도 한 동시에 끝없이 솟아나는 고차적 생명을 가져오는 자이기도 하다. 살아 있는 몸 그대로 그대는 나를 통해 죽게 될 것이며, 그후 불멸의 존재로 다시 태어나는 체험을 할 것이다.

이제부터 그대가 들어서는 영역은, 그대에게 초감각적인 존재들을 알려 줄 것이다. 지극한 행복은 이 영역에서의 그대 몫일 것이다. 그러나 이 세계를 통해 처음 알게 되는 존재는 바로 나, 그대 자신의 피조물인 바로 나 자신일 수밖에 없다. 이제 나는 그대를 통해 하나의 고유한 존재로 깨어났다. 나는 그대가 행하는 미래의 행위에 대한 가시적 척도로서 그리고 아마도 그대를 끊임없이 꾸짖을 존재로서 그대 앞에 서 있다. 그대는 나를 창조할 수 있다. 그러나 그럼으로써 그대는 나를 개조할 의무 또한 동시에 떠맡은 것이다."

여기에서 이야기 형식을 빌려 암시되고 있는 것이 상징적

으로 이해되어서는 안 된다. 그것은 신비 수행자의 고도로 현실적인 체험으로 이해되어야 한다.[28]

위의 말에 포함되어 있는 요구들에 부응할 힘을 자기 속에서 느끼지 못하는 사람에 대하여, 수호령은 더 이상 그가 앞으로 나아가지 않도록 주의를 주어야 한다. 이 수호령의 형상이 아무리 끔찍하다 하더라도 그것은 수행자 자신의 과거 삶의 결과일 뿐이며, 자기 바깥의 독자적인 삶으로 소생된 수행자 자신의 성격일 따름이다. 이러한 소생은 의지, 사고, 감정의 상호 분리를 통해 일어난다. 이것은 심오한 의미를 갖는 체험의 일종으로서, 사람들은 자기가 어떤 정신적 존재에 그 근원을 부여했다는 것을 처음으로 느끼게 된다.

이제 신비 수행자의 준비 작업은 다음과 같은 것을 목표로

---

28) 여기에서 묘사된 '문지방의 수호령'이 신비 수행자의 막 깨어나고 있는 고차적 직관에 그 모습을 드러내는 (아스트랄적) 형상이라는 것이 위의 서술에서 분명해졌다. 신비학은 이와 같은 초감각적 만남을 낳는다. '문지방의 수호령'을 감각적으로도 볼 수 있게 만드는 것은 저차원의 마술이 하는 일이다. 이때 중요한 것은, 구름 같은 미묘한 재료의 제조, 곧 일정하게 섞여 있는 일련의 소재로 만들어지는 향료의 제조이다. 그러면 마술사의 발달된 힘은, 향료에 형상을 부여하는 식으로 작용하고, 그 실체를 아직 해소되지 않은 인간의 카르마로써 살아 움직이게 할 수 있다. 고차적인 직관을 위해 충분히 준비된 사람은, 그와 같은 감각적 직관을 더 이상 필요로 하지 않는다. 충분한 준비 없이, 아직 해소되지 않은 자신의 카르마를 감각적으로 살아 있는 존재로서 마주하는 사람은, 나쁜 길로 빠질 위험을 제공한다. 이러한 마술을 추구해서는 안 된다. 불워 리튼(Bulwer Lytton)의 소설 『자노니 Zanoni』 속에, 이러한 '문지방의 수호령'에 관한 서술이 들어 있다.

해야 한다. 즉, 그가 일체의 두려움 없이 끔찍한 모습을 견뎌 내고 또 '수호령'과 만나는 순간에 온전한 지식을 가지고 '수호령'을 아름답게 만드는 일을 떠맡을 수 있을 만큼 자기 힘이 실제로 성장했다고 느낄 수 있도록 해야 한다.

'문지방의 수호령'과의 만남을 다행스럽게 극복한 결과, 신비 수행자에게 그 다음의 물리적 죽음은 이전의 죽음이 그랬던 것과는 완전히 다른 사건이 된다. 그는, 마치 다 닳았거나 갑자기 찢어져서 입을 수 없게 된 옷을 벗어 던지듯이, 물리적 신체를 벗어 던짐으로써 죽음을 의식적으로 체험한다. 이와 같은 그의 물리적 죽음은, 그와 함께 살아가면서 그 지각이 아직 완전히 감각 세계에 국한되어 있는 다른 사람들에게만 이른바 중대한 사실이다. 그들에게 신비 수행자는 '죽어 버렸다.' 그러나 신비 수행자에게는 그의 전체 주변 세계에서 의미가 변한 것이라고는 하나도 없다. 그가 들어온 초감각적 세계 전체는 죽음 이전에 이미 합당한 방식으로 그의 앞에 있었으며, 죽음 이후에도 동일한 세계가 그의 앞에 있을 것이다.

하지만 이제 '문지방의 수호령'은 다른 것과 연관되어 있다. 인간은 한 가족의 성원이자 한 민족, 한 인종의 구성원이다. 이 세계에서의 그의 활동은 그와 같은 전체에 대한 소속에 의거한다. 그의 특수한 성격도 이와 연관되어 있다. 한 개인의 의식적인 활동이, 한 가족, 한 종족, 한 민족, 한 인종과의 관계에서 고려되어야 할 모든 것은 결코 아니다. 가족의 성격, 종족의 성격(등등)이 존재하듯이, 가족의 운명, 민족의 운명(등등)도 존재한다. 감각에 제약되어 있는 사람에게 이러한 것은 **일반적인 개념**에 지나지 않는다.

편견에 사로잡혀 있는 유물론적 사상가는, 마치 개별 인간의 성격과 운명이 현실적인 인격에 귀속되듯이, 가족의 성격이나 민족의 성격, 종족의 운명이나 인종의 운명이 현실적인 존재에 귀속된다는 신비학자의 말을 들으면, 그를 비웃으면서 무시할 것이다. 신비학자는, 팔다리와 머리가 인간의 구성 요소인 것처럼, 개개의 인격이 그와 같은 식으로 구성 요소를 이루고 있는 고차 세계들을 알게 된다. 가족의 삶, 민족의 삶, 인종의 삶 속에는 개별 인간들 말고도 완전히 현실적인 가족의 영혼, 민족의 영혼, 인종의 정령이 작용하고 있다. 아니, 어떤 의미에서는 개별 인간들이란, 이러한 가족의 영혼, 인종의 정령 등등의 실행 기관에 지나지 않는다. 이를테면 민족의 영혼이 어떤 일을 이행하기 위해서 그 민족에 속하는 개별 인간을 이용한다는 말은 틀림없는 진실이다. 민족의 영혼은 감각적 현실로까지 내려오지 않는다. 그것은 고차 세계를 배회한다. 물리적·감각적 세계 속에서 작용하기 위해서 그것은 개별 인간의 물리적 기관을 이용한다. 이는 고차적인 의미에서, 건축가가 건물의 세부를 완성하기 위해 일꾼들을 부리는 경우와 꼭 같다.

모든 사람은 그 말의 가장 진정한 의미에서 자신의 일을 가족의 영혼, 민족의 영혼 또는 인종의 영혼에 의해 부여받는다. 그렇지만 감각적 세계에 머물러 있는 사람에게 그 일의 고차적인 계획이 알려지는 경우는 결코 없다. 그는 민족의 영혼, 인종의 영혼 등등의 목표에 **무의식적으로** 종사하는 것이다.

문지방의 수호령을 만나는 시점부터 신비 수행자는, 한 개인으로서 자기 자신의 과제를 알아야 할 뿐만 아니라 자기 민족, 자기 인종의 과제에도 **의식적으로** 종사해야 한다. 그의 시야가 넓어지면 그의 의무도 무조건 확장된다. 이때 일어나는 현실적 과정은, 신비 수행자가 상대적으로 미묘한 자신의 영혼체에 새로운 영혼체를 추가하는 과정이다. 그는 옷을 한 벌 더 걸치는 셈이다. 지금까지 그는 자신의 인격을 감싸고 있는 외피를 걸친 채 세계를 가로질러 왔다. 그리고 공동체를 위해, 민족, 인종 등등을 위해 그가 해야 하는 일은 그의 인격을 이용하는 고차적인 정령이 배려해 왔다.

이제 '문지방의 수호령'에 의해 그에게 밝혀지는 것은, 앞으로 이러한 정령이 그에게서 손을 떼리라는 것이다. 그는 공동체에서 완전히 벗어나지 않을 수 없다. 그러면 그는 개별자로서 완전히 자기 속에 고착될 것이며, 민족과 인종의 정령에 고유한 힘을 스스로 얻지 못한다면 파멸의 길로 나아갈 것이다.

실제로 많은 사람들이 다음과 같이 말할 것이다. "아, 나는 일체의 인종적, 민족적 연관에서 완전히 자유롭게 되었다. 나는 단지 '인간'이고자 할 따름이며, '인간 이외에는 아무것도 아니고' 싶다." 하지만 그들에게는 다음과 같이 말해야 한다. 누가 그대로 하여금 이러한 자유를 누리게 했던가? 지금 그대가 살아가는 식으로 그대를 이 세상 안에 넣어 준 것은 그대의 가족이 아니었던가? 그대를 현재의 그대이게 한 것은 그대의 종족, 그대의 민족, 그대의 인종이 아니었던가? 그들이 그대를 교육시켰다. 그리고 만일 그대가 모든 편견을 초월하여 그대의 종족 또는 인종의 계몽가나 은인의 한 사람이 된다면, 그것은 **그들의** 교육 덕택이다. 그대가 '인간 이외에는 아무것도 아닌 존재'이며 또 그렇게 되었노라고 생각할 때조차, 그대는 그대 공동체의 정령에 힘입고 있다.

먼저 신비 수행자는 민족, 종족, 인종 등의 정령에서 떠나 있다는 것이 무엇을 뜻하는지를 인식하게 된다. 그는 이제부터 자신이 걸어갈 인생에 대해서 그 모든 교육이 무의미하다는 것을 자체적으로 경험한다. 그에게 육성되어 있는 모든 것이, 의지와 사고와 감정 사이를 잇는 실이 끊어짐으로써 완전히 해체되어 버리기 때문이다. 그는 지금까지 받아 온 모든 교육의 성과를 되돌아본다. 그것은 마치 벽돌이 무너져 내려 이제 다시 새로운 형태로 지을 수밖에 없는 집을 바라보는 것과 같다.

아래의 말은 단순한 상징 이상의 의미를 가진다. '문지방의 수호령'이 최초의 요구를 말한 뒤에, 그가 서 있는 장소에서 한줄기 회오리바람이 일어나 지금까지 인생 행로를 밝게 비추어 왔던 모든 정신적 빛을 꺼 버린다. 신비 수행자

앞에는 짙은 어둠이 퍼져 나간다. 그 어둠은 '문지방의 수호령' 자신이 발하는 빛에 의해서만 간간이 없어질 뿐이다. 그리고 그 어둠 속에서 '문지방의 수호령'이 말하는 다음과 같은 경고가 울려 나온다.

"그대 앞에 있는 어둠을 그대 스스로 환히 밝히리라는 것이 그대에게 분명해지기 전에는, 나의 문지방을 넘어서지 말지어다. 그대 자신의 등불 안에 가연물(可燃物)이 넉넉하게 있다는 확신이 들지 않는다면, 단 한 걸음도 앞으로 나아가지 말지어다. 지금까지 그대를 이끌어 왔던 등불이, 앞으로는 그대에게 없을 것이다."

이 말을 들은 뒤 수행자는 몸을 돌려 눈길을 뒤로 던져야 한다. 이제 '문지방의 수호령'은 지금까지 인생의 깊은 비밀을 감추어 왔던 장막을 걷어치운다. 종족과 민족과 인종의 정령들은 온전히 활동하는 가운데 그 모습을 드러낸다. 수행자는 지금까지 자신이 어떻게 인도되어 왔는지를 정확하게 볼 뿐만 아니라 앞으로는 그런 인도를 더 이상 받지 못하리라는 것도 분명하게 깨닫는다. 문지방에서 인간이 문지방의 수호령을 통해 체험하게 되는 두 번째 경고가 바로 이것이다.

물론 준비가 되어 있지 않은 사람은 여기에서 암시된 광경을 견뎌 낼 수 없을 것이다. 그러나 문지방까지 나아갈 수 있게 해 준 고차적인 수행은, 이 순간에도 필요한 힘을 찾을 수 있게 해 준다. 이러한 수행은 아주 조화로운 것이어서, 새로운 삶으로 들어설 때에 자극적이거나 소란스러운 성격 일

체가 제거될 수 있다. 신비 수행자가 문지방에서 겪게 되는
체험에는, 새로이 일깨워진 삶의 기조를 이룰 수 있는, 저 더
없는 행복의 예감이 수반되어 있다. 새로운 자유의 느낌이 다
른 모든 감정을 압도할 것이다. 그리고 이러한 느낌과 더불
어 새로운 의무와 새로운 책임이 그에게 나타날 것이다. 마
치 인간이 인생의 어떤 단계에서 떠맡지 않으면 안 되는 일
처럼.

11. 삶과 죽음―문지방의 대수호령

앞에서 서술한 것은, 이른바 '문지방'의 소수호령과의 만남이 인간에게 얼마나 중요한가 하는 것이었다. 이러한 만남은, 이 소수호령이 어느 정도는 인간 자신이 만들어 낸 초감각적 존재임을 알게 됨으로써 이루어진다. 이 존재의 몸체는 인간 자신의 행동과 감정과 사고의 결과로 구성되어 있다. 지금까지는 이 결과가 그의 눈에 보이지 않았다. 하지만 이 눈에 보이지 않는 힘이 그의 운명과 그의 성격의 원인이 되었다. 이제 그에게는, 과거에 그 자신이 현재를 위한 기초를 어떻게 닦았던가 하는 것이 분명해진다.

이를 통해 그의 존재는 그의 눈앞에 어느 정도 드러나 있게 된다. 예를 들어 그에게 일정한 성향과 습관이 있다고 하자. 이제 그는 자기가 그런 성향이나 습관을 지니는 까닭을 분명하게 알 수 있다. 어떤 운명의 타격이 그를 덮쳤다면, 이제 그는 그것이 어디에서 오는지를 인식한다. 자신이 왜 이 사람은 사랑하고 저 사람은 미워하는지, 왜 이런저런 일로 행복해 하거나 불행해 하는지를 그는 알게 된다. 눈에 보이는 삶이 눈에 보이지 않는 원인을 통해서 그에게 이해될 수 있다.

삶의 본질적인 사실들, 곧 병과 건강, 죽음과 탄생 등도 그의 눈앞에서 베일을 벗는다. 그는 필연적으로 자기를 다시 태어나도록 할 수밖에 없었던 원인을 자기가 태어나기 **이전에** 자기 스스로 만들어 냈다는 것을 깨닫는다. 이제 그는 자기 속에 있는 본성을 알게 된다. 이 눈에 보이는 세계에서 불완전하게 형성되어 있는 본성은 **오로지** 이 눈에 보이는 세계에서**만** 완전하게 될 수 있는 것이기도 하다. 이 본성을 육성할 기회가 다른 세계에는 없기 때문이다.

나아가 그는, 죽음이 자기와 이 세계 사이를 영원히 갈라 놓을 수 없음을 통찰한다. 그도 그럴 것이, 그는 다음과 같이 생각지 않을 수 없다. "나는 전생에 처음 이 세상에 태어났다. 그때 나는 다른 세상에서는 얻을 수 없었을 특성을 얻기 위해 이 세상에서의 삶을 필요로 하는 존재였기 때문이다. 그리고 지금부터 나는 이 세상에서 획득할 수 있는 모든 것을 내 속에서 개발할 때까지는 이 세상과 결합되어 있을 수밖에 없다. 장차 나는 다른 세상에서 유익한 구성원이 될 것인데, 이는 감각적으로 볼 수 있는 이 세상 속에서 그러기 위한 모든 능력을 얻음으로써만 가능한 일이다."

감각적으로 볼 수 있는 자연의 참된 가치를 정신 수행 이전에 할 수 있었던 것보다 더 잘 알고 평가할 수 있는 것이, 정신계에 입문한 사람의 가장 중요한 체험 가운데 하나이다. 이러한 인식은 바로 초감각적 세계에 대한 통찰을 통해 그의 것이 된다. 그러한 통찰 없이 순전히 예감만으로 초감각적 영역이 무한히 가치 있는 영역이라고 믿는 사람은, 감각적 세계를 과소 평가할 가능성이 있다. 그러나 그러한 통찰을 행했던 사람은, 눈에 보이는 현실에서 체험하지 않는다면 눈에 보이지 않는 현실에서 완전히 무력해질 수밖에 없으리라는 것을 안다. 그가 눈에 보이지 않는 현실에서 **살아야** 한다면, 그 삶을 위한 능력과 도구를 가져야 한다. 그런데 그것들을 그는 눈에 보이는 현실에서 획득할 수 있다. 눈에 보이지 않는 세계가 그에게 의식되어야 한다면, 그는 정신적으로 **보아야** 한다. 하지만 '고차' 세계를 위한 이 시력은 '저차' 세계에서 겪은 체험을 통해 점차적으로 길러진다. 감각 세계 속에서 정신적 눈을 성장시키지 못한 사람은, 정신 세계에서 정신적 눈을 가지고 태어날 수 없는 법이다. 이는 마치 자궁 속에서 육안이 제대로 자라지 않은 어린아이가 장님으로 태어날 수 있는 것과 같다.

  이러한 관점에서, 초감각적 세계로 이어지는 '문지방'이 '수호령'에 의해 지켜지는 이유 또한 이해될 것이다. 저 영역(초감각적 세계)을 진정으로 통찰하기 위해 필요한 능력을 획득하기 전에는, 그러한 통찰이 결코 허용되어서는 안 되기 때문이다. 그렇기 때문에 매번 죽음의 순간에, 다른 세계에서 일할 능력을 갖추지 못한 채 그 세계에 들어서게 되면, 그 세계의 체험은 장막에 가려지고 마는 것이다. 그런 사람은, 다른 세계를 위해 완전히 성숙했을 때에야 비로소 그러한 체험을 통찰할 것이다.

신비 수행자가 초감각적 세계에 들어서면, 삶은 그에게 완전히 새로운 의미를 띤다. 그는 감각 세계 속에서 고차 세계를 위한 싹의 배양토를 본다. '저차' 세계 없는 '고차' 세계란, 그에게 어떤 의미에서는 결함을 가진 세계로 보일 것이다. 두 가지 조망이 그에게 나타난다. 하나는 과거에 대한 조망이며 다른 하나는 미래에 대한 조망이다. 그는 이 감각 세계가 아직 존재하지 않았던 과거를 들여다본다. 그는 초감각적 세계가 감각 세계에서 발전해 나왔다는 편견을 오래 전에 극복했다. 그는 초감각적인 것이 먼저 존재했으며, 모든 감각적인 것은 거기에서 발전해 나왔다는 사실을 알고 있다. 그는 자기 자신이 처음 이 감각 세계에 태어나기 **전에** 초감각적 세계의 일원이었다는 것을 인식한다. 하지만 과거의 이 초감각적 세계는 감각 세계를 통과하는 것을 **필요로 했다**. 그 세계의 계속적 발전은 이러한 통과 없이는 불가능했을 것이다. 감각적 영역 내부에서 합당한 능력을 갖춘 존재가 개발되었을 때에야 비로소 초감각적 세계는 다시 발전할 수 있다.

이러한 존재의 본체는 바로 인간이다. 인간은, 지금 살아가고 있는 것처럼, 정신적 존재의 불완전한 단계에서 발원해서, 그 단계 안에서조차 저 완전성으로, 곧 고차 세계에서 계속 활동하기에 적합하게 되는 완전성으로 인도된다. 그리고 여기에 미래에 대한 조망이 결부된다. 그 조망은 초감각적 세계의 고차 단계를 향한 것이다. 고차 세계에는 감각 세계에서 육성된 열매가 있을 것이다. 감각 세계 자체는 극복된다. 하지만 그 성과는 고차 세계에 융합되어 있을 것이다.

이와 더불어 감각 세계에서의 병과 죽음에 대해 이해하게 된다. 죽음이란, 이전의 초감각적 세계가 그 자체를 통해 더 이상 나아갈 수 없었던 어떤 한 지점에 도착했음을 표현하는 것에 다름 아니다. 만약 초감각적 세계가 새로운 삶의 특징을 띠지 않았더라면, 보편적인 죽음은 그 세계에 필연적이었을 것이다. 그래서 이 새로운 삶은 보편적 죽음에 맞선 투쟁이 되었던 것이다. 그 자체가 경직되고 사멸해 가는 세계의 잔재에서 새로운 세계의 싹이 피어났다. 그렇기 때문에 우리는 세계 속에서 죽음과 삶을 동시에 갖고 있는 것이다.

사물들은 천천히 상호 이행한다. 옛 세계의 사멸해 가는 부분들은, 자기 속에서 피어난 새로운 생명의 싹에 여전히 달라붙어 있다. 이것의 가장 명백한 표현은 바로 인간 속에서 찾을 수 있다. 인간은 저 옛 세계에서 획득했던 것을 외피로서 걸치고 있다. 이러한 외피에서 미래에 살아갈 존재의 싹이 형성된다. 그리하여 인간은 이중적 존재가 된다. 곧 죽음을 면치 못하는 존재이자 불멸의 존재이다. 죽음을 면치 못하는 부분은 종결 상태에 있고 불멸의 부분은 시작 상태에 놓여 있다. 그러나 감각적·물리적인 것에서 그 표현을 찾는 이 같은 이중적 세계 **안에서** 비로소 인간은 세계의 불멸성을 강구하는 능력을 얻게 된다. 정말이지 그의 사명은, 죽음을 면치 못하는 존재 자체에서 불멸의 존재를 위한 열매들을 끄집어내는 것이다.

따라서 그가 자신의 존재, 곧 과거에 자기 자신이 어떻게 자기 존재를 구축했는지를 보게 되면, 그는 다음과 같이 생각지 않을 수 없다. "나는 내 속에 사멸해 가고 있는 세계의 요소를 지니고 있다. 그것은 내 속에서 활동하며, 나는 그것의 힘을 오로지 점차적으로, 새로이 소생하고 있는 불멸의 요소로써 분쇄할 수 있다. 그런 식으로 인간의 길은 죽음에서 삶으로 나아간다."

만약 인간이 죽음의 순간에 온전한 의식을 가지고 자신에게 말할 수 있다면, 그는 다음과 같이 말하지 않을 수 없다. "죽음을 면치 못하는 존재가 나의 스승이었다. 내가 죽는 것은, 내가 얽혀 있었던 과거 전체의 결과이다. 그러나 죽음을 면치 못하는 존재의 들판은 나에게 불멸의 존재가 될 싹을 여물게 했다. 나는 이 싹을 다른 세계 속으로 가지고 들어간다. 만약 과거적인 것만이 중요하다면, 나는 결코 태어날 수 없었을 것이다. 과거의 삶은 탄생과 더불어 차단되었다. 감각적인 것에서의 삶은 새로운 생명의 싹을 통해 보편적인 죽음으로부터 쟁취된 것이다. 탄생과 죽음 사이의 시간은 새로운 생명이 사멸해 가는 과거로부터 얼마나 많은 것을 쟁취할 수 있었던가에 대한 표현일 따름이다. 그리고 병이란, 이러한 과거의 사멸해 가는 부분들의 여전한 영향력에 다름 아니다."

이 모든 것에서 다음과 같은 물음, 곧 왜 인간은 헷갈림과 불완전함에서 진리와 선으로 단지 점차적으로만 완성되어 가는가 하는 물음은 그 대답을 찾게 된다. 그의 행동과 감정과 사고는 처음에는 사라져 가는 것과 사멸해 가는 것의 지배 아래에 있다. 그의 감각적·물리적 기관들은 이로부터 형성된 것이다. 그렇기 때문에 이 기관들 그리고 그것들을 맨 먼저 작동시키는 모든 것은 오롯이 사라져 가는 것이다. 본능, 충동, 열정 등등과 거기에 속하는 기관들은 영원하지 않다. 이 기관들의 작용으로써 나타나는 것이 비로소 영원하게 된다. 인간은 사라져 가는 것에서 만들어 낼 수 있는 모든 것을 만들어 냈을 때, 비로소 그가 성장했던 기반, 물리적·감각적 세계에서 그 표현을 찾을 수 있는 기반에서 벗어날 수 있을 것이다.

그리하여 첫 번째 '문지방의 수호령'은, 무상한 것과 무상하지 않은 것이 뒤섞인 이중적 본성을 띤 인간의 초상(肖像)이다. 그리고 그에게서는, 다시 순수한 정신 세계에서 살 수 있는 숭고한 빛의 형상을 획득하기에는 아직 결여되어 있는 것이 무엇인지가 드러난다.

물리적·감각적 자연이 서로 얽히고설킨 정도는 '문지방의 수호령'을 통해 인간에게 명백해진다. 이와 같은 얽히고설킴은 본능, 충동, 욕망, 이기적인 소망, 사리사욕의 모든 형태 등등에서 맨 먼저 표현되며, 이어서 인종, 민족 등등에 소속되는 것으로 표현된다. 민족과 인종은 순수한 인류로 나아가는 과정상의 서로 다른 발전 단계에 불과하기 때문이다. 인종이나 민족은, 그 구성원들이 순수하고 이상적인 인류 유형을 완전하게 표현하면 할수록, 그들이 물리적이고 무상한 것에서 초감각적이고 영원한 것으로 더 많이 나아갈수록, 그만큼 더 고차적인 차원에 있게 된다. 점점 더 고차적인 민족과 인종 형태로 윤회 전생을 함으로써 이루어지는 인간의 발전은, 그렇기 때문에 해방의 과정이다. 마지막에 인간은 조화로운 완전성을 띠고 현현(顯現)해야 한다.

점점 더 순수해지는 인류적, 종교적 직관 형식을 통과하는 것은, 이와 비슷한 종류의 완성 과정이다. 모든 인류적 단계는 이상주의적인 미래의 싹과 나란히 무상한 것을 향한 추구도 포함하기 때문이다.

앞서 서술된 '문지방의 수호령'에서 이제 흘러가 버린 시간의 결과만이 나타난다. 미래의 싹들 가운데 거기에 있는 것은 이 흘러가 버린 시간에 연루되었던 것뿐이다. 그러나 인간은 감각 세계에서 끄집어낼 수 있는 모든 것을 미래의 초감각적 세계 속으로 가져와야 한다. 그가 단지 과거에서 유래하는 자신의 대응물에 짜 넣어져 있는 것만을 가져오려 한다면, 지상의 사명을 부분적으로만 이행한 것일 터이다. 그렇기 때문에 얼마 후 '문지방의 소수호령'에 대수호령이 겹쳐진다. 이 두 번째 '문지방의 수호령', 곧 대수호령과 만나 벌어지는 일은 다시 이야기 형식으로 설명되어야 한다.

인간이 자기가 어디에서부터 해방되어야 하는지를 인식한 뒤에야, 숭고한 빛의 형상이 그의 길에 나타난다. 그 형상의 아름다움은 우리들 언어로는 묘사하기 어렵다. 이러한 만남은 다음과 같은 때, 곧 사고와 감정과 의지의 기관이 물리적 신체에서도 서로 많이 분리되어서 상호간의 관계에 대한 통제가 더 이상 그것 자체가 아니라 물리적 조건들과 완전히 분리된 고차적인 의식을 통해서 이루어질 때에 일어난다. 사고와 감정과 의지의 기관들은 인간 영혼에 의해 제어되는 도구가 된 것인데, 인간 영혼은 그 기관들을 초감각적인 영역으로부터 제어한다.

이같이 모든 감각적 굴레에서 해방된 그 영혼에게 이제 두 번째 '문지방의 수호령'이 다가와, 이를테면 다음과 같이 말한다.

"그대는 감각 세계에서 떨어져 나왔다. 초감각적 세계에서의 그대의 거주권이 획득되었다. 이제 그대는 초감각적 세계에서 작용을 가할 수 있다. 그대를 위해서 그대는 현재와 같은 모습을 한 물리적 신체를 더 이상 필요로 하지 않는다. 단지 이 초감각적 세계에서 사는 능력만을 획득하고자 한다면 그대는 더 이상 감각 세계로 되돌아갈 필요가 없다.

그러나 나를 보아라. 그대가 지금 그대로부터 만들어 낸 모든 것 위에 내가 얼마나 가없이 숭고한 모습으로 서 있는지를 보아라. 그대가 아직 감각 세계에 의존해 있던 동안에 그 세계 속에서 개발할 수 있었던 능력들을 통해, 그대는 현재의 완성 단계에 도달하였다. 그러나 이제, 그대의 해방된 힘이 계속해서 이 감각 세계를 위해 종사하는 시간이 시작되어야 한다.

지금까지는 그대가 그대 자신만을 구원했다면, 이제 그대는 해방된 존재로서 감각 세계 속에 있는 그대의 모든 동료도 같이 해방시킬 수 있다. 지금까지 그대는 개별자로서 노력해 왔다. 하지만 이제는, 그대뿐만 아니라 감각 세계에 있는 다른 모든 존재를 다 같이 초감각적 세계로 데려가기 위해 그대를 전체 속에 집어 넣어야 한다. 언젠가 그대는 나의 형상과 그대를 합일시킬 수 있을 것이다. 그러나 불행한 존재가 있는 이상, 나는 참으로 행복한 존재일 수 없다! 그대는 해방된 개인으로서 지금 당장 초감각의 왕국에 들어가고 싶어할 것이다. 하지만 그럴 경우, 그대는 아직 구원받지 못한 감각 세계의 존재들을 내려다보지 않을 수 없을 것이다. 그대는 그런 존재들의 운명과 그대의 운명을 분리했을지도 모른다. 하지만 그대와 그 존재들은 모두 서로 연결되어 있다. 그대와 그 존재들 모두는, 감각 세계에서 고차 세계를 위한 힘을 끄집어내기 위해 감각 세계로 내려가지 않을 수 없다.

만약 그대가 그 존재들과 분리된다면, 그대는 오로지 그 존재들과의 공동체 안에서만 개발할 수 있었던 힘을 오용하는 것이 된다. 그 존재들이 밑으로 내려가지 않았더라면, 그대도 그럴 수 없었을 것이다. 그들이 없다면 그대의 초감각적 현존재를 위한 힘이 그대에게 결여될 것이다. 그대가 그들과 **함께** 획득했던 이 힘을 그대는 그들과 나누어야 한다. 그렇기 때문에 그대가 획득한 **모든** 힘을 그대 동료의 구원을 위해 사용하지 않는 한, 나는 그대가 초감각적 세계의 지고한 영역에 들어오는 것을 막는 것이다.

이미 얻은 힘으로 그대는 초감각적 세계의 하위 영역에 머물 수도 있을 것이다. 그러나 나는 '천국의 문 앞에 불 칼을 손에 든 게르빔[29]으로서' 고차 영역의 문 앞에 서서, 그대가 감각 세계에서 다 사용하지 못한 힘을 갖고 있는 한 거기에 들어오지 못하게 한다. 그대가 그대의 힘을 사용하려 하지 않는다면, 그 힘을 사용할 다른 이들이 올 것이다. 그렇게 하여 고차적인 초감각적 세계는 감각 세계의 모든 결실을 받아들일 터이지만 그대는 그대가 밀착해 있던 지반을 박탈당할 것이다. 정화된 세계는 그대 너머로 발전해 나갈 것이다. 그대는 그 세계로부터 배제되어 있을 것이다. 그리하여 그대의 길은 **검은** 길이지만, 그대에 의해 그대 자신과 분리된 이들은 **하얀** 길을 걷는다."

이런 식으로 문지방의 '대수호령'은 첫 번째 파수꾼과 만

---

29) 옮긴이 주 : 성경에 나오는, 동물의 발과 날개가 있는 천사

난 뒤 곧 자신을 드러낸다. 그러나 정신계에 입문한 사람은, 초감각적 세계에 성급하게 발을 들여놓고자 하는 유혹을 따를 경우 무엇이 자신을 기다리고 있는지를 아주 정확히 알고 있다. 말로는 다 표현할 수 없는 찬연한 빛이 두 번째 문지방의 수호령으로부터 비쳐 나온다. 그 수호령과의 합일은, 투시하는 영혼 앞에 먼 목표로서 놓여 있다.

그렇지만 이와 마찬가지로 확실한 것은, 정신계 입문자가 이 세계로부터 자기에게 흘러 들어온 모든 힘을 이 세계의 해방과 구원을 위해 사용했을 때에야 비로소 이러한 합일이 이루어질 수 있다는 것이다. 고차적인 빛의 형상이 하는 요구를 따르기로 결심한다면, 그는 인류의 해방을 위해 이바지할 수 있다. 그는 자신의 재능을 인류의 제단에 바칠 수 있다. 그러나 그가 초감각적 세계에 성급하게 들어가고자 한다면, 인류의 흐름은 그를 스쳐 지나고 말 것이다. 해방된 후에 그는 자기 자신을 위해서는 감각 세계에서 새로운 힘을 더 이상 끌어낼 수가 없다. 그런데도 그가 감각 세계를 위해 자신을 바치려 한다면, 그것은 거기에서 자신을 위해 뭔가 가져오기를 단념함으로써 이루어진다.

인간이 그런 식으로 결단 앞에 서게 되었을 때 하얀 길을 선택할 것이 당연하다고 말할 수만은 없다. 이러한 결단을 내릴 때 이미 그가 어떠한 이기심에 의해서도 희열의 유혹에 빠지지 않을 수 있을 만큼 정화되어 있는지 그렇지 않은지에 모든 것이 달려 있기 때문이다. 그도 그럴 것이, 그런 유혹이 가장 큰 유혹이다. 다른 쪽에는 본디 특별한 유혹이 전혀 없다. 여기에서는 어떠한 것도 이기주의를 촉발하지 않는다. 인간이 고차적인 초감각적 영역에서 얻는 것은, 그에게 오는 것이 아니라 오로지 그로부터 나가는 것, 곧 함께 사는 동료를 향한 사랑이다. 검은 길에서 이기주의가 요구하는 모든 것은 포기되는 법이 없다. 포기되는 것과는 정반대로, 이 길에서 얻어지는 열매란 이기주의를 완전히 충족시키는 것이다. 누군가가 오로지 자신만을 위해 지극한 행복을 원한다면 그 사람은 틀림없이 이 검은 길을 헤매게 될 것이다. 검은 길이야말로 그에게 알맞은 길이기 때문이다.

그렇기 때문에 그 누구도 하얀 길을 가는 신비학자들에게 자신의 이기적인 자아를 개발하기 위한 지침을 받고자 기대해서는 안 된다. 그들은 개별 인간의 행복에는 추호도 관심이 없다. 그러한 행복에는 각자가 도달할 수 있을 것이다. 그런 행복을 촉진하는 것은 하얀 신비학자들의 사명이 아니다. 이들에게는 오로지 모든 존재(인간과 인간의 동료)의 발전과 해방만이 중요하다. 그렇기 때문에 그들은 그러한 일에 참여하는 힘을 육성할 수 있는 방도를 가르쳐 줄 뿐이다. 때문에 그들은 사심 없는 헌신과 기꺼이 희생하고자 하는 마음을 다른 모든 능력보다 중시한다. 그들은 그 누구도 바로 물리치는 법이 없다. 아무리 이기적인 사람이라 할지라도 정화될 수 있기 때문이다. 하지만 자기 자신만을 위해서 뭔가를 추구하는 사람은, 그렇게 행동하는 한, 신비학자들에게서 아무것도 찾아내지 못할 것이다. 비록 그들이 그에게 도움의 손길을 거두지 않는다 할지라도 말이다.

그런 식으로 추구하는 사람은 이러한 도움의 결실에서 벗어나 있다. 그렇기 때문에 좋은 스승의 가르침을 진정으로 따르는 사람은, 문지방을 넘어선 후에 대수호령의 요구를 이해할 것이다. 그러나 이러한 가르침을 따르지 않는 사람은, 그 가르침을 통해 문지방에 도달하기를 바라서도 안 된다. 그들의 가르침은 선(善)을 낳거나 아니면 전혀 아무것도 낳지 않는다. 그도 그럴 것이, 이기적인 행복을 누리도록, 초감각적 세계에서 단순히 살아가도록 이끄는 일은 그들이 맡은 사명의 경계선 바깥에 있다. 제자가 헌신적인 참여 의지를 가지고 초지상적 세계에 들어설 때까지 제자를 그 세계로부터 멀리 떼어놓는 것이 애당초 요구받은 그들의 사명이다.

8천 부에서 만천 부까지에 대한 맺음말

이 글에 서술된 초감각적 인식으로 가는 길은 영혼 체험으로 이어지는데, 여기에서 특히 중요한 것은 그러한 체험을 얻고자 노력하는 사람이 그 체험에 대해 착각하거나 오해하지 않는 일이다. 이 책이 고찰 대상으로 삼고 있는 것에 대해 자칫하면 착각을 일으킬 수도 있기 때문이다. 이러한 착각 가운데 특히 심각한 것은 참된 정신학에서 다루는 영혼 체험의 영역 전체를 오인할 때 발생한다. 이럴 경우 영혼 체험의 전 영역은 미신, 환몽(幻夢), 영매술(靈媒術) 등등과 같은, 인간적 노력이 변질된 다수의 퇴행 현상 주변에 속해 있는 것으로 보인다. 이런 식의 오인은, 인식을 위한 진정한 노력과는 동떨어진 방식으로 초감각적 현실 속으로 들어가는 길을 찾고자 하다가 앞서 말한 식으로 변질되는 사람들과 이 책에서 기술된 길을 가고자 하는 사람들을 혼동하는 데에서 자주 야기된다.

이 책에서 피력된 길 위에서 인간 영혼이 체험하는 것은 모두 다 순수하게 정신적인 체험의 영역 속에서 진행된다. 그러한 체험은, 마치 일상 의식의 체험에서 외부로부터 지각되는 것 또는 내면에서 소망되고 느껴지고 의도되는 것 등에 관해서 그와 같이 지각되고 느껴지고 의도되는 것 자체에서 유래하지 않는 **사고들**을 만들어 낼 때처럼, 인간이 다른 내적 경험에서도 신체 활동으로부터 독립적이고 자유롭게 될 수 있을 때에만 가능하다.

그러한 사고들이 존재한다는 것을 결코 믿지 않는 사람들이 있다. 그들은, 인간이란 지각이나 신체적으로 조건 지어진 내면 생활에서 끌어내지 않은 것은 전혀 사고할 수 없다고 여긴다. 말하자면, 사고란 모두 다 지각의 그림자이거나 내적 체험의 그림자일 뿐이라는 것이다. 이런 사람들은, 자체 내에 안식하고 있는 순수한 사고 생활을 자신의 영혼을 통해 체험하는 능력을 한 번도 지녀 본 적이 없기 때문에 그런 식으로 주장할 따름이다.

하지만 그런 사고 생활을 체험했던 사람은 경험을 통해 다음과 같은 것을 알고 있다. 즉, **사고**가 존재하는 영혼 생활의 모든 곳에서, 이 **사고**가 영혼의 다른 작용에 삼투되어 있는 정도만큼, 인간은 자신의 몸이 **관여되지 않고도** 이루어지는 활동을 계획하고 있는 것이다. 통상적인 영혼 생활에서 사고는 영혼의 다른 활동, 곧 지각, 느낌, 의욕 등등과 거의 항상 뒤섞여 있다. 이 다른 활동들은 몸을 통해 생겨난다. 하지만 그것들 속에 사고가 작용한다. 그리고 사고가 작용하는 정도에 따라 인간 속에서, 인간을 통해서, 몸이 관여되어 있지 않은 무언가가 일어난다. 이를 부정하는 사람들은, 항상 다른 활동들과 통합된 채 있는 사고 활동을 관찰함으로써 생겨나는 기만에서 벗어날 수가 없다.

그렇지만 사람들은 내적 체험 속에서, 내면 생활의 사고 부분을 다른 모든 부분과는 별도로 그 자체로 경험하고자 영혼의 노력을 기울일 수 있다. 자체 내에 있으며 지각 또는 신체적으로 제약된 내면 생활이 제공하는 모든 것이 배제되어 있는 **순수한** 사고 속에만 있는 것을 영혼 생활의 영역에서 떼어 낼 수 있다. **그와 같은** 사고는 자기 자신을 통해, 자기 존재를 통해 스스로를 정신적으로 본질적인 것, 초감각적으로 본질적인 것으로 드러낸다. 그러한 사고와 통합되어 있는 영혼은, 이렇게 통합되어 있는 동안에 모든 지각, 모든 기억, 여타의 모든 내면 생활을 배제함으로써 자신이 사고 자체와 더불어 초감각적인 영역 속에 있다는 것을 알며, 몸 바깥에서 자신을 경험한다.

이러한 사태 전체를 통찰하는 사람에게는, 몸 바깥의 초감각적 요소 속에 영혼의 체험이 존재하는가 하는 의문은 더 이상 문제가 될 수 없다. 그에게 이런 의문은 그가 경험을 통해 알고 있는 것을 부정하는 꼴이 될 터이기 때문이다. 그에게 의문의 대상이 되는 것은, 사람들로 하여금 그와 같이 확실한 사실을 인정하지 못하게 하는 것은 무엇인가 하는 것이다. 이러한 의문에 대해 그는 대답을 찾아낸다. 의문시되는 사실은 계시를 받아들일 수 있는 영혼 상태로 자신을 바꾸어 놓기 전에는 계시되지 않는 사실이라는 것이 그 대답이다.

사람들에게 그 자체로 자기들과는 무관한 것이 계시되기 위해서는 먼저 그들 스스로 뭔가를 순수하게 영혼적인 차원에서 행해야 한다고 말하면, 처음에는 이런 말을 믿지 않는다. 이때 사람들은, 계시를 받아들일 태세가 되어 있어야 하기 때문에 계시의 내용을 만들어 내는 것이라고 생각한다. 그들은 인간이 아무것도 하지 않고, 완전히 수동적으로 맞닥뜨리는 경험을 원한다. 그러한 사람들이 어떤 사태에 대해 과학적으로 파악하는 데 필요한 가장 단순한 것조차 모르고 있을 경우에는, 감각적 지각과 자의적인 행동에서 나타나는 의식의 고유 활동보다 차원이 더 낮은 상태에 있는 영혼 내용이나 영혼 산출물을 **비**감각적인 본성의 객관적 산물로 이해하고 만다. 그와 같은 영혼 내용이 환영 체험이며 영매술적 계시이다.

그러나 그와 같은 계시를 통해 나타나는 것은 **초감각적인** 것이 아니다. 그것은 하부 감각적 세계이다. 인간이 깨어 있는 상태에서 의식적으로 영위하는 생활은 전적으로 **몸 안에서** 진행되는 것이 아니다. 특히 이러한 생활의 의식적 부분은 몸과 물리적인 외부 세계 사이의 경계에서 진행된다.

예를 들어 감각 기관에서 일어나는 지각 활동에서는, 몸 바깥에서 일어나는 일이 몸 속으로 파고듦과 동시에 몸에서 일어나는 일이 외부 세계에 삼투한다. 의지 활동의 경우에 그것은 인간 존재를 세계 존재 안에 놓는 데 달려 있으며 그리하여 의지를 통해 인간 안에 일어나는 일은 동시에 세상사의 일부인 것이다. 몸의 경계선에서 진행되는 이 같은 영혼 체험에서 인간은 신체 조직에 고도로 의존한다. 그러나 이러한 체험 속에는 사고 활동이 들어가 있으며, 그 정도에 따라 감각적 지각과 의지에서 인간은 몸으로부터 독립적으로 된다.

환영 체험과 영매술적 산출물에서 인간은 완전히 몸에 의존하는 상태가 된다. 그는 지각과 소망에서 자기를 몸으로부터 독립적으로 만드는 것을 영혼 생활에서 제외시킨다. 그리고 이를 통해 영혼의 내용과 영혼의 산출물은 몸의 활동의 단순한 계시가 된다. 환영 체험과 영매술적 산출물은, 인간이 자신의 영혼을 가지고 이렇게 체험하고 산출할 때 일상적인 지각 및 의지 활동에서보다 훨씬 더 몸에 의존해 있는 상황의 결과이다.

이 글에서 피력된 초감각적인 것의 체험에서 이제 영혼 체험의 발전은 환영이나 영매술적 방향과는 정반대 방향으로 이루어진다. 영혼은 지각 활동이나 의지 활동에서보다 훨씬 더 몸에서 독립된 상태로 진전을 이루어 나간다. 영혼은 순수한 사고의 체험에서 나타날 수 있는 것과 같은 독립성을 훨씬 더 폭넓은 영혼 활동을 위해 획득한다.

여기에서 말한 초감각적인 영혼 활동을 위해서는 순수 사고의 체험을 완전히 명료하게 꿰뚫어 보는 것이 극히 중요하다. 근본적으로 이 체험 자체가 이미 초감각적인 영혼 활동이기 때문이다. 다만, 체험을 통해서는 아직 초감각적인 것을 보지는 못하는 영혼 활동이다. 사람들은 순수 사고로써 초감각적인 것 속에서 살아간다. 하지만 **그것**만을 초감각적인 방식으로 체험할 뿐, 다른 초감각적인 것은 아직 전혀 체험하지 못한다. 초감각적 체험은 이미 순수 사고와 합일된 가운데 획득될 수 있는 영혼 체험의 속행임에 틀림없다.

그렇기 때문에 이러한 합일을 올바르게 경험하는 것은 아주 중요하다. 이러한 합일을 이해함으로써 빛이 생성되는데, 그 빛이 초감각적 인식의 본성에 대한 올바른 통찰도 가져올 수 있기 때문이다. 영혼 체험이 사고 속에서 펼쳐지는 의식의 명료성보다 더 낮은 차원으로 침몰하게 되면, 그 즉시 영혼은 초감각적 세계에 대한 참된 인식에 있어서 사도(邪道)에 빠지고 신체 활동에 의해 사로잡히고 말 것이다. 그럴 경우 영혼이 체험하고 산출하는 것은, 영혼을 통한 초감각적인 것의 계시가 아니라, 초감각적인 세계의 영역에서 이루어지는 몸의 계시이다.

영혼이 자신의 체험들을 통해 초감각적인 것의 영역 속으로 뚫고 들어가자마자, 이 체험들은 감각 세계의 영역에서 이루어지는 체험들보다 언어로 표현하기 쉽지 않는 양상을 띤다. 초감각적 체험을 묘사할 때는, 표현된 실제의 사태와 언어적 표현 사이의 간격이 물리적 체험에서보다 더 크다는 것을 거듭 의식해야 한다. 비유와 같은 많은 표현은 그것이 관계하는 것을 부드러운 방식으로 지시할 뿐이라는 점을 알아야 한다. 그래서 이 책의 22쪽[30]에서, '원래 정신학의 모든 규칙과 지침은 상징적인 기호 언어로 주어진다'고 말한 것이다. 그리고 56쪽과 57쪽에서 '특정한 문자 체계'에 관해 말해야 했다. 그러한 문자를, 일상의 물리적 언어의 문자를 위해 음성 기호들과 그 조합을 배우는 것과 비슷한 방식으로 배우고자 하는 사람에게 가르쳐 줄 수도 있다.

그러나 이제는 다음과 같이 말해야 한다. 초감각적 사태를 표현하는 상징 기호들을 지닌 정신학의 학파나 결사 조직은 과거에도 있었고 지금도 있다. 이러한 상징의 의미를 아는 사람은, 이를 통해 그의 영혼 체험을 초감각적 현실로 이끄는 수단을 지니고 있는 셈이다. 그러나 초감각적 체험에서 본질

---

30) 옮긴이 주 : 이것은 원서의 쪽수이다. 아래의 56쪽, 57쪽, 뒤에 나오는 82쪽도 마찬가지이다. 이 책의 쪽수로는 47쪽, 100쪽부터 102쪽까지, 그리고 142쪽 이하다.

적인 것은 오히려 다음과 같은 것, 즉, 이러한 문자의 내용
이 현실화됨으로써 영혼에 의해 획득될 수 있는 초감각적인
체험 과정에서, 이 영혼이 초감각적인 것을 직관하는 가운데
그 자신의 경험을 통해 그러한 문자의 계시를 획득하는 것이
다. 초감각적인 것은 영혼에게 뭔가를 말하는데, 영혼은 완
전히 의식적으로 조망할 수 있기 위해서 그것을 상징적 기호
로 번역해야 한다. 이러한 문자로 전해지고 있는 것은 모든
영혼에 의해 실현될 **수 있다**고 말할 수 있다. 이 책에서 행
한 진술에 따라 영혼 스스로 규정할 수 있는 실현 과정에서,
앞서 묘사한 성과들이 나타난다.

이 책과 같은 책을, 저자가 독자와 나누는 대화로 받아들
이기를 바란다. 신비 수행자는 개인적인 지도를 필요로 한다
고 서술되어 있지만, 그 말은 이 책 자체가 그와 같은 개인
적인 지도라는 뜻으로 이해되어야 할 것이다. 예전에는 그와
같은 개인적인 지도가 구두로 하는 비밀 수업을 통해 전수되
어야만 하는 이유들이 있었다. 현재 우리는 정신학적 인식이
예전보다 훨씬 더 광범하게 확산되어야 하는 인류 발전 단계
에 도달했다. 정신학적 인식은 예전과는 전혀 달리 누구나 다
접할 수 있어야 한다. 그 때문에 바로 책이 예전의 구전적
가르침을 대신하는 것이다. 책에 서술된 것을 넘어서 개인적
인 가르침이 더 필요하다는 믿음은, 조건부의 타당성만 지닌
다. 이런저런 사람이 물론 개인적인 지원을 필요로 할 수 있
으며, 그러한 지원이 그에게 의미 있는 것일 수도 있다. 그

러나 책에서 발견하지 못하는 중요 사항이 있다고 생각한다면, 그것은 전혀 잘못된 것이다. 제대로 읽을 때, 특히 **완전히** 읽을 때, 그와 같은 중요 사항을 틀림없이 발견할 것이다.

＊＊＊

이 책의 서술은 마치 인간 전체를 완전히 바꾸기 위한 '지침으로 보인다. 그러나 올바르게 읽은 사람은, 한 인간이 그의 생에서 초감각적 세계와 대면하고자 하는 순간에 어떠한 내적 영혼 상태에 있어야 하는지를 말하고자 할 따름이라는 점을 알게 될 것이다. 그는 이러한 영혼 상태를 자신의 제2의 본성으로 발전시킨다. 그리고 건강한 다른 본성은 예전의 방식대로 지속된다. 그는 이 두 가지 본성을 온전하게 의식적으로 구별할 줄 안다. 그는 그것들을 올바른 방식으로 상호 작용시킬 수 있다. 그가 생활을 위한 관심과 수완을 잃어버리고 '하루 온종일 정신 연구자가 됨으로써' 생활에 무용하고 무익한 존재가 되는 일은 없다. 물론, 초감각적 세계에서의 체험 방식이 인간 존재 전체에 그 빛을 비출 것이다. 그러나 이는 생활에서 다른 데로 관심을 돌리는 식이 아니라 이 생활을 보다 유익하고 생산적으로 만드는 방식으로 이루어질 수 있다.

그런데도 서술이 이런 식으로 행해질 수밖에 없었던 것은 다음과 같은 사실에서 연유한다. 곧 초감각적인 데로 향한 모든 인식 과정은 당연히 인간 전체를 필요로 하며, 그리하여 그 인간이 그러한 인식 과정에 몰입해 있는 순간에는 그의 존재 전체를 통해 몰입해야 한다는 사실 말이다. 색채의 지각 과정이 신경이 끊기지 않은 눈의 개별성**만**을 필요로 하듯이, 초감각적인 인식 과정은 인간 전체를 필요로 한다. 인간 전체가 '온전한 눈' 또는 '온전한 귀'가 된다. 사정이 이렇기 때문에, 초감각적 인식 과정의 형성에 관해 전할 때 인간의 변화에 관해 말하는 것처럼 보이는 것이다. 그래서 일상적 인간은 전혀 옳지 않고 뭔가 완전히 다른 존재가 되어야 한다고 생각하기 쉽다.

82쪽 이하의 '정신계 입문의 몇 가지 영향에 대하여'에서 말한 부분에다 덧붙이고 싶은 말이 있다. 그것은 이 책의 다른 부분에도 약간 고쳐서 적용될 수 있는 말이다. 무엇 때문에 초감각적 체험을 비유적으로 형상화해서 그와 같이 묘사하는가? 이러한 체험을 그와 같이 상징화하지 않고 이념들로 서술할 수는 없는가? 이런 생각을 하는 사람들이 있을 수 있다. 이에 대해서는 다음과 같이 대답할 수밖에 없다. 초감각적 현실 체험에서 중요한 것은, 인간이 초감각적인 세계 속에서 스스로를 초감각적인 존재로 인지하는 것이다. 자기 자신의 초감각적 본성(그 현실의 양상은 '연꽃'과 '에테르 체'에 관한 이 글의 서술에서 완전히 드러나는데)에 눈길을 두지 않으면, 마치 자기 주위의 사물들과 일들은 알게 되지만 자기 몸에 관해서는 아무것도 모르는 식으로 감각 세계 속에 있을 때처럼 그렇게 초감각적 세계 속에서 자기 자신을 체험하게 된다. 그가 '영혼체'와 '에테르 체' 속에서 자신의 초감각적 형상물로 응시하는 것은, 마치 감각체의 지각을 통해 자기 자신을 의식하면서 감각 세계 속에 있는 것과 같이 그렇게 자기 자신을 의식하면서 초감각적인 세계 속에 있도록 만든다.

참고 문헌

이 책에서 서술된 내용을 더 진척시키고 심화하기 위해서는 루돌프 슈타이너의 다음과 같은 책들을 참조하라.

저작물

『진리와 과학 : '자유의 철학' 서곡』, 전집 1958년, 서지 번호 3.

『자유의 철학 : 현대 세계관의 근본 특징. 자연 과학적 방법에 따라 이루어진 영혼의 고찰 결과』, 전집 1978년, 서지 번호 4.(한국어판:밝은누리, 서울 2007)

『신지학 : 초감각적 세계 인식과 인간 규정 입문』, 전집 1978년, 서지 번호 9.

『고차적 인식의 단계들』, 전집 1978년, 서지 번호 12.

『신비학 개요』, 전집 1977년, 서지 번호 13.

『네 편의 신비극(1910~1913)』, 전집 1962년, 서지 번호 14.

『인간과 인류의 정신적 인도 : 인류 발달에 관한 정신 과학적 연구

결과』, 전집 1974년, 서지 번호 15.(한국어판:밝은누리, 서울
　　2012)

『인간의 자기 인식으로 가는 길 : 여덟 차례의 명상에서』, 전집
　　1968년, 서지 번호 16.

『정신 세계의 문지방 : 잠언 형식으로 된 상론(詳論)』, 전집
　　1972년, 서지 번호 17.

『인지학의 기본 원칙(1924/25) : 인지학의 인식 경로-미카엘의
　　신비』, 전집 1976년, 서지 번호 26.

강연문

『입문에 관해 : 영원과 순간에 관해. 정신의 빛과 삶의 어둠에
　　관해』(1912년 8월 25일부터 31일까지 뮌헨에서 한 8회의
　　강연), 전집 1959년, 서지 번호 138.

『인간의 초자연적 발전은 그의 외피－물리적 신체, 에테르 체,
　　아스트랄 체－와 자아에 대해 어떤 의미를 가지는가?』
　　(1913년 3월 20일부터 29일까지 헤이그에서 한 10회의 강
　　연), 전집 1976년, 서지 번호 145.

『문지방의 신비』(1913년 8월 24일부터 31일까지 뮌헨에서 한 8
　　회의 강연), 전집 1969년, 서지 번호 147.

『초자연적인 읽기와 초자연적인 듣기』(1914년 10월 3일부터 6
　　일까지, 12월 12일부터 26일까지 도르나흐에서, 그리고
　　1914년 12월 27일 바젤에서 한 10회의 강연), 전집 1967년,

서지 번호 156.

『철학, 우주론 그리고 종교』(1922년 9월 6일부터 15일까지 도르
나흐에서 한 10회의 강연), 전집 1962년, 서지 번호 215.

『입문자의 의식 : 정신 탐구의 참된 길과 그릇된 길』(1924년 8
월 11일부터 22일까지 영국의 토르키에서 한 11회 강연),
전집 1969년, 서지 번호 243.

『비교적(秘敎的) 수련을 위한 지침』('비교적 유파'의 내용에서
발췌), 전집 1976년, 서지 번호 42/245.

루돌프 슈타이너의 생애와 작품

　루돌프 슈타이너가 후세에 남긴 일생의 작품은, 그 내용과 규모에서 볼 때 문화계 안에서는 유례를 찾기 힘들 것이다. 그의 글들—저작물들과 논문들—은 생전에 그가 강연과 강좌를 통해 청중들에게, 늘 새로운 시각에서, '인지학으로 방향이 정해진 정신학'이라고 표현하고 상론했던 것의 기초를 이룬다. 약 6천 회에 걸친 강연의 대부분은 필사본으로 보존되어 있다. 이와 아울러 예술 영역에서도 중대한 활동을 펼쳤는데, 그 정점은 도르나흐에서 첫 번째 괴테아눔(Goetheanum) 건물을 세운 것이다. 그래서 그의 손으로 이루어진 많은 수의 회화 · 조각 · 건축 작업과 설계 및 밑그림이 존재한다. 수많은 생활 영역의 쇄신을 위해 그가 제공한 자극은, 오늘날 점점 더 많은 주목을 받기 시작한다.

　1956년부터 '루돌프 슈타이너 유고(遺稿) 관리국'에 의해

『루돌프 슈타이너 전집』이 발간되고 있다. 『전집』은 약 340권 분량이 될 것이다. 저작물은 제1부로, 강연문은 제2부로 발행되는 한편, 제3부에서는 예술 작품이 적절한 형태로 재생되고 있다.

전체 작품에 대한 체계적인 개관은 1961년에 발행된 문헌 목록('루돌프 슈타이너. 문학적·예술적 작품. 서지학적 개관')이 제공해 준다. 아래에서 사용되는 '서지 번호' 표시는 그 목록에 의거한 것이다. 출판된 책들의 현황에 관해서는 '루돌프 슈타이너 출판사'의 도서 목록이 알려 주고 있다.

연대순으로 작성한 약력(그리고 저작물에 대한 개관)

| 1861년 | 2월 27일에 루돌프 슈타이너는 오스트리아 남부 철도청 소속 공무원의 아들로서 크랄예벡(그 당시는 오스트리아·헝가리 제국에, 지금은 크로아티아에 속함)에서 태어났다. 그의 부모는 오스트리아 동북부의 주(州)인 니더외스터라이히 출신이다. 그는 오스트리아의 여러 지방에서 유년기와 청소년기를 보낸다.

| 1872년 | 비너 노이슈타트 실업계 학교에 입학, 1879년 대학 입학 자격 시험을 볼 때까지 그 학교를 다닌다.

| 1879년 | 빈 공과 대학에 입학. 수학과 자연 과학, 그리고 문학, 철학, 역사를 공부. 괴테에 관한 기초적 연구. |

1879년 빈 공과 대학에 입학. 수학과 자연 과학, 그리고 문학, 철학, 역사를 공부. 괴테에 관한 기초적 연구.

1882년 최초의 저술 활동.

1882~1897년 요제프 퀴르쉬너가 주도한 『독일 국민 문학』 전집에서 괴테의 자연 과학 논문 5권, 루돌프 슈타이너가 서문과 해설을 첨부하여 발행(서지 번호 1a~e). 단행본으로 된 입문서가 1925년 『괴테의 자연 과학적 논문에 대한 입문서』(서지 번호 1)이라는 제목으로 출판된다.

1884~1890년 빈의 한 가정에서 가정교사 생활.

1886년 '소피 판' 괴테 작품집 발간에 공동 작업자로 초빙된다.

『실러를 각별히 고려하는 괴테 세계관의 인식론적 기본 노선들』(서지 번호 2).

1888년 빈에서 〈독일 주간지〉 발간(거기에 실린 논문들은 서지 번호 31에 수록). 빈의 괴테 협회에서 '새로운 미학의 아버지로서의 괴테' 라는 제목으로 강연(서지 번호 30에 수록).

1890~1897년 바이마르 체류. 괴테 · 실러 문서실에서 공동 작업. 괴테의 자연 과학 저작물 발간.

1891년 로스토크 대학에서 철학 박사 학위 취득. 1892년에 박사 학위 논문 증보판 출판. 제목은 『진리와 과학

: '자유의 철학' 서곡』(서지 번호 3).

<table>
<tr><td>1894년</td><td>『자유의 철학 : 현대 세계관의 근본 특징. 자연 과학적 방법에 따라 이루어진 영혼의 고찰 결과』(서지 번호 4).</td></tr>
</table>

1894년 | 『자유의 철학 : 현대 세계관의 근본 특징. 자연 과학적 방법에 따라 이루어진 영혼의 고찰 결과』(서지 번호 4).

1895년 | 『프리드리히 니체 : 시대에 맞선 투사』(서지 번호 5).

1897년 | 『괴테의 세계관』(서지 번호 6).

베를린으로 이사. 오토 에리히 하르트레벤과 함께 〈문학 잡지〉와 〈극 전문지〉 발행(거기에 실린 논문들은 서지 번호 29~32에 수록). '자유 문학 협회', '자유 드라마 협회', '기오르다노 브루노 연맹', '미래인' 서클 등등에서 활동.

1899~1904년 | 빌헬름 리프크네히트가 세운 베를린 '노동자 양성 학교'에서 교사 활동.

1900/01년 | 『19세기의 세계관과 인생관』, 1914년에 이를 확장하여 『철학의 수수께끼』(서지 번호 18) 발표. 베를린 신지학 협회의 초대로 인지학을 강연하기 시작. 『근대 정신 생활의 출현에서의 신비학』(서지 번호 7).

1902~1912년 | 인지학 수립. 베를린에서 정기적인 공개 강연 활동. 유럽 전체로 강연 여행. 마리 폰 지버스(1914년 결혼 이후 마리 슈타이너)가 지속적인 협력자

가 된다.

| 1902년 | 『신비로운 사실로서의 기독교와 고대의 신비들』
(서지 번호 8).

| 1903년 | 잡지 〈루시퍼〉(나중에 〈루시퍼-그노시스〉로 바뀜)
를 창간하고 발행(거기에 실린 논문들은 서지 번호
34에 수록).

| 1904년 | 『신지학 : 초감각적 세계 인식과 인간 규정 입문』
(서지 번호 9).

| 1904/05년 | 『고차 세계의 인식으로 가는 길』(서지 번호 10).
『아카샤 연대기에서』(서지 번호 11). 『고차적 인식
의 단계들』(서지 번호 12).

| 1910년 | 『신비학 개요』(서지 번호 13).

| 1901~1913년 | 뮌헨에서 『네 편의 신비극』(서지 번호 14)이 초연
된다.

| 1911년 | 『인간과 인류의 정신적 지도』(서지 번호 15).

| 1912년 | 『인지학적인 영혼의 달력 : 주훈(週訓)』(서지 번
호 40. 단행본들로도 출판됨). 『인간의 자기 인식으로
가는 길』(서지 번호 16).

| 1913년 | 신지학 협회와 결별하고 인지학 협회 창립. 『정신
세계의 문지방』(서지 번호 17).

| 1913~1923년 | 목재로 된 이중 돔형 건축물 형태를 띤 첫 번째 괴
테아눔을 스위스의 도르나흐에 세우다.

| 1914~1923년 | 도르나흐와 베를린에 체류. 유럽 전역 순회 강연 및 강좌에서 루돌프 슈타이너는 예술, 교육학, 자연 과학, 사회 생활, 의학, 신학 등의 수많은 생활 영역에서 쇄신이 이루어지도록 자극한다. 1912년에 시작된 새로운 동작 예술 '오이리트미(Eurythmie)'를 계속 발전시키고 교육. |

| 1914년 | 『개요로서의 철학사에 나타난 철학의 수수께끼』 (서지 번호 18). |

| 1916~1918년 | 『인간의 수수께끼에 관해』(서지 번호 20). 『영혼의 수수께끼에 관해』(서지 번호 21). 『'파우스트'와 '뱀과 백합의 동화'를 통해 드러나는 괴테의 정신적 양상』(서지 번호 22). |

| 1919년 | 루돌프 슈타이너는 특히 남부 독일 지역에서 논문과 강연을 통해 '사회 유기체의 삼지적 구조' 사상을 주장한다. 『현재와 미래의 생활에 꼭 필요한 일들에서 사회 문제의 핵심』(서지 번호 23), 『사회 유기체의 삼지성과 시대 상황(1915~1921)』(서지 번호 24). 가을에는, 슈타이너가 죽을 때까지 이끌고 가는 '자유 발도르프 학교'가 슈투트가르트에 세워진다. |

| 1920년 | 제1차 인지학 대학 강좌를 시작하면서, 아직 완성되지 않은 괴테아눔에서 예술 행사와 강연 행사를 |

정기적으로 개최하다.

| 1921년 | 주간지 〈괴테아눔〉 창간. 루돌프 슈타이너의 논문과 기고문이 정기적으로 실리다(서지 번호 36). |

| 1922년 | 『우주론, 종교 그리고 철학』(서지 번호 25). 섣달 그믐날, 방화로 괴테아눔 건물이 소실된다. 콘크리트로 짓기로 계획된 새 건물을 위해 루돌프 슈타이너는 간신히 1차 외부 모델을 만들 수 있었다. |

| 1923년 | 지속적인 강연 활동과 강연 여행. 1923년 성탄절에 루돌프 슈타이너의 주도 아래 '인지학 협회'가 '일반 인지학 협회'로 재창립된다. |

| 1923~25년 | 루돌프 슈타이너는 미완으로 남아 있던 자서전『내 삶의 발자취』(서지 번호 28) 및『인지학의 기본 원칙』(서지 번호 26)을 집필한다. 그리고 이타 벡만 박사와 함께『정신 과학적 인식에 따른 의술 확대를 위한 기초』(서지 번호 27)를 집필한다. |

| 1924년 | 강연 활동의 증가. 더불어 수많은 전문 강좌 개설. 유럽으로 마지막 강연 여행. 9월 28일 회원들에게 마지막 강연. 병상 생활 시작. |

| 1925년 3월 30일, | 루돌프 슈타이너는 도르나흐에 있는 괴테아눔 작업실에서 눈을 감는다. |

루돌프 슈타이너 전집 목록
-문학·예술 작품에 대한 서지학적 개관

제1부 : 저작물

1. 작품

괴테의 자연 과학적 논문에 대한 입문서(서지 번호 1)

괴테의 자연 과학적 논문, R. 슈타이너가 머리말과 해설을 첨부하여 발행(서지 번호 1a~e)

실러를 각별히 고려하는 괴테 세계관의 인식론적 기본 노선들(서지 번호 2)

진리와 과학 : '자유의 철학' 서곡(서지 번호 3)

자유의 철학 : 현대 세계관의 근본 특징. 자연 과학적 방법에 따라 이루어진 영혼의 고찰 결과(서지 번호 4)(한국어판:밝은누리, 서울 2007)

프리드리히 니체 : 시대에 맞선 투사(서지 번호 5)

괴테의 세계관(서지 번호 6)

근대 정신 생활의 출현에서의 신비학(서지 번호 7)

신비적 사실로서의 기독교와 고대의 비교(서지 번호 8)

신지학 : 초감각적 세계 인식과 인간 규정 입문(서지 번호 9)

고차 세계의 인식으로 가는 길(서지 번호 10)(한국어판:밝은누리, 서울 2003)

아카샤 연대기에서(서지 번호 11)

고차적 인식의 단계들(서지 번호 12)

신비학 개요(서지 번호 13)

네 편의 신비극 : 전수의 문, 영혼의 시련, 문지방의 수호령, 영혼의 각성(서지 번호 14)

인간과 인류의 정신적 인도 : 인류 발달에 관한 정신 과학적 연구 결과(서지 번호 15)(2012, 밝은누리)

인간의 자기 인식으로 가는 길 : 여덟 차례의 명상에서(서지 번호 16)

정신 세계의 문지방 : 잠언 형식으로 된 상론(詳論)(서지 번호 17)

개요로서의 철학사에 나타난 철학의 수수께끼(서지 번호 18)

인간의 수수께끼에 관해(서지 번호 20)

영혼의 수수께끼에 관해(서지 번호 21)

'파우스트'와 '뱀과 백합의 동화'를 통해 드러나는 괴테의 정신적 양상(서지 번호 22)

현재와 미래 생활의 불가피한 사항에 있어서 사회 문제의 핵심(서지 번호 23)(한국어판:밝은누리, 서울 2010)

사회 유기체의 삼지성과 시대 상황(서지 번호 24)

우주론, 종교 그리고 철학(서지 번호 25)

인지학의 기본 원칙(서지 번호 26)

정신 과학적 인식에 따른 의술 확대를 위한 기초(서지 번호 27)

내 삶의 발자취(서지 번호 28)

2. 논문집

드라마투르기에 관한 논문집 1889~1900(서지 번호 29)

인지학의 방법적 기초 : 철학에 관한 논문집. 자연 과학, 미학 그리고 심리학 1884~1901(서지 번호 30)

문화사 및 현대사에 관한 논문집 1887~1901(서지 번호 31)

전기적인 스케치 1894~1905(서지 번호 32)

문학에 관한 논문집 1886~1902(서지 번호 33)

루시퍼-그노시스 : 잡지 〈루시퍼〉와 〈루시퍼-그노시스〉에 게재된 원고 중 인지학 관련 논문 초고 1903~1908(서지 번호 34)

철학과 인지학 : 논문집 1904~1918(서지 번호 35)

현대의 문화적 위기 중심에서 보는 괴테아눔의 개념 : 주간지 〈괴테아눔〉에 게재된 논문집 1921~1925(서지 번호 36)

3. 유고국의 출판물

편지, 어록, 각색 원고, 네 편의 신비극 초안 1910~1913, 인지학 : 1910년에 나온 미완 원고, 스케치집과 미완 원고집, 수첩과 원고 초안 메모집(서지 번호 38~47)

제2부 : 강연문

1. 공개 강연

베를린 공개 강연 내용('건축에 대한 강연') 1903~1917/18(서
지 번호 51~67)
공개 강연, 강연 내용 및 유럽 다른 지역 대학 강좌 1906
~1924(서지 번호 68~84)

2. 인지학 협회 회원 대상 강연

일반 인지학 강연과 연속 강의 내용 : 복음서 고찰, 그리스
도론, 정신 세계의 인류학, 우주와 인간의 역사, 사회 문제의
정신적인 배경, 우주와의 관계 속에서 본 인간, 카르마 고찰
(서지 번호 91~224)
인지학 운동 및 인지학 협회의 역사에 대한 강연과 원고(서
지 번호 251~263)

3. 개별 생활 분야에 대한 강연과 강좌

예술에 관한 강연 : 일반 예술, 오이리트미, 언어 조형과 연
극적 예술, 음악, 회화, 예술사(서지 번호 271~292)
교육에 관한 강연(서지 번호 293~311)
의학에 관한 강연(서지 번호 312~319)
자연 과학에 관한 강연(서지 번호 320~327)

사회적인 인생과 사회 조직의 삼지화에 관한 강연(서지 번호
328~341)

괴테아눔 건축에서 노동자를 위한 강연(서지 번호 347~354)

제3부 : 예술 작품

예술 관련 유고에서 재생과 출판물

회화적이고 그래픽적인 초안에 의한 원형 재생물 및 예술적
지도 또는 단행본에 있는 스케치들

※ 이 전집 목록은 원서에 있는, 루돌프 슈타이너 전집 가운
데 문화·예술 작품에 대한 서지학적 개관 전문을 번역한 것
이다.